Religiöse Identitäten und gesellschaftliche Integration

Religion – Wirtschaft – Politik

Schriftenreihe des Zentrums für Religion, Wirtschaft und Politik
Herausgegeben von
Georg Pfleiderer (geschäftsführend), Martin Baumann,
Pierre Bühler, Gerd Folkers, Markus Huppenbauer,
Antonius Liedhegener, Jürgen Mohn, Wolfgang W. Müller,
Daria Pezzoli-Olgiati, Konrad Schmid, Peter Seele und Jörg Stolz

Band 18 – 2017

Edmund Arens, Martin Baumann, Antonius Liedhegener, Wolfgang W. Müller, Markus Ries (Hg.)

Religiöse Identitäten und gesellschaftliche Integration

PVERVALAERNGLAGO | Nomos

Bibliografische Informationen der Deutschen Nationalbibliothek

Die Deutsche Nationalbibliothek verzeichnet diese Publikation in der Deutschen Nationalbibliografie; detaillierte bibliografische Daten sind im Internet über http://dnb.d-nb.de abrufbar.

Druck: ROSCH-BUCH, Scheßlitz

Pano Verlag, Zürich www.pano.ch
Nomos Verlagsgesellschaft, Baden-Baden www.nomos.de

ISBN 978-3-290-22042-6 Pano Verlag
ISBN 978-3-8487-3728-4: Nomos Verlag (Print)
ISBN 978-3-8452-8042-4: Nomos Verlag (ePDF)

Inhalt

Einleitung

An der Universität Luzern besteht seit November 2009 der Forschungsschwerpunkt «Religion und gesellschaftliche Integration in Europa» (REGIE), dessen Mitwirkende sich unter dem Blickwinkel mehrerer Disziplinen mit der Rolle und der Bedeutung des Religiösen für die soziale und politische Integration europäischer Gesellschaften der Gegenwart auseinandersetzen. Ziel ist die Beschreibung und Analyse der Bedingungen, unter denen Religionen sich produktiv oder destruktiv auf den Zusammenhalt demokratischer Gesellschaften auswirken. In dieser Perspektive fragte 2014 der erste der drei REGIE-Bände, inwiefern Religion für Integration förderlich oder hinderlich ist. Band 2 (2016) befasste sich anhand von drei detaillierten Analysen mit den Integrationspotenzialen von Religion und Zivilgesellschaft. Den Abschluss bildet der dritte Band zum Thema religiöser Identitäten und gesellschaftlicher Integration. Religiöse Identifikationen und Selbstverständnisse können als individuelle und als kollektive Identitäten gefasst werden und haben einen je unterschiedlichen Einfluss auf Prozesse gesellschaftlicher Eingliederung und Teilhabe von Individuen und Gruppen.

Eine grundlegende Frage behandelt die Herausbildung von Gruppenidentitäten. Diese entstehen als Ergebnisse vielfältiger historischer Prozesse und sozialer Interaktionen, die in Abhängigkeit von der Beobachterposition unterschiedliche Bewertungen erfahren: Sie werden verstanden als Ergebnis von Aushandlungsprozessen, als Wirkung ökonomischer Mechanismen oder als Folge von Herrschaftsausübung. Unter bestimmten historischen Konstellationen entfalten sie zudem ein Eigenleben, das über das Handeln Einzelner und sozialer Gruppen hinauswirkt. Die Konsequenzen sind bedeutsam; denn öffentliche Kommunikation wie auch wirtschaftliches oder politisches Handeln beruhen auf solchen vorhandenen, wahrgenommenen oder konstruierten kollektiven Identitäten: Wer immer etwas zu erreichen sucht, richtet sich auf bestimmte Zielgruppen aus. Es geht darum, sie zu beschreiben, ihre Profile und Präferenzen zu erheben und sie anzusprechen. Dies gilt bis hin zur institutionellen Festigung: Schon manche politische Partei ist aus weltanschaulich orientierten Gruppen hervorgegangen, deren Angehörige durch eine gemeinsame Identität zusammengehalten werden.

In historischer Perspektive erhielten unter den Faktoren, die eine Ausbildung sozialer Identitäten möglich machen, die unterschiedlichen christlichen Bekenntnisse, die sich zu Konfessionen formten, zu Beginn der Neuzeit in Europa ein entscheidendes Gewicht. Neben der Entstehung von Territorialstaaten, der Konstituierung von Untertanengesellschaften und den Vorstufen zur Industrialisierung wirkte dieses Merkmal seit dem 16. Jahrhundert als Treiber erster Ordnung im Blick auf die Entstehung moderner Gemeinwesen. Äußerlich ist die Bedeutung abzulesen am Grundsatz «cuius regio, eius et religio», der 1555 reichsrechtlich, demnach im heiligen römischen Reich deutscher Nation, fixiert und nach dem Westfälischen Frieden von 1648 in seiner Geltung faktisch nach und nach auf ganz Europa ausgedehnt wurde. Die Gemeinsamkeit der Konfession war eine der Grundlagen für Identitätsbildung, notwendig waren darüber hinaus weit reichende Kontrolle und Einflussnahme seitens weltlicher und kirchlicher Obrigkeiten. Sie erst machten es möglich, Abgrenzungen nach außen ins Bewusstsein zu heben und zu befestigen. Konfessionelle Identitäten entstanden weitgehend als Ergebnis herrschaftlicher Sozialdisziplinierung, und je nach Durchsetzungsfähigkeit der jeweiligen Akteure waren sie in sehr unterschiedlichem Maße ausgeprägt. Im Barock bildeten sich geografische Räume beeindruckender kultureller, wirtschaftlicher und herrschaftlicher Homogenität, doch immer wieder aufflammende Spannungen im Inneren der einzelnen Territorien wie nach außen hin lassen erkennen, dass Untertanen stets vielfältige Wege fanden, um sich der Beaufsichtigung zu entziehen. Angestrengtes Ringen um Herstellung der erstrebten Geschlossenheit wie auch Konflikte und Strafprozesse deuten darauf hin, dass die Durchsetzung in allen konfessionellen Räumen letztlich auf der Individualebene instabil blieb. Genau so wenig, wie im Blick auf die Alltagsreligiosität die Gestalt des Katholizismus vor dem 19. Jahrhundert wirklich «tridentinisch» war, vermochte der Protestantismus bis dahin die Wittenberger, Zürcher und Genfer Ideale durchgehend auf der Ebene individueller Identitäten zu verwirklichen. Hingegen diente unbotmäßigen Bevölkerungsgruppen der Rekurs auf die Konfession im 18. Jahrhundert immer wieder als Argument, wenn es darum ging, sich gegen Neuerungen des aufgeklärten Absolutismus zur Wehr setzten und etwa Feiertags- oder Liturgiereformen durch Akte zivilen Ungehorsams zu sabotierten.

Die Aufklärung und das daraus hervorgegangene bürgerliche Zeitalter befreiten die bisherigen Untertanen in mancher Hinsicht im Blick auf ihre private Lebensführung von obrigkeitlicher Bevormundung. Unter schweren Kämpfen und sehr häufig auch gewaltsam wurden neue öffentliche Ordnungen etabliert. Sie machten die Individuen zu Bürgern, deren Status auf Leistung anstatt auf Herkunft beruhen sollte. In langen Prozessen erstritten sie gegenüber angestammten und neu installierten Autoritäten einzelne Freiräume. Neben der Versammlungs- und Pressefreiheit gehörte dazu in erster Linie die Aufhebung des Bekenntniszwanges. Jeder einzelnen Person sollte es anheimgestellt sein, nach «ihrer façon» selig zu werden und die kirchliche Zugehörigkeit zu wählen, zu wechseln oder ganz darauf zu verzichten. Von dieser Errungenschaft bis zur Verwirklichung von Religionsfreiheit im Sinne von Artikel 18 der Allgemeinen Erklärung der Menschenrechte vom 10. Dezember 1948 blieb allerdings ein sehr weiter Weg. Allzu schwer wogen faktische Beschränkungen, die im Wesentlichen auf die Entstehungsgeschichte der Bekenntnisfreiheit zurückzuführen waren. An deren Ursprung nämlich stand das aufgeklärte Postulat der Gewissensfreiheit, aber ebenso sehr die von Revolutionen aller Art erzwungene Befreiung von institutionell kirchlicher und besonders klösterlicher Herrschaft und ihrer ökonomischen Dominanz. Schon die aufgeklärte Kritik am Ordensleben war weit mehr gewesen als Ablehnung des unproduktiven «Müssiggangs»; denn häufig ging es um Auflehnung gegen die Bindung beträchtlicher Ressourcen an die «tote Hand». So war die errungene Freiheit zunächst institutionelle Emanzipation, die in ihrer Wirkung im Alltag vielfach limitiert blieb. Die nach wie vor patriarchale Gesellschaftsstruktur beschränkte die Freiheit faktisch auf Männer, und die erst mit sehr großer Verzögerung in Gang kommende konfessionelle Durchmischung der Bevölkerung ließ jene, die vom Recht der Konversion Gebrauch machten, lange Zeit in ihren Umgebungen zu Außenseitern werden. Vor allem aber bedurfte es enormer Anstrengungen, ehe sich die Freiheit über die christliche Bevölkerung hinaus erweitern ließ. In der Schweiz erhielten die Angehörigen jüdischen Glaubens erst 1866 und auch nur unter äußerem Druck die Niederlassungsfreiheit, und es dauerte nochmals acht Jahre, ehe ihnen auch die Kultusfreiheit zugestanden wurde. Selbst in dieser Zeit ließ politisch instrumentalisierte Judenfeindschaft die Ausgrenzung über den Tag hinaus wirksam bleiben: Im Kanton Aargau etwa erzeugte sie während mehr als eines Jahrzehnts Rückschläge und Verzögerungen. Im Jahr 1893 beschloss eine Mehrheit der Schweizer Stimmbürger ein Schächtverbot, das auch im 20. Jahrhundert bestand und bis heute in Geltung blieb. Es wurde 1973 aus der

Bundesverfassung gestrichten, aber fünf Jahre später in das Tierschutzgesetz aufgenommen. Die Kirchen engagieren sich heute für die europäische Integration, die Bekämpfung des Nationalismus, die Vertiefung der Gemeinschaft mit dem Judentum und die Pflege der Beziehung zum Islam. Sie haben sich zu entsprechendem Handeln verpflichtet mit Unterzeichnung der Charta Oecumenica, der im Jahr 2005 die Mitgliedsinstitutionen der Arbeitsgemeinschaft Christlicher Kirchen der Schweiz beigetreten sind.

Die Möglichkeit zur freien Wahl des Bekenntnisses innerhalb eines bestimmten Territoriums gab der ansässigen Bevölkerung die Chance, nach der eigenen Überzeugung zu leben, und sie erlaubte es Personen mit einer anderen als der angestammten Bekenntniszugehörigkeit, sich dort niederzulassen. Da Industrialisierungsprozesse mit großen regionalen Unterschieden verliefen, setzten Migrationsbewegungen ein. Es bildeten sich Minderheiten, für deren Angehörige die Religion ein Identität stiftendes Merkmal sein konnte. Andere Interessengemeinsamkeiten entstanden aus der geografischen Herkunft, der weltanschaulichen Orientierung, der politischen Gesinnung oder dem ökonomisch-sozialen Status. Soweit die Grenzen solcher Zugehörigkeit unterschiedlich verliefen und die sozialen Kreise sich schnitten, entstanden kaum Probleme. Anders verhielt es sich im Falle von Überlagerungen und Zusammenballungen: Fielen die Grenzen mehrerer der genannten Merkmale überein, so konnte dies zur sozialen Segmentierung, zur Milieubildung und – bei entsprechender institutioneller Verfestigung – zur Ausbildung von Sondergesellschaften führen. Solche Prozesse lassen sich in vielen europäischen Ländern für die zweite Hälfte des 19. Jahrhunderts beobachten; sie mündeten in Spannungen, Auseinandersetzungen und Kulturkämpfe. Für diese kam insbesondere konfessionellen Grenzen zeitweise ein hoher Stellenwert zu. Entsprechende Zugehörigkeit wurde aktiv genutzt, um Anhängerschaften zu mobilisieren, Grenzen zu markieren und Ausgrenzung zu legitimieren – zwischen Religion und sozialer Integration bestand ein sichtbarer Zusammenhang.

Die zweite Hälfte des 20. Jahrhunderts erzeugte Migration und Diasporabildungen in Europa in einem weit größeren, nun globalen Rahmen. Angetrieben durch politische und wiederum ökonomische Entwicklungen, zeigten sich Effekte, die mit jenen des bürgerlichen Zeitalters Gemeinsamkeiten aufwiesen, nun aber eine weitaus größere Dimension einnahmen. In nahezu allen Territorien, die nunmehr als Nationalstaaten konstituiert und rechtlich verfasst waren, entstanden kulturelle Heterogenität und religiöse Vielfalt.

Wiederum bildeten sich anhand verschiedener Merkmale neue soziale Gruppen, und in Ansätzen zeichneten sich erneut Milieubildungen entlang von Lebensstilen und Werthaltungen ab, die zum Teil entsprechende Integrationskonflikte nach sich zogen. Von Bedeutung waren auch diesmal religiöse Zugehörigkeiten und ihre Wirkung für die Ausbildung individueller und kollektiver Identitäten, mithin der Wahrnehmung von Beheimatung, der Betonung des Eigenen und der Abgrenzung gegenüber Anderen. Auch in ihrer gegenüber dem 19. Jahrhundert stark gewandelten Gestalt erwies sich religiöse Zugehörigkeit als entscheidender Faktor im Blick auf Verbindendes, auf gemeinsame Teilhabe und auf ein funktionierendes Zusammenleben. Zugleich ist Religion im Zuge politischer Ereignisse seit der Iranischen Revolution 1979, dem Erstarken der *Christian Right* in den USA in den 1980er-Jahren und den islamistischen Terroranschlägen in den frühen 2000er-Jahren zu einem medial und gesellschaftlich breit und kontrovers diskutierten Thema geworden. Gerade mit Blick auf Muslime und Islam in europäischen Staaten werden desintegrative Dimensionen stark gemacht, die Selbstabsonderung und Distanzierung zuschreiben. Auffallend ist dabei, dass Religion und Islam als Faktor des Auflösens von Zusammenhalt problematisiert werden, ohne jedoch vielfach die gelebten Formen von Islam und Muslimsein auf empirischer Ebene in den Blick zu nehmen.

Beiträge des Bandes

Der vorliegende Band dokumentiert die Beiträge einer Ringvorlesung, welche die Herausgeber im Frühjahrssemester 2016 im Rahmen dieses universitären Forschungsschwerpunkts an der Universität Luzern durchführten. Der erste Teil enthält eine Bestandsaufnahme zu Identitäten und daraus hervorgehenden Konflikten: *Markus Ries* zeigt, wie im Schweizer Kulturkampf eine Selbstausgrenzung, die sich auch in einer forcierten und demonstrativen religiösen Praxis Ausdruck verschaffte, letztlich integrationsfördernd wirkte. Die Stärkung der katholischen Identität ließ die Gruppe so sehr an Gewicht gewinnen, dass ihre Einbindung unausweichlich wurde. *Gert Pickel* setzt sich mit bewusst betriebener Ausgrenzung gegenüber Muslimen nach 2001 auseinander. Er zeigt, welche Differenzen zwischen konstruiertem Islambild und der Selbstwahrnehmung von Angehörigen dieser Religion bestehen. *Antonius Liedhegener* und *Anastas Odermatt* präsentieren Erkenntnisse aus einer breit angelegten empirischen Sekundäranalyse von Daten zur Religionszugehörigkeit in Europa (www.smre-data.ch). Sie weisen nach, dass nach wie vor in der überwiegenden Mehrheit der europäischen Länder ein Religionsbekenntnis dominiert und statistisch beim Kriterium der Religionszugehörigkeit vielfach (noch) keine Pluralität besteht. Den Gegenpol bilden einige westeuropäische, stärker individualisierte Länder, in denen in der Bevölkerung das Konzept «Religionszugehörigkeit» unscharf geworden zu sein scheint.

Im zweiten Teil ist das Augenmerk auf die Konsequenzen gerichtet, die sich aus der primären Ursächlichkeit von Migration ergeben: *Martin Baumann* untersucht mithilfe eines Theoriemodells die Veränderung religiöser Identifizierungen und sozialer Selbstpositionierungen von erster und zweiter Migrantengenerationen und ihrer Gemeinschaften. Er legt dar, wie bei tibetischen Buddhistinnen und Buddhisten sowie bei sunnitischen Musliminnen und Muslimen der zweiten Generation eine deutlich ausgeprägte Individualisierung zu beobachten ist. Zu erklären ist dies in Teilen aus Angleichungen an dominante Vorstellungen von Religion als individuell und privat sowie dem Bestreben, stereotypisierenden Außenwahrnehmungen zu begegnen und ihnen Alternativen entgegenzusetzen. *Alexander-Kenneth Nagel* beschreibt die Integrationsleistungen organisierter religiöser Migrantengemeinschaften. Es zeigt sich eine große Vielfalt an Angeboten, Dienstleistungen und Vernetzungen, die in ganz unterschiedlicher Intensität wirksam werden und vielfach auch die institutionellen Kontaktmöglichkeiten mit zivilgesellschaftlichen Gruppen der Aufnahmegesellschaften ermöglichen. Der dritte Teil bietet systematisch-theologische Entwürfe zur Beziehung von Identitäten und Integrität. *Edmund Arens* untersucht die Dynamik religiöser Identitäten. Er stellt «fluide Religiosität», die sich stark an persönlichen Zugängen orientiert, den stärker rigiden, fundamentalistisch konzipierten Verhaltensweisen gegenüber. Dies öffnet den Blick auf die Chancen, die sich einer aktuell verstandenen religiösen Identität in umfassender Solidarität eröffnen. *Wolfgang W. Müller* präsentiert das Konzept einer doppelten Identität: Religiöse Zugehörigkeit in einem pluralen Kontext kann multiple gesellschaftliche und theologische Zuordnungen integrieren, indem die Möglichkeit doppelter Identität akzeptiert und für den Dialog fruchtbar gemacht wird.

Wir danken allen Kolleginnen und Kollegen, die an der Ringvorlesung mitgewirkt und zum Entstehen dieses Ergebnisbandes beigetragen haben. Besonderer Dank gilt der Koordinatorin des Forschungsschwerpunktes REGIE, Frau Daria Serra, für Organisation und Verwaltung, Frau Monika Glavac für die Vorbereitung des Druckes und Herrn Alfred Hoffmann vom Nomos Verlag für die vorbildliche verlegerische Betreuung. Mit diesem Band beschließen wir die Arbeit des universitären Forschungsschwerpunktes REGIE. Wir danken Herrn Professor Paul Richli, dem Rektor der Universität Luzern bis 2016, für die langjährige Förderung und für die engagierte Anteilnahme.

Luzern, 1. Dezember 2016

Edmund Arens
Martin Baumann
Antonius Liedhegener
Wolfgang W. Müller
Markus Ries

Identitäten und Konfliktlinien

Markus Ries

Fromme Demonstrationen. Protestwallfahrten im Dienst der Identitätssicherung

Am 7. Juni 1917 fand in Basel erstmals seit der Reformation im Jahr 1529 wieder eine Fronleichnamsprozession statt, an der laut Bericht im kirchennahen «Basler Volksblatt» mehr als 2000 Gläubige teilnahmen. Das zuschauende Volk am Straßenrand, so hieß es bedeutungsvoll, habe sich dabei respektvoll verhalten. Für den Beobachter war solches offenkundig alles andere als selbstverständlich; denn der fromme Anlass war inszeniert wie ein Handstreich. Hinter dem Coup stand Pfarrer Robert Mäder (1875–1945), ein überaus erfolgreicher Seelsorger, der seit 1912 in der Pfarrei Heiliggeist wirkte und als Herold der allerstrengsten, integralistischen kirchlichen Richtung in die Erinnerung eingehen sollte.[1] Für seine überraschende Aktion nutzte er die erst 1911 erfolgte Aufhebung des staatlichen Prozessionsverbots. Mit fein ausgebildetem Sinn für alles Demonstrative schritt er zur Tat und erklärte es wenige Tage später in einem Zeitungsartikel wie folgt: «Wallfahren ist Zurückeroberung der Straße für Gott. [...] Prozessionhalten ist Glaubensbekenntnis, Glaubensfreude, Gebetsübung und Gebetskampf; Beharrlichkeit und Überwindung der Strapazen helfen Sieg und Erhöhung erringen»[2]. Zwar hatten Kirchenräte Bedenken erhoben, doch der Pfarrer setzte sich entschlossen darüber hinweg. Erst während des Hauptgottesdienstes kündigte er die Prozession offen an, und dann ging alles sehr schnell. Entsprechend entrüstet reagierte die reformierte Seite auf den Vorgang, ja besorgte Bürger wandten sich gar in einer Eingabe an den Regierungsrat. Wie die nachfolgenden Stellungnahmen erkennen lassen, hatte der Initiant das Vorgehen ganz bewusst gewählt, um zu provozieren

1 Mattioli/Stirnimann, Die Rückeroberung; Ries, Der Rosenkranz; Metzger, Die «Schildwache»; Pfister, Die Katholiken entdecken Basel, 28–31. Mäder und der kirchliche Integralismus in der Schweiz zeigten nach dem Ersten Weltkrieg offen antisemitische Züge. Vgl. Altermatt, Katholizismus und Antisemitismus, 111–114; ders./Metzger, Der radikale Antisemitismus.

2 Zitiert nach: Mattioli/Stirnimann, Die Rückeroberung, 297.

und um gleichsam performativ konfessionalistisch zu polemisieren. Sehr wohl wurde dies verstanden – und je nach Position verurteilt oder begrüßt.

In vielen europäischen Ländern hatte der Übergang zu einer neuen Gesellschaftsordnung im 19. Jahrhundert eine tief greifende soziale Polarisierung zur Folge, die in den Kulturkämpfen in offenen Streit mündete. Im Folgenden ist aufzuzeigen, welche Rolle dabei einer demonstrativ gelebten Religiosität zukam. Zunächst geht es um die gesellschaftliche Polarisierung, die sich auch innerhalb der katholischen Kirche zeigte, danach um die Inanspruchnahme religiöser Praxis als Streitinstrument und als Mittel im Dienst von Abschließung und Selbstisolation. Abschließend kommen die Konsequenzen in den Blick, die ins extreme gesteigerte und mit religiösen Ausdrucksformen befestigte soziale Grenzen nach sich ziehen konnten.

Doppelte Polarisierung

Die Basler Aktion, die als Prozession mit einer Wallfahrt viele Gemeinsamkeiten aufwies, gehört in eine Tradition markanter öffentlicher Identitätsbefestigung mit religiösen Handlungen, die im Kulturkampf ihre Ursprünge hatte und der Stärkung des inneren Zusammenhalts der katholisch konservativen Katholiken diente. Der Bogen spannte sich von der Mitte des 18. Jahrhunderts bis zum Zweiten Weltkrieg – über eine Epoche also, in der die Gesellschaft und damit das kirchliche Selbstverständnis fundamentale Umgestaltungen erfuhren. Religion hatte eine hohe Bedeutung für die Ausbildung weltanschaulicher Gruppenidentitäten, für die Chancen gesellschaftlicher Integration wie auch für die Exklusion von Minderheiten. Anschauungsmaterial bieten bereits die vielfältigen Auseinandersetzungen zu Beginn der bürgerlichen Moderne im 19. Jahrhundert. Sie machen Mechanismen sichtbar, die langfristig und in unterschiedlichen Kontexten wirksam werden sollten. Religiöse Identität war für die Entstehung sozialer Kohäsion weit mehr als ein Vorwand oder ein akzidentielles Attribut; Religion war dazu geeignet, gesellschaftliche Integration zu behindern oder zu fördern. Grundlage bildete ein beträchtlicher Vorrat an Symbolen und Symbolhandlungen, die Kommunikation und Partizipation ermöglichten und zugleich mobilisierend wirkten – dies umso mehr, als sich die Herstellung von Öffentlichkeit mithilfe von Medien erst ab der Mitte des 19. Jahrhunderts entwickelte und zunächst noch deutlich auf die neuen gesellschaftlichen Eliten beschränkt blieb. Erst allmählich ließ sich das Potenzial von Medien zur Formung verbindender Ideale nutzbar machen.[3]

Als religiöse Symbolhandlung mit besonders ausgeprägter Funktion für Gemeinschaftsbildung und Integration haben die Wallfahrten zu gelten. Seit der Reformation und erst Recht seit der Aufklärung waren es hinsichtlich öffentlicher Wirkung besonders sensible, für Konflikte anfällige Aktivitäten. Sie ließen sich offensiv für weltanschauliche Mobilisierung in Anspruch nehmen und konnten dadurch bei den Angegriffenen auf der Gegenseite entsprechende Abwehrreaktionen provozieren – ein Mechanismus, den auch säkularisierte Formen bewahrt haben: Politische Manifestationen und Demonstrationen bedienen sich der Zeichenhandlungen, die fromme Prozession einst hervorgebracht haben. Die Gemeinsamkeiten reichen von fest vorgegebenen Marschordnungen hin zu Fahnen und Abzeichen, sie betreffen die Choreografie mit Ruhe und Bewegung sowie auch die Möglichkeit, sich in Sprechchören und Liedern Ausdruck zu verschaffen. Sowohl in der religiösen Form wie in säkularisierten Varianten geht es um Werte und um Bekenntnisse sowie um die Sicherung des Zusammenhalts.

Der Übergang von vormodernen zu bürgerlichen Gesellschaftsordnungen, im 18. Jahrhundert durch die Aufklärung vorbereitet und danach meist in revolutionären Bewegungen herbeigeführt, ließ Religion zum sensiblen Thema grundlegender weltanschaulicher Spannungen werden. Die Exponenten der Moderne strebten nach veränderten öffentlichen Ordnungen, in denen die Individuen ihre Positionen nach Fähigkeit und Leistung, nicht länger nach Herkunft und Tradition erhalten sollten. Daher galt es, die einzelnen Personen von der Bindung an die Abstammung, aber auch vom sozial-disziplinierenden Zugriff weltlicher wie geistlicher Obrigkeiten soweit immer möglich zu befreien. Das alltägliche Zusammenleben und die Ausgestaltung der öffentlichen Ordnung sollten vernunftgemäßen Kriterien folgen. Das Ideal gewann seine Anhängerschaft in den Reihen der weltlichen wie der kirchlichen Positionseliten.[4] An vielen Orten setzten sie seit 1750 in großem Ausmaß Veranderungen des öffentlichen Lebens ins Werk. Innerhalb der katholischen Kirche gab es bedeutende Reformanstrengun-

3 Bütler, Das Unbehagen an der Moderne, 49–82; Große Kracht, Kirche in ziviler Gesellschaft, 135–147.

4 Lehner/Printy, A Companion to the Catholic Enlightenment; Schneider, Katholische Aufklärung; Krenz, Druckerschwärze.

gen, in erster Linie in der Zeit des Josefinismus. Sie erstreckten sich über eine große Bandbreite, die auch die Liturgie, die Kirchenmusik, die Katechese, das Ordenswesen, die Bistumsorganisation oder die Priesterbildung umfasste. Aufgeklärte Klerusreform etwa bedeutete, dass Geistliche sich nicht mehr zuerst als Heilsvermittler, sondern als fürsorgliche Volkserzieher verstanden. Für die zugehörige theoretische Reflexion entstand die Pastoraltheologie. Dem Ideal haftet bis heute ein attraktiver Glanz an, was sich allein schon daran ablesen lässt, dass innerkirchlich das Adjektiv «pastoral» trotz seiner im Grunde patriarchalen Abkunft im 20. und auch noch im 21. Jahrhundert affirmativ belegt ist.

Die Aufklärung schuf die Grundlage für eine Polarisierung, die sich nach dem Epochenübergang des 19. Jahrhunderts sowohl gesellschaftlich als auch innerkirchlich weiter ausbilden und schließlich konfliktreich zuspitzen sollte. Hinsichtlich der Weltanschauung bildete sich eine fundamentale Polarisierung aus: Auf der einen Seite standen die Liberalen als Protagonisten der bürgerlichen Ordnung, auf der anderen die Konservativen, die dieser mit Misstrauen oder Ablehnung begegneten. Beide Pole bestanden auch innerhalb der katholischen Kirche. Die Konservativen verfolgten ihre Ziele schon im 18. Jahrhundert auch mit liturgisch-religiösen Mitteln, gleichsam mit dem Gebet als Instrument zur Mobilisierung und zur Organisation zivilen Ungehorsams. Als einer der prominentesten Kampfplätze dafür erwies sich in der Aufklärung das Ringen um die Feiertagsordnung. Für diesen Bereich gab es das vernunft- und effizienzorientierte Bestreben, die Zahl der arbeitsfreien Tage zu beschränken, um Produktivität und Wohlstand zu fördern. Für das Ziel standen in ganz Europa zu unterschiedlichen Zeiten aufgeklärte kirchliche und weltliche Autoritäten ein, und seitens der Untertanen kam es regelmäßig zu Unwillensbekundungen und Widerstand.[5] Im Kanton Luzern verfügten die Regierung und der Bischof von Konstanz in den Jahren 1723 und 1763 in gemeinsamer Anstrengung starke Beschränkungen der kirchlichen Festzeiten: Viele ganze Feiertage wurden reduziert, halbe fielen der Streichung zum Opfer. Dagegen wehrten sich die Gläubigen in ländlichen Gebieten mit großer Verve. Als in Luzern 1723 das erste Reformmandat erging, traten in mehreren Orten Versammlungen der Pfarrgenossen zusammen. Aus Sempach meldete der Pfarrer, man habe «unanimi consensu» beschlossen, trotz gegenteiliger Weisung bei der alten Ordnung zu bleiben; ähnliche Nachrichten kamen aus Weggis und

5 Wicki, Staat Kirche Religiosität, 352–357; Hersche, Muße und Verschwendung, 618–644; ders., Wider «Müßiggang» und «Ausschweifung».

aus dem Entlebuch. Die Geistlichen des Kapitels Willisau erklärten sich dem Bischöflichen Kommissar gegenüber «ad rei novitatem non parum consternati vel omnino scandalizati».[6] Trotzbekundung und Arbeitsverweigerung an Halbfeiertagen waren die wichtigsten Formen des Widerstands im luzernischen Gebiet. Ähnliche Phänomene äußerten sich auch darin, dass man sich in Petitionen an die Landesherren wandte, anlässlich von Visitationen bischöfliche Bevollmächtigte bestürmte oder Erlasse schlicht ignorierte. Selbst von gewalttätiger Gegenwehr wird berichtet: Gläubige verschafften sich Zugang zu Kirchen und läuteten mit den Glocken, sie entfernten die angeschlagenen Mandate, warfen Fenster ein oder verspotteten Arbeitswillige.[7] In Freiburg im Üchtland verband sich im Jahr 1781 die Wut über den gestrafften Feiertagskalender mit dem Protest gegen Steuererhöhungen. Folge war der «Chenaux-Handel», ein Volksaufstand, dessen Niederschlagung die städtische Obrigkeit einige Anstrengung kostete. Benannt wurde die Erhebung nach Joseph-Nicolas Chenaux (1740–1781), einem der Anführer, der zur Fahndung ausgeschrieben wurde und bei seiner Festnahme starb. Zu seinem Grab entstand richtige Wallfahrt: Votivkerzen wurden aufgestellt und eigene Gebetsformulare gedruckt. Weltliche und geistliche Behörden sahen sich gezwungen, gegen die Verehrung einzuschreiten, da sie Züge eines subversiven Heiligenkults annahm.[8]

Die Französische Revolution veränderte die gesellschaftlichen Verhältnisse grundlegend. Als Teil der überkommenen und von der Macht verdrängten Herrschaft standen die Kirchen auf der Verliererseite. Ihre Exponenten erlitten vielfache Beschränkungen: Die Umgestaltung der Gemeinwesen verdrängte sie aus Herrschaftspositionen, weitreichende Säkularisationen brachten sie um ihren Besitz und die Beseitigung der Zehnt- und Abgabensysteme ließen ihre Einkünfte zusammenbrechen. Ein Übriges tat der Wegfall gesellschaftlicher Besserstellung von Klerus und Ordensleuten. Sie hatten in der alten Zeit vom *privilegium fori* und von Steuerfreiheit profitiert, was aber angesichts des Gleichheitsideals und des großen Mittelbedarfs für neue Institutionen wie Schulen, Gefängnisse oder

6 Ebd., 119.

7 Ebd.

8 Eines der verwendeten Fürbittgebete wurde im Wechsel vorgetragen und hatte die Form einer Litanei: «Martyr de la liberté – priez pour nous; Vous qui avez sacriefié votre vie pour nous – priez pour nous; Vous qui vous êtes dépouillé de vos biens et que les avez répandus sur les riches et les pauvres – priez pour nous; Vous qui êtes mort pour notre sainte religion – priez pour nous». Hugger, Kommentare zum freiburgischen Chenaux-Handel, 331; Andrey, La «Révolution Chenaux».

Krankenhäuser nicht aufrechtzuerhalten war. Völlig wirkungslos blieben wütende Proteste mit Rekurs auf Jahrhunderte alte Traditionen, vorgetragen von enteigneten Fürstbischöfen, von vertriebenen Mönchen und Nonnen und von mittellos gewordenen Seelsorge-Geistlichen. Multiple Verlusterfahrung und eine unüberschaubar große Zahl Betroffener bewirkten, dass die kirchlichen Exponenten für die neue Ordnung keine Sympathie aufbrachten und sich auf die Seite der Konservativen und dann der Reaktionäre schlugen. Diese Parteinahme sollte sich als verhängnisvoll erweisen, zumal sie in vielen Fällen auch extrem weit über das Ziel hinaus schoss. Bereits in den Tagen der Revolution selbst setzten sich mehrere Geistliche als Oppositionsführer in Szene, was ihnen später übel vermerkt werden sollte: Der Kapuziner Paul Styger (1764–1824) führte in Rothenturm ein Kontingent Bewaffneter gegen die französischen Truppen, der Benediktiner Marian Herzog (1785–1828) organisierte in Einsiedeln eine Bürgerwehr gegen die Klosterbesetzung, und zwei Pfarrseelsorger stachelten 1799 in Nidwalden die Bürger zu einer Erhebung gegen die Eidesleistungen an und provozierten damit eine Strafaktion der Franzosen mit einer großen Zahl von Opfern. Beispiele sind zu finden bis zur Mitte des Jahrhunderts – stets so, dass kirchliche Exponenten sich an die Spitze der Gegner stellten und auch nicht davor zurückschreckten, den bewaffneten Kampf anzuführen. Der Kapuzinerpater Theodosius Florentini (1808–1865) war 1841 Guardian in Baden und erlebte am eigenen Leib, was Klosteraufhebung für direkt Betroffene bedeutete. Er sympathisierte daher mit der Freiämter Opposition, die sich nach dem Klostersturm gegen die Aargauer Regierung erhob, und zwar so deutlich, dass man ihm die Rolle des Agitators zuschrieb und ihn nach geschlagenem Kampf steckbrieflich suchen ließ. Erst recht virulent wurde die Rolle des Klerus in der Sonderbundszeit; denn in den 1840er-Jahren hatten die Konfliktlinien zwischen Liberalen und Reaktionären auch ein deutlich kirchlich-religiöses Gepräge. Geistliche ergriffen offen Partei und setzten sich dem Risiko aus, dass der Gegner sie als klerikale Gewalttäter ins Bild setzte und damit, unabhängig vom Realitätsgehalt des konkreten Vorwurfs, einen Propagandaerfolg erzielte: Der Pfarrer von Großwangen wurde in einer Karikatur gezeigt, wie er Freischärler aufknüpfen ließ, und dem Pfarrer von Neuenkirch legte man zur Last, er habe ein Erschießungskommando angeführt und sei für die Ermordung Gefangener verantwortlich.[9]

9 Ries, Religion als Herausforderung; Bühlmann, Der zweite Freischarenzug, 89–95.

Weltanschaulicher Kampf mit geistlichen Mitteln

Tatsächliche oder angedichtete Gewalttätigkeit von Geistlichen führt die Härte der ideologischen Kämpfe in der ersten Hälfte des 19. Jahrhunderts und die Involvierung der kirchlichen Welt vor Augen. Je stärker sie sich aus Herrschaftspositionen verdrängt sahen, desto deutlicher schlugen sich ihre Exponenten auf die Seite des Widerstandes. Dabei profitierten sie von einer wachsenden Solidarisierung der Gläubigen: Hatte der Untergang der alten Ordnung die Allianz von Thron und Altar zerbrochen, so wurde diese nun substituiert durch eine Verbindung von Volk und Altar. Ein bevorzugtes Aktionsfeld war die kirchliche Liturgie, insbesondere Prozessionen und Wallfahrten. Schon in der Revolutionszeit selbst hatte sich dieser Bereich bewährt, als es darum ging, die Reihen weltanschaulich zu schließen. Die Wallfahrt verschaffte Gläubigen seit jeher individuell Trost und Hoffnung, in bedrängter Zeit ermöglichte sie kollektive Selbstvergewisserung und Manifestation gemeinsamer Interessen. Während der Französischen Revolution und in den nachfolgenden Jahrzehnten suchten Bewaffnete vor dem Kampf in geradezu mittelalterlich anmutender Weise Gnadenorte auf und legten im Blick auf den erhofften Sieg auch besondere Gelübde ab.[10]

Die romantisch erstarkende Volksfrömmigkeit machte die Wallfahrt zum prädestinierten Mittel der Massenmobilisierung. Sie profitierte vom technischen Fortschritt; denn mit den entstehenden Publikumszeitungen ließen sich neue Kommunikationsräume schaffen und neue Bevölkerungsgruppen mobilisieren; der Bau von Straßenverbindungen und Eisenbahnlinien verbesserte die Mobilität.[11] Das Aufsehen erregendste Beispiel, das im

10 Ein ex voto in der Entlebucher Wallfahrtskirche Heiligkreuz erinnert an die unter Waffen ausgeführte Wallfahrt des Landsturms im Jahr 1798, abgebildet bei: Wicki, Staat Kirche Religiosität, 257. Geradezu irrational mutet die Situation vor dem Sonderbundskrieg 1847 an: Der konservative Luzerner Politiker Philipp Anton von Segesser berichtete im Rückblick von einer ins Extreme aufgereizten Stimmung: «Da war eine allgemeine, tiefgehende, auf religiösen Motiven beruhende Begeisterung, bis in die entlegensten Hütten durch alle Stände und Alter. Alte Privatfeindschaften wurden vergessen, Tausende wallfahrteten betend zu den Gräbern der Heiligen, täglich empfingen Tausende die Sterbesakramente der katholischen Kirche; Ein Herz, Eine Seele, Ein Gefühl verband Arme und Reiche, Vornehme und Geringe, Greise und Jünglinge, zu dem Einen Gedanken, Alles zu wagen und zu dulden für die politische und religiöse Freiheit des Landes». Zitiert nach: Conzemius, Der Sonderbundskrieg, 73f.

11 Zur Wallfahrt seit der Frühen Neuzeit: Freitag, Volks- und Elitefrömmigkeit; Hersche, Muße und Verschwendung, 794–838; ders., Devotion; Baumer, Wallfahrt als Handlungsspiel; Holzem, Religiöse Orientierung.

Zusammenhang mit Integrationskonflikten entstand, war die «Heilig-Rock»-Wallfahrt nach Trier im Jahr 1844.[12] Sie verdankte ihren unerwarteten und jede Erfahrung übertreffenden Erfolg in erster Linie dem Konflikt zwischen der preußischen Regierung und ihren katholischen Untertanen im Rheinland. 1837 eskalierte der Gegensatz im «Kölner Ereignis»: Erzbischof Clemens August Droste zu Vischering hatte sich der staatlichen Eheordnung widersetzt, weil diese die Möglichkeit der konfessionell gemischten Eheschließung unabhängig von der Zustimmung kirchlicher Autoritäten möglich machte und die religiöse Erziehung der Kinder in einer Weise regelte, die zum kanonischen Recht im Widerspruch stand. Der Eingriff in einen traditionell der Kirche zugehörigen Einflussbereich war eine Folge der Bekenntnisfreiheit; denn nun war es nicht mehr möglich, alle Bewohnerinnen und Bewohner eines Territoriums einer einzigen kirchlichen Ordnung zu unterwerfen. In der Folge etablierten die Gemeinwesen nach und nach eine zweite, öffentliche Eheordnung, die neben der kirchlichen galt und gegenüber dieser Priorität beanspruchte. Die Betroffenen waren seither als Bürger und als Gläubige zwei unterschiedlichen Rechtssystemen unterworfen; sie sahen sich somit in diesem Feld zum ersten Mal mit der Pflicht konfrontiert, eine Art doppelte Identität zu akzeptieren.[13] Droste zu Vischering zog sich den Unwillen der Regierung zu, wurde in einer Aufsehen erregenden Aktion verhaftet und in der Festung Minden gefangen gesetzt. Es bedurfte großer diplomatischer Anstrengungen und eines Wechsels auf dem Königsthron, ehe sich ein Ausgleich finden ließ. Der Kampf war begleitet von weiteren Auseinandersetzungen. In Trier lehnte der König einen Bischofskandidaten ab, den das Domkapitel 1839 wählte. Er provozierte damit eine breite Solidarisierung mit dem Zurückgewiesenen, sodass er – nach einer zweiten, wiederum auf ihn gefallenen Wahl – das Amt dennoch antreten konnte. Der neue Bischof suchte den entstandenen Zusammenhalt im Kampf gegen staatliche Bevormundung zu nutzen und rief für Herbst 1844 zu einer sechs Wochen dauernden Wallfahrt auf. Ziel war der Heilige Rock in Trier, eine Reliquie, die unregelmäßig zur öffentlichen Verehrung exponiert wurde. Das Ereignis mobilisierte die Gläubigen in zuvor nie gekanntem Ausmaß; mehr als eine halbe Million Menschen sollen sich tage- und nächtelang mit Fahnen und Gesang auf den Weg gemacht haben. Über die Zeit hinaus blieb der Anlass in Erinnerung als Mobilisierung der Massen

12 Zum Folgenden siehe: Große Kracht, Kirche in ziviler Gesellschaft, 125–135; Schneider, Wallfahrt; Schneider, Presse und Wallfahrt.

13 Zur multiplen Identität siehe den Beitrag von Wolfgang W. Müller in diesem Band.

für die Sache der Kirche. Felix Genn, der kirchliche Verantwortliche für die Heilig-Rock-Wallfahrt des Jahres 1996, erklärte im Rückblick auf 1844: «Es brachte die Katholiken in Bewegung, so dass diese Wallfahrt eine Demonstration des Katholischen wurde – gegen den preußischen evangelischen Staat».[14] Ob die Beteiligten stärker von Frömmigkeit oder von Aversion gegen die protestantische Obrigkeit getrieben waren, lässt sich nicht abschließend beurteilen. Feststeht, dass der Vorgang eine breite Debatte provozierte und so zumindest indirekt jene demonstrative Wirkung erzielte, die Genn 150 Jahre später beschrieb. Der katholische Publizist und ultramontane Vordenker Joseph Görres lenkte bereits in der Zeit selbst die Deutung gezielt in diese Richtung. Er erklärte, es habe in Trier nicht einfach ein Zusammenlaufen stattgefunden, sondern eine «Demonstration der rheinischen Völker»; denn ein «zweites Deutschland» sei im Aufbruch.[15] Mit der weltanschaulichen Kampfansage an die Moderne versetzte die Trierer Wallfahrt die weltanschauliche Gegenseite in- und außerhalb der katholischen Kirche in Aufruhr: Zwischen liberalen und konservativen Kräften entstand eine Debatte über Sinn und Unsinn dieser Frömmigkeitspraxis. Am ihrem Ende stand gar ein kirchliches Schisma: Rund 50 000 katholische Gläubige formierten sich als eigene, bürgerlich national orientierte und von Rom unabhängige Sondergemeinschaft der «Deutschkatholiken». Hinsichtlich der kirchlichen Praxis wiesen sie viele Übereinstimmungen auf mit den späteren alt-katholischen Kirchen, doch anders als diese hatte die Denomination keinen Bestand und löste sich nach zehn Jahren wieder auf.[16]

Mit Trier war ein Muster geschaffen, das auch in der zweiten Jahrhunderthälfte funktionieren sollte: Im Zuge verstärkter Radikalisierung, die zusammen mit einem wachsenden Antiklerikalismus den Kulturkampf herbeiführen sollte, gewannen demonstrative Wallfahrten als Mittel zur Selbstvergewisserung und zur Stärkung der Kohäsion an Bedeutung.[17] Besonders ausgeprägt zeigen dies die Entwicklungen im damaligen Berner Jura. Das Territorium umfasste das ehemalige Hochstift Basel, das im Zuge der Französischen Revolution säkularisiert und durch den Wiener Kongress 1815 dem Kanton Bern zugeschlagen worden war. Die Neuordnung erfolgte gegen den Willen der Bevölkerung, die dem französischen Sprachraum und der katholischen Konfession zugehörte. Sie bildete damit eine Minder-

14 Genn, Der Heilige Rock, 179.

15 Görres, Die Wallfahrt nach Trier; Vgl. Frühwald, Die Wallfahrt nach Trier.

16 Holzem, Kirchenreform und Sektenstiftung, 13–34.

17 Borutta, Antikatholizismus, 337–347; Magry/te Velde, Die Prozessionsfrage.

heit und unterschied sich kulturell wie konfessionell von der Tradition des Territoriums, dem der Jura nun angehörte. Dies behinderte die soziale und politische Integration und führte eine Konstellation herbei, die jener dem Rheinland nach 1803 vergleichbar war. Der Kulturkampf tat ein Übriges: Nach dem ersten Vatikanischen Konzil suspendierte der Bischof von Basel, Eugène Lachat, jene Geistlichen, die sich den Konzilsbeschlüssen widersetzten. Er provozierte damit die liberalen Kantonsregierungen in seiner Diözese – darunter auch jene des Kantons Bern, – und eine Mehrheit von ihnen erklärte ihn am 29. Januar 1873 als abgesetzt.[18] Alle 97 Geistlichen, die im Jura tätig waren, protestierten öffentlich dagegen. Die Berner Regierung entließ auch sie aus ihren Ämtern und erteilte jenen, die eine Pfarrstelle innehatten, zusätzlich einen Landesverweis. Es kam zu Erhebungen der Bevölkerung, die auch in Gewalttätigkeit ausarteten, schließlich rückte eine militärische Besatzung ein. Im Zuge dieses Konflikts nahmen die Wallfahrten einen beträchtlichen Aufschwung: Die Jurassier strömten aus allen Dörfern zu Hunderten zum Marienheiligtum auf der Vorbourg nördlich von Delsberg, aber auch in die Lorektokapelle von Pruntrut und nach Mariastein im benachbarten Kanton Solothurn. Im Bericht eines Geistlichen ist die Rede von «wunderbaren Demonstrationen» und von der Erinnerung an das «Zeitalter der früheren Verfolgungen»[19]. Explizit interpretierte er damit den Vorgang als politische Manifestation, und auch die Gegenseite machte sich diese Sicht zu eigen. In einem Polizeirapport vom 17. März 1874 ist ausdrücklich die Rede davon, Aktivisten hätten die Wallfahrt gewählt «comme moyen de résistance aux ordres du gouvernement et pour ameuter

18 Zum Folgenden siehe: Kohler, Nouvelle Histoire du Jura, 238–240; Baumer, Religiöse und ideologische Orientierung; Baumer, Pèlerinages jurassiens; ders., Pèlerinages jurassiens II; ders., Die Wallfahrt; Baumer. Zum Kulturkampf in der Schweiz; Stadler, Ohne Sieger und Besiegte; ders., Der Kulturkampf in der Schweiz; Altermatt, Katholizismus und Moderne; Stadler, Das Kulturkampfparadigma; Conzemius, Der Kulturkampf; Stadler, 175 Jahre Diözese Basel; Lang, «Die Firma der zeitverständigen Geistlichen stirbt aus»; Jäggi, Das Bistum Basel; Lang/Meier, Kulturkampf; Ries, Kulturkämpfe.

19 «Beim Evangelium richtete der Dekan von Delsberg, der glückliche Zeuge dieser wunderbaren Demonstrationen, an die Menge einige glühende Worte, die in diesen treuen Seelen ein mächtiges Echo hervorriefen; er erinnerte an das Zeitalter der früheren Verfolgungen, an den unbezähmbaren Mut der Christen, an die Blutzeugen und an die Henker, an den Ruhm der einen und die ewige Schande der andern. Er ermunterte, richtete auf, gab Rat. Die Tränen tropften von allen Augen, und man glaubte sich in die ersten Tage der Verfolgten und in die Katakomben geflüchtete Kirche zurückversetzt». Zitiert nach: Baumer, Religiöse und ideologische Orientierung, 91.

les masses»[20]. Je stärker der Konflikt eskalierte, desto größer wurde die Zahl der Pilger. Auf dem Höhepunkt, im Herbst 1873, sammelten sich in Mariastein 15 000 Menschen; mehr als die Hälfte von ihnen war länger als einen Tag unterwegs und empfing die Kommunion bereits im Morgengrauen des Wallfahrtstages. Der Pfarrer von Pruntrut predigte während mehr als einer Stunde, und am Schluss wurde ein Ergebenheitstelegramm an Pius IX. gesandt. Noch am selben Tag kam die Antwort: Der Papst, im römischen Schreiben als «großer und unsterblicher Pontifex» gepriesen, ließ danken und seine Segenswünsche entbieten.

Ein vergleichbares Beispiel weltanschaulicher Polemik im Zuge der sozialen Polarisierung des 19. Jahrhunderts und im Zuge des Kulturkampfes bot das Saarland. In Marpingen, einem Dorf mit damals 1600 Einwohnerinnen und Einwohnern, berichteten mehrere Mädchen von einer Erscheinung der Muttergottes, die sich am 3. Juli 1876 erstmals einstellte und sich danach während 14 Monaten wiederholte.[21] Sogleich wurde das Dorf berühmt, und es begann eine rasch wachsende Wallfahrt. Hunderte von Teilnehmenden stellten sich ein, schließlich stieg die Frequenz bis auf 4000 Personen pro Tag, und es wurde von Wunderheilungen berichtet. Gläubige wie Kritiker sprachen vom «deutschen Lourdes». Das Ereignis, seine Popularität und die Zuschreibungen sind zu erklären vor dem Hintergrund des preußischen Kulturkampfes, der nach 1870 zur Vertreibung oder Verhaftung von 1800 Geistlichen geführt hatte. Der Bischof von Trier kam für neun Monate ins Gefängnis, das Priesterseminar wurde polizeilich geschlossen. In Marpingen ging die Obrigkeit mit militärischer Gewalt gegen die Pilger vor. Sie verbot das Betreten des Waldes und drohte bei Widersetzlichkeit mit Anzeigen wegen Aufruhrs, Landfriedensbruchs oder Betrugs. Liberale Exponenten sprachen von Verführung, Dummheit, Aberglauben und Bigotterie und festigten damit bestehende Vorurteile gegen

20 «Letzten Samstag kamen etwa fünfzig Pfarrangehörige von Saingelégier mit ihrem Pfarrer wallfahrend zur Vorburg-Kapelle und kehrten am Abend wieder heim. Man hat nicht besonders auf diese Demonstration geachtet, aber am Tag darauf hielt Herr Vautrey in der Kirche eine Predigt, um den Eifer seiner Pfarrkinder anzustacheln. Unter anderem schilderte er die Bergler als Menschen mit Bekennermut, usw., und er sagte, alle Katholiken, die nicht den Mut hätten, sie nachzuahmen, seien Feiglinge ohne Religion. Es scheint, dass man die Wallfahrt als Mittel des Widerstandes gegen die Anordnungen der Regierung gewählt hat, um die Massen zur Meuterei anzustacheln.» Bericht des Präfekten des Amtsbezirks Delsberg an die Berner Regierung, Porrentruy, 17. März 1884. Zitiert nach: Baumer, Religiöse und ideologische Orientierung, 91.

21 Zum Folgenden siehe: Blackbourn, Wenn ihr sie wieder seht.

Katholiken. Im Visier standen Wundersucht und Schwärmerei, denen man in besonderer Weise die Frauen ausgesetzt sah; denn sie galten als emotional disponiert und damit als leichte Beute für geistliche Indoktrinierung. Besonders sensibel war der Status von Ordensschwestern, die sich durch ihre Lebensweise außerhalb der bürgerlichen Ideale bewegten und als Verkörperung von Rückständigkeit und als Handlangerinnen des Klerus galten. In der Polemik gegen die Marpinger Wallfahrt war die Rede von «wahnwitzigen Frauen» und von «hysterischen Weibern»; die Heilungsgeschichten galten als «Ammenmärchen».

Radikalisierung durch Isolation

Äußerlich ließen sich die Kulturkämpfe bis 1890 überwinden, doch die Indienstnahme religiöser Praxis als Waffe im weltanschaulichen Kampf war damit noch keineswegs beendet. Neue Höhepunkte ergaben sich in den ersten beiden Jahrzehnten des 20. Jahrhunderts, wie das Beispiel der Basler Fronleichnamsprozession von 1917 vor Augen führt. Für den Initianten Robert Mäder war diese Demonstration lediglich ein Mosaikstein in seinem umfassenden Kampf gegen liberale, weltliche und gottlose Mächte, die er überall am Werk sah. Im gleichen Jahr 1917, in dem die protestantischen Kirchen das 400-jährige Jubiläum der Reformation begingen, zeigte er in einer Streitschrift mit dem Titel «Rom oder Wittenberg?» auf, dass alle gegen die katholischen Kirche gerichteten Kräfte sich gesammelt hätten und eine Allianz eingegangen seien. Den Protestantismus brandmarkte er als Gefahr für den wahren Glauben, weshalb er zusammen mit allen anderen feindseligen Strömungen bekämpft werden müsse: «Der grundsätzliche Katholizismus ohne Abstich und Abschwächung hängt aber wesentlich davon ab, dass wir alles Protestantische, Liberale und Modernistische von unserer Ideenwelt ausscheiden und fernhalten. Je unprotestantischer, desto katholischer»[22]. Bezeichnend ist die Vorstellung einer Verbindung der antikatholischen Kräfte, die nur zu überwinden seien durch absolut konsequente Kirchentreue. In selten schroffer Weise sperrte man sich gegen die Signaturen der Zeit, die als gefährlich und schädlich galten. Der Abwehr lag eine geradezu martialische Programmatik zugrunde – es ging um «Mitarbeit und Vorbereitung der geistigen Weltherrschaft des katholischen Glaubens, Proklamierung einer geistigen Weltoffensive, die zum Ziel hat, das Kreuz des Meisters wieder aufzupflanzen auf allen Rathäusern, auf allen Schulen, auf

22 Mäder, Rom oder Wittenberg? 37, 49.

allen Fabriken»; denn: «Der Katholizismus allein rettet die Welt, der ganze ungebrochene radikale Katholizismus»[23]. Seine Gegner ortete Mäder im Liberalismus, in der «internationalen Freimaurerei», im Sozialismus und in dem «mit dem Judentum verschwägerten Großkapital». Selbst in der «modernen unchristlichen Frauenemanzipation» sah er nichts anderes als eine Folgeerscheinung der von ihm als Grundübel ausgemachten Kräfte.[24]

Vor dem Hintergrund solch extremer Zuspitzung des weltanschaulichen Kampfes kam demonstrativen religiösen Aktivitäten eine eminent identitätsstiftende und abgrenzende Funktion zu. Isolation und Selbstisolation schaukelten sich auf – für die Zeit nach der Jahrhundertwende entwickelten sich vielfältige Radikalisierungen. Die politisch und gesellschaftlich Konservativen fanden zu einer Einheit, die sich sichern ließ durch gemeinsame Symbole und Handlungen, welche die katholische Liturgie bereitstellte. Verstärkt wurden die Prozesse durch übergeordnete Positionsbezüge; denn der gleiche Integralismus, der in Exponenten wie dem Basler Pfarrer Robert Mäder ungeahnte pastorale Energien mobilisierte und ihn zum propagandistischen Extremisten werden ließ, bestimmte auch die Ausrichtung der Römischen Kurie unter Pius X. (1903–1914). Vor dem Hintergrund einer tief greifenden Ultramontanisierung und verstärkt durch die Wunden, welche Risorgimento und Kulturkämpfe geschlagen hatten, verstärkte sich der seit nunmehr einem halben Jahrhundert wahrgenommene Antagonismus zwischen Katholizismus und Liberalismus. Auch in Rom sah man sich einem gut organisierten Feind gegenüber, dessen Konturen zusehends schärfer wurden. Ein eigentlicher Abwehrkampf wurde inszeniert, er galt dem als koordinierte Gegenkraft gedachten, mit dem Namen «Modernismus» charakterisierten Feind des Katholischen, der sich anschickte, die Kirche auch von innen her zu unterwandern. In der Richtung, welche Pius IX. 1864 mit der Enzyklika «Quanta Cura» und dem beigefügten «Syllabus errorum» einst vorgegeben hatte, wurde eine Kaskade von Abwehrmaßnahmen ergriffen: 1907 erfolgte mit der Enzyklika «Pascendi dominici gregis» die Verurteilung des Modernismus, 1910 mit dem Dekret «Sacrorum antistitum» die Einführung der Pflicht zur Leistung des «Anti-Modernisten»-Eides, im Kriegsjahr 1917 schließlich mit der Promulgation des «Codex Iuris Canonici» die Zentralisierung des gesamten kirchlichen

23 Ders., Die Ganzen, 98.

24 Ders., Gedanken eines Reaktionärs, 50, 148f.

Rechtssystems.[25] Der perhorreszierte und zugleich – wie man heute weiß – hinsichtlich seiner Einheitlichkeit weithin konstruierte «Modernismus» wies auch eine ausgeprägt konfessionalistische Seite auf. Als Pius X. 1910 mit der Enzyklika «Editae Saepe» den 400. Jahrestages der Kanonisierung Carlo Borromeos beging, wurden seine Worte als Geringschätzung der Reformation verstanden und provozierten entsprechende Proteste.[26]

In der weltanschaulich und innerkirchlich aufs äußerste polarisierten Situation zwischen Kulturkampf und Jahrhundertwende wirkte die Beanspruchung der Liturgie für weltanschauliche Propaganda konfliktverschärfend. Sicher befestigte Grenzlinien und forcierte Abschottung erzeugten eine Isolation, die als lange und schwer lastende Hypothek wirkte. Es dauerte bis in die fünfziger Jahre, ehe von innen her eine «Schleifung dieser Bastionen» (Hans Urs von Balthasar) möglich wurde – eine Aufgabe, die nur unter Verlusten zu leisten war und die weit über das Zweite Vatikanische Konzil hinaus beträchtliche Kräfte in Anspruch nehmen sollte.

Instrumentalisierte Religion

Hatte die entschlossene, in den Kulturkämpfen konfliktreich ausgetragene Abwehr des konservativen Katholizismus gegen die liberale Ordnung innerhalb der Kirche eine anhaltende Modernisierungsverweigerung und kulturelle Rückstände zur Folge, so ergaben sich für die gesellschaftliche Integration in mancher Hinsicht andere Konsequenzen. Isolation und Selbstisolation führten zwar auch in diesem Bereich zu sozialer Zurücksetzung und kultureller Inferiorität, doch die zahlenmäßige Stärke verhalf den katholisch Konservativen dennoch zu gesellschaftlicher Relevanz. Als sich im Gefolge der Industrialisierung soziale Probleme verschärften und der Sozialismus als politische Kraft hervortrat, sah das liberale Bürgertum seine Führungsrolle in Gefahr. Es arrangierte sich mit den Konservativen und ermöglichte nach dem Ersten Weltkrieg in zunehmendem Maße deren

25 Arnold, Der Antimodernismus, 153–168; ders., Kleine Geschichte des Modernismus; Wolf/Schepers, «In wilder zügelloser Jagd nach Neuem»; Weitlauff, «Modernismus litterarius»; Ernesti, Benedikt XV, 209–213.

26 Delgado, Die Borromäus-Enzyklika. Dieser Aspekt des Kampfes gegen den Modernismus wurde als Indiz verwendet, um für Deutschland das 19. und die erste Hälfte des 20. Jahrhunderts als «zweites konfessionelles Zeitalter» zu charakterisieren – eine Interpretation, die nur mit Einschränkungen anerkannt ist. Siehe: Blaschke, Konfessionen im Konflikt; Ziemann, Sozialgeschichte der Religion, 73–76; Holzem, Christentum in Deutschland, 1201–1213.

politische und gesellschaftliche Partizipation. Dass dies gelang, war neben den äußeren Bedingungen in erster Linie der Geschlossenheit der Reihen zu verdanken, die auf der radikalen, oft mit religiöser Symbolik aufgeladenen Abwehrhaltung beruhte. In paradox anmutender Weise begünstigte damit die Verweigerungshaltung mittelbar die gesellschaftliche Integration.[27]

Die Ablehnung der liberalen Gesellschaft durch Protagonisten einer politisch reaktionär gestimmten, religiös agierenden und in einem eigenen Sozialmilieu verankerten Opposition in der zweiten Hälfte des 19. Jahrhunderts erinnert in mancher Hinsicht an die «religiöse Rebellion» gegen die Globalisierung zu Beginn des 21. Jahrhunderts.[28] Wie einst die Wiederbelebung mittelalterlicher Gesellschaftsformen die Etablierung des Nationalstaates aufhalten sollte, so ging es nun auf übergeordneter Stufe darum, durch Stärkung des Nationalstaates der Globalisierung entgegenzutreten. Erneut war dafür Religiosität von Bedeutung, die in ihrem Geltungs- und Abgrenzungsanspruch mit dem katholischen Integralismus des beginnenden 20. Jahrhundert viele Gemeinsamkeiten aufwies.[29] Den Konflikten ist gemeinsam, dass soziale Abschottung und Ausgrenzung mit Aggressionen verbunden war, die von beiden Seiten ausgehen konnte, und dass die Grenzen sich mit Rekurs auf Religion plausibilisieren und mit dem Vollzug religiöser Handlungen demonstrativ befestigen ließen. Solches Handeln freilich war dem Verdacht ausgesetzt, kulturelle Differenzen zu instrumentalisieren, mit ihnen Missbrauch zu treiben und damit die Ausbildung von Parallelgesellschaften zu provozieren.[30] Diese Vermutung findet sich bestätigt, wenn man in Betracht zieht, dass die Überwindung von Konflikt und Isolation die Blüte der erwachten Religiosität jeweils innerhalb weniger Jahre wieder zum Erlahmen bringen konnte, wie es bei der Protestwallfahrten häufig der Fall war. Forcierte, im Kontext kultureller Konflikte demonstrativ praktizierte Frömmigkeit erweist sich mehr als Instrument politisch gewollter Identifikation denn als Teil existenziell gelebter Religiosität.

27 Ries, Kulturkämpfe.

28 Juergensmeyer, Die Globalisierung religiöser Gewalt; ders., Menschenrechte und religiöse Regime; ders., Religious Antiglobalism.

29 «The goal of some religious activits is the revival of a nation-state that avoids the effects of globalization.» Ebd., 143.

30 Meyer, Identitätspolitik, 208–221.

Literatur

Altermatt, Urs, Katholizismus und Antisemitismus. Mentalitäten, Kontinuitäten und Ambivalenzen. Zur Kulturgeschichte der Schweiz 1918–1945, Frauenfeld et al. 1999.

Altermatt, Urs, Katholizismus und Moderne. Zur Sozial- und Mentalitätsgeschichte der Schweizer Katholiken im 19. und 20. Jahrhundert, Zürich [2]1991.

Altermatt, Urs, Das Kulturkampfparadigma: Konflikte, Krisen und Integration, in: ders., Konfession, Nation und Rom, Frauenfeld 2009, 109–157.

Altermatt, Urs/Metzger, Franziska, Der radikale Antisemitismus der rechtskatholisch-integralistischen Zeitung «Schildwache 1912–1945, in: Zeitschrift für Schweizerische Kirchengeschichte 92 (1998), 43–72.

Andrey, Georges, La «Révolution Chenaux» et ses historiens. Deux siècles de controverse, in: Annales fribourgeoises 60 (1992/93), 57–71.

Arnold, Claus, Kleine Geschichte des Modernismus, Freiburg/Basel/Wien 2007.

Arnold, Claus, Der Antimodernismus unter Pius X. Von Alfred Loisy zu Charles Maurras, in: Historisches Jahrbuch 125 (2005), 153–168.

Baumer, Iso, Pèlerinages jurassiens II: Détresse ete confiance. Témoignages de piété populaire, Porrentruy 1984.

Baumer, Iso, Wallfahrt als Handlungsspiel. Ein Beitrag zum Verständnis religiösen Handelns, Bern/Frankfurt a. M. 1977.

Baumer, Iso, Pèlerinages jurassiens: Le Vorbourg près de Delémont. Histoire d'une chapelle et de son pèlerinage du Moyen Age au XXe siècle. Une étude de traditions religieuses, Porrentruy 1976.

Baumer, Iso, Glaubenssinn – Kirchensinn: Konkrete Annäherungen. Träger, Muster und Bedeutungen in kollektiven religiösen Äußerungen, in: Wiederkehr, Dietrich, Hg., Der Glaubenssinn des Gottesvolkes – Konkurrent oder Partner des Lehramts, Freiburg/Basel/Wien 1994, 21–65.

Baumer, Iso, Religiöse und ideologische Orientierung bei Arbeitern und Bauern. Kulturkampf und Katholizismus im Berner Jura, aufgezeigt am Beispiel des Wallfahrtswesens, in: Wiegelmann, Günter, Hg., Kultureller Wandel im 19. Jahrhundert, Göttingen 1973, 88–101.

Baumer, Iso, Die Wallfahrt auf die Vorburg bei Delsberg, in: Schulpraxis 61 (1971), 130–134.

Blackbourn, David, Wenn ihr sie wieder seht, fragt wer sie sei. Marienerscheinungen in Marpingen – Aufstieg und Niedergang des deutschen Lourdes, Reinbek bei Hamburg 1977.

Blaschke, Olaf, Hg., Konfessionen im Konflikt. Deutschland zwischen 1800 und 1970: ein zweites konfessionelles Zeitalter, Göttingen 2002.

Borutta, Manuel, Antikatholizismus. Deutschland und Italien im Zeitalter der europäischen Kulturkämpfe, Göttingen 2010.

Bühlmann, Karl, Der zweite Freischarenzug. Motive und soziale Ursachen anhand der Prozessakten, Luzern 1985.

Bütler, Paul F., Das Unbehagen an der Moderne. Grundzüge katholischer Zeitungslehre der deutschen Schweiz während der Herausforderung des Modernismus um 1900/1914, Basel 2002.

Conzemius, Victor, 175 Jahre Diözese Basel: Weg einer Ortskirche aus dem «Ghetto» zur Ökumene, in: Jäggi, Gregor/Liggenstorfer, Roger, Hg., Bistum Basel 1828–2003, Porrentruy 2003, 45–70.

Conzemius, Victor, Der Sonderbundskrieg als Beginn eines katholischen Traumas?, in: Fink, Urban/Gernet, Hilmar, Hg., 1998. Das Ende von Religion, Politik und Gesellschaft?, Solothurn 1998, 63–78.

Conzemius, Victor, Der Kulturkampf in der Schweiz. Sonderfall oder Paradigma?, in: Rottenburger Jahrbuch für Kirchengeschichte 15 (1996), 27–42.

Delgado, Mariano, Die Borromäus-Enzyklika «Editae saepe» Pius' X. vom 26. Mai 1910 und die Folgen, in: ders./Ries, Markus, Hg., Karl Borromäus und die katholische Reform, Freiburg i. Ue./Stuttgart 2010, 340–362.

Ernesti, Jörg, Benedikt XV. Papst zwischen den Fronten, Freiburg i. Br. 2016.

Freitag, Werner, Volks- und Elitefrömmigkeit in der Frühen Neuzeit. Marienwallfahrten im Fürstbistum Münster, Paderborn 1991.

Frühwald, Wolfgang, Die Wallfahrt nach Trier. Zur historischen Einordnung einer Streitschrift von Joseph Görres, in: Droege, Georg et al., Hg., Verführung zur Geschichte, Trier 1973, 366–382.

Genn, Felix, Der Heilige Rock – Geschichte und Legende, in: Geist und Leben 69 (1996), 176–193.

Görres, Joseph, Die Wallfahrt nach Trier, Regensburg 1845.

Große Kracht, Hermann-Josef, Kirche in ziviler Gesellschaft. Studien zur Konfliktgeschichte von katholischer Kirche und demokratischer Öffentlichkeit, Paderborn et al. 1997.

Hersche, Peter, Muße und Verschwendung. Europäische Gesellschaft und Kultur im Barockzeitalter, Bd. 1, Freiburg/Basel/Wien 2006.

Hersche, Peter, Devotion, Volksbrauch oder Massenprotest? Ein Literaturbericht aus sozialgeschichtlicher Sicht zum Thema Wallfahrt, in: Das 18. Jahrhundert und Österreich 9 (1994), 7–34.

Hersche, Peter, Wider «Müßiggang» und «Ausschweifung». Feiertage und ihre Reduktion im katholischen Europa, namentlich im deutschsprachigen Raum zwischen 1750 und 1800, in: Innsbrucker Historische Studien 12/13 (1990), 97–122.

Holzem, Andreas, Christentum in Deutschland 1550–1850, Bd. 2, Paderborn 2015.

Holzem, Andreas, Religiöse Orientierung und soziale Ordnung. Skizzen zur Wallfahrt als Handlungsfeld und Konfliktraum zwischen Frühneuzeit und Katholischem Milieu, in: Blänkner, Reinhard/Jussen, Bernhard, Hg., Institutionen und Ereignis, Göttingen 1998, 327–354.

Holzem, Andreas, Kirchenreform und Sektenstiftung. Deutschkatholiken, Reformkatholiken und Ultramontane am Oberrhein 1844–1866, Paderborn 1994, 13–34.

Hugger, Paul, Kommentare zum freiburgischen Chenaux-Handel von 1781, in: Schweizerische Zeitschrift für Geschichte 23 (1972), 324–340.

Jäggi, Gregor, Das Bistum Basel in seiner Geschichte. Die Moderne, Strasbourg 2013.

Juergensmeyer, Mark, Die Globalisierung religiöser Gewalt. Von christlichen Milizen bis al-Quaida, Hamburg 2009.

Juergensmeyer, Mark, Menschenrechte und religiöse Regime, in: Gewissen und Freiheit 37 (2009), 94–112.

Juergensmeyer, Mark, Religious Antiglobalism, in: ders., Hg., Religion in Global Civil Society, New York 2006, 135–148.

Kohler, François, Hg., Nouvelle Histoire du Jura, Porrentruy 1984.

Krenz, Jochen, Druckerschwärze statt Schwarzpulver. Wie die Gegenaufklärung die Katholische Aufklärung nach 1789 mundtot machte, Bremen 2016.

Lang, Josef/Meier, Pirmin, Kulturkampf. Die Schweiz des 19. Jahrhunderts im Spiegel von heute, Baden 2016.

Lang, Josef, «Die Firma der zeitverständigen Geistlichen stirbt aus». Die Ultramontanisierung des Schweizer Klerus im langen Kulturkampf 1830–1880, in: Traverse 7 (2000), 78–89.

Lehner, Ulrich L./Printy, Michael, A Companion to the Catholic Enlightenment in Europa, Leiden 2010.

Mäder, Robert, Gedanken eines Reaktionärs, Basel 1921.
Mäder, Robert, Die Ganzen. Ein Appell an die Jugend, Olten ²1921.
Mäder, Robert, Rom oder Wittenberg? Gedanken über die konfessionellen Gegensätze, Köln/Mainz 1917.
Magry, Peter Jan/te Velde, Henk, Die Prozessionsfrage in Limburg: Der Kampf um Religion und Öffentlichkeit in den Niederlanden, in: Clark, Christopher/Kaiser, Wolfram, Hg., Kulturkampf in Europa im 19. Jahrhundert, Leipzig 2003, 81–96.
Mattioli, Aram/Stirnimann, Charles, «Die Rückeroberung der Straße für Gott». Innenansichten zur Sozial- und Mentalitätsgeschichte der Basler Katholiken in der Epoche des Ersten Weltkrieges, in: Degen, Bernhrad et al., Hg., Fenster zur Geschichte. 20 Quellen – 20 Interpretationen, Basel/Frankfurt a. M. 1992, 277–305.
Metzger, Franziska, Die «Schildwache». Eine integralistisch-rechtskatholische Zeitung 1912–1945, Freiburg i. Ue. 2000.
Meyer, Thomas, Identitätspolitik. Vom Missbrauch kultureller Unterschiede, Frankfurt a. M. 2002.
Pfister, Benedikt, Die Katholiken entdecken Basel. Der Weg aus dem Milieu in die Gesellschaft, Basel 2014.
Ries, Markus, Religion als Herausforderung für die frühe Bürgergesellschaft. Theodosius Florentini als Beispiel, in: Schweizer, Christian/Ries, Markus, Hg., Theodosius Florentini (1808–1865) – Vir famosus. Festschrift zum 200. Geburtstag, Luzern 2009, 11–24.
Ries, Markus, «Der Rosenkranz ist unser Maschinengewehr.» Der Basler Pfarrer Robert Mäder im Kampf gegen den Zeitgeist, in: Mattioli, Aram, Hg., Intellektuelle von rechts. Ideologie und Politik in der Schweiz 1918–1939, Zürich 1995, 239–256.
Ries, Markus, Kulturkämpfe als Treiber nationaler Integration in der Schweiz des 19. Jahrhunderts, [im Druck].
Schneider, Bernhard, Katholische Aufklärung: Zum Werden und Wert eines Forschungsbegriffs, in: Revue d'Histoire Ecclésiastique 93 (1998), 354–397
Schneider, Bernhard, Wallfahrt, Ultramontanismus und Politik – Studien zu Vorgeschichte und Verlauf der Trierer Hl.-Rock-Wallfahrt von 1844, in: Aretz, Erich et al., Hg., Der Heilige Rock zu Trier. Studien zur Geschichte und Verehrung der Tunika Christi, Trier 1996, 237–280.
Schneider, Bernhard, Presse und Wallfahrt. Die publizistische Verarbeitung der Trierer Hl.-Rock-Wallfahrt von 1844, in: Aretz, Erich et al., Hg.,

Der Heilige Rock zu Trier. Studien zur Geschichte und Verehrung der Tunika Christi, Trier 1996, 281–306.

Stadler, Peter, Der Kulturkampf in der Schweiz, Zürich ^{2}1996.

Stadler, Peter, Ohne Sieger und Besiegte. Eine wechselseitige Emanzipation, in: Schweizer Monatshefte 64 (1984), 323–332.

Weitlauff, Manfred, «Modernismus litterarius». Der «Katholische Literaturstreit», die Zeitschrift «Hochland» und die Enzyklika «Pascendi dominici gregis» Pius' X. vom 8. September 1907, in: ders., Kirche zwischen Aufbruch und Verweigerung, Stuttgart/Berlin/Köln 2001, 388–460.

Wicki, Hans, Staat Kirche Religiosität. Der Kanton Luzern zwischen barocker Tradition und Aufklärung, Luzern/Stuttgart 1990.

Wolf, Hubert/Schepers, Judith, Hg., «In wilder zügelloser Jagd nach Neuem». 100 Jahre Modernismus und Antimodernismus in der katholischen Kirche, Paderborn 2009.

Ziemann, Benjamin, Sozialgeschichte der Religion. Von der Reformation bis zur Gegenwart, Frankfurt a. M./New York 2009.

Gert Pickel

Religiöse Identitätsbildung durch Abgrenzung als Ausgangspunkt eines Kampfes der Kulturen in Europa?

1. Einleitung – Angst vor religiöser Pluralisierung als Auslöser für eine Angst vor dem Verlust der eigenen Identität?

In den letzten Jahrzehnten waren die Debatten auf dem religiösen Sektor in Europa weitgehend von der Auseinandersetzung darüber geprägt, ob man es mit einer weitreichenden Säkularisierung zu tun habe, oder ob man nicht eigentlich Prozesse einer spirituellen Revolution und einer zunehmenden Transformation hin zu individueller Bastelreligiosität beobachten würde.[1] Diese Debatten wurden spätestens seit den massiven Wanderungsbewegungen von Flüchtlingen nach Europa durch Debatten über eine Rückkehr der Religionen und die Frage nach der daraus resultierenden gesellschaftlichen Konfliktpotenziale überlagert. Statt einer Differenzierung persönlicher Religiosität und deren Distanzierung zu Kirchlichkeit und institutionalisierter Religion rücken nun (wieder) *kollektive Religionszugehörigkeiten* in den Blick und in die öffentliche Diskussion. Diese «Wiederkehr des Religiösen» geschieht in der Regel aber nicht in der Weise einer positiven Betonung von religiöser Zugehörigkeit und Wertschätzung religiöser Identitäten, sondern verstärkt unter dem Blickwinkel einer (universellen) Konfliktbehaftung von Religion, kulturell-identitärer Gegensätze von religiösen Zugehörigkeitsgruppen und einer Abgrenzung gegenüber kultureller Andersheit. Debatten über Religion werden so zu zentralen Debatten über *gesellschaftliche Integration*, aber auch über aus Identitäten resultierenden *innergesellschaftlichen Konflikten*.

Neben dieser Sichtverschiebung auf die Stellung von Religion in der Gesellschaft, verändert sich auch der Bedeutungsgehalt religiös angebundener Debatten für öffentliche und politische Diskurse. Debatten um religiöse Zugehörigkeit sind für moderne Gesellschaften eben nicht mehr von se-

1 Heelas/Woodhead, Spiritual Revolution; Pickel, Säkularisierung; Pollack, Rückkehr; Pollack/Rosta, Religion in der Moderne.

kundärer oder gar tertiärer politischer Bedeutung in modernen und oft als säkular geltenden Demokratien. Dies zeigen die massiven öffentlichen Bürgerproteste in vielen europäischen Ländern (u.a. Deutschland, Schweiz, Schweden, Großbritannien und Frankreich) gegen Angehörige einer Religionsgemeinschaft wie auch massive Stimmenzuwächse rechtspopulistischer Parteien mit einer vergleichbaren Argumentation. Das Gros dieser Proteste und Positionen eint ihr Bezug auf die Bedrohung der eigenen *kulturellen Identität* durch Mitglieder einer bestimmten Religion (Muslimen) und die Herausstellung der Gefahren einer «Islamisierung des Abendlandes». Selbst wenn nicht Religion an sich als problematisch angesehen wird, dient sie doch über die Zuschreibung von Zugehörigkeit der Identifikation von Fremdgruppen. Die zunehmende Radikalisierung der beschriebenen Proteste und ihre Konfliktträchtigkeit lässt die Frage aufkommen: *Gibt es in Europa mittlerweile Anzeichen für einen Kampf der Kulturen*, so wie er vor zwei Jahrzehnten von Samuel Huntington skizziert wurde?[2]

Huntington stellte noch vor den Ereignissen des 11. Septembers 2001 die gesellschaftliche Notwendigkeit identitärer Abgrenzung und eines dafür dienlichen Referenzpunktes für den Erhalt der eigenen (politischen) Kultur heraus. Dabei wies er religiöser Zugehörigkeit eine wesentliche Rolle für die Konstitution von Kulturkreisen zu. Dieser Aspekt hat sich in der folgenden öffentlichen Diskussion festgesetzt und teils verselbstständigt. Aus dieser Sichtweise und unter aus der Verwendung religiöser Zugehörigkeit als Markierungsmerkmal für Gruppenzugehörigkeit resultiert eine weitere Frage: *Welche Bedeutung haben Religion und religiöse Identität in den konfliktären Debatten wirklich?* Handelt es sich vielleicht nur um einen Scheinbezug, hinter dem sich mehrheitlich unreligiöser Ethnozentrismus oder politisch-ideologische Haltungen verbergen?

Die Fragen werden im Folgenden durch Rückgriff auf anhand von Bevölkerungsumfragen gewonnenen empirischen Analysen und Ergebnissen von thematisch einschlägigen Studien zu beantworten versucht. Zentrale Analysegrundlage sind der Bertelsmann Religionsmonitor (BRM) 2013 und die 2010 durchgeführte Studie Wahrnehmung und Akzeptanz religiöser Vielfalt (WARV).[3]

2 Huntington, Kampf der Kulturen.

3 Pollack et al., Grenzen der Toleranz.

2. Kampf der Kulturen und kollektive Identität?

Bei aller (berechtigten) Kritik eignet sich das Narrativ eines «Kampfes der Kulturen» sehr gut als Ausgangspunkt für Überlegungen zum Verhältnis zwischen religiösen Identitäten und Konflikt. Nicht nur stehen Identitätsdifferenzen im Zentrum dieser Überlegungen, sowohl Begriff als auch die sich darum formierende (oft durchaus kritische) Diskussion hat bis heute einen stabilen Bestand in Wissenschaft und Öffentlichkeit. Was ist der Kampf der Kulturen? Schon 1993 und in Buchform 1996 stellte Samuel Huntington seine Überlegungen zu einem *Clash of Civilizations* vor. Aus seiner Sicht wird nach dem Wegfall des Antagonismus zwischen sozialistischen Staaten und Demokratien eine neue Konfliktlinie benötigt, welche die (politische) Aufteilung der Welt – in den Köpfen der Bürger – ermögliche. Huntington sieht in den Bevölkerungen die generelle *Notwendigkeit von Abgrenzungssubjekten und -objekten zur Sicherung der eigenen (kollektiven) Identität* (Grundannahme 1). Er weist dabei historisch verankerten kulturellen Differenzen zwischen Kulturgebieten (die sich oft mit Staatsgebieten überschneiden) die stärkste Wirkmächtigkeit für Identitätsabgrenzungen zu. Speziell die Ausprägung und Konturierung von Kulturkreisen, deren Einwohner sich weitgehend misstrauisch gegenüberstehen, sind aus seiner Sicht Indizien für solch eine Entwicklung. Die Folge dieser Gegenüberstellung sind mehr oder weniger gewalttätige Konflikte zwischen den sich polarisiert gegenüberstehenden Sozialgruppen.

Zur Bestimmung seiner Kulturkreise greift Huntington u.a. auf Distinktionen zwischen religiösen Kulturen zurück. *Kulturen (Civilizations), speziell religiöse Kulturen eignen sich besonders gut als Referenz für solche Abgrenzungen* (zweite Grundannahme). Differenzen in der Religionszugehörigkeit besitzen aufgrund ihrer starken Bedeutung für die Identitätsbindung ein spezifisches Konfliktpotenzial. Aus ihnen resultieren religiös aufgeladene Konflikte, die nach Huntington schlechter verhandelbar sind als andere Konfliktdifferenzen. Oft sind sie tief im kulturellen Gedächtnis der Bevölkerungen der betroffenen Gebiete verankert. Die geringere Verhandelbarkeit bringt eine Zuspitzung bis hin zu zur Gewalttatigkeit neigenden Bruchlinienkonflikten hervor[4]: *Aus den Abgrenzungen resultieren Konflikte zwischen Identitätsgruppen und Auseinandersetzungen zwischen Menschen unterschiedlicher kultureller Zugehörigkeit* (dritte Grundannahme). Dies betrifft Menschen unterschiedlicher religiöser Zugehörigkeit. Die Konflikte bleiben nicht auf die regionale Ebene be-

4 Kippenberg, Gewalt als Gottesdienst.

schränkt, sondern wandern durch Migration und Pluralisierungsprozesse an andere Orte und in andere (auch die westlichen) Gesellschaften ein.

Trotz Kritik an der ethnozentristischen Sichtweise Huntingtons, dem eher auf Konflikt als auf Verständigung ausgerichteten Grundverständnis des Zusammenlebens, sowie handwerklichen Schwächen des Buches aufgrund selektiv ausgewählter empirischer Beispiele, etablierten sich die Begrifflichkeit und die Fragestellung in der Politikwissenschaft.[5] Grund war neben der erkennbaren empirischen Plausibilität sicher, dass die späteren politischen Ereignisse (z.B. der 11. September 2001) Huntingtons Prognosen zu stützen schienen. In Bezug auf Religion legt Huntington den Schwerpunkt seiner Einordnung auf *Identitätsabgrenzung* und eine daraus resultierende höhere Konfliktbereitschaft zwischen Mitgliedern unterschiedlicher Religionen. Es ist die vermeintliche *Gefährdung der (eigenen) kulturellen Identität*, die in der voranschreitenden Globalisierung zum Auslöser von Konflikten zwischen Identitätsgruppen wird. Diese werden durch die Fremdheit der alternativen kulturellen bzw. religiösen Gruppen befördert und können durch materielle wie immaterielle Verlustängste gesteigert werden. Die Identifikation «der Anderen» als einer Gruppe, mit der man bereits historisch immer wieder in Konflikten stand (Türken vor Wien, Schlacht auf dem Amselfeld), dient als argumentative Bekräftigung der eigenen Abgrenzungshaltung.

Auch Jonathan Fox sieht im Anschluss und in Auseinandersetzung mit den Überlegungen Huntingtons Effekte von Religionszugehörigkeit auf internationale Konflikte.[6] Anders als dieser, geht er aber nicht davon aus, dass Religionen Konflikte primär verursachen: Fox sieht sie in der Rolle von *potenziellen Konfliktverstärkern*. Zentrale Auslöser für Konflikte sind aus seiner Sicht zumeist ethnische Differenzen. Diese sind nun aber wieder weitgehend kulturell-identitär und decken sich oft mit religiösen Differenzen. Die von Personengruppen verinnerlichten Differenzen erzeugen damit in den Bevölkerungen *Mobilisierbarkeit* für Gruppenkonflikte. Auf diese Weise kann die religiöse Zugehörigkeit als Differenzierungsmerkmal der miteinander im Widerstreit liegenden Interessengruppen von politischen Eliten zur Konfliktverschärfung genutzt werden. Doch Vorsicht. Diese gerne herausgestellte «Instrumentalisierung von Religion und religiöser Zugehörigkeit» gelingt nur dann, wenn religiöse Differenzen in den Bevöl-

5 Fox, Religion; Hasenclever/de Juan, Religion in Konflikten; Riesebrodt, Rückkehr; Weingardt. Religion macht Frieden.

6 Fox, Religion.

kerungen eben dieses Mobilisierungspotenzial aufweisen.[7] Sowohl Huntington als auch Fox sehen Religionszugehörigkeiten als *subjektive Identitätsmarker*, die eigene kollektive Identitäten durch *Abgrenzung* zu Mitgliedern anderer Religionsgemeinschaften konstruieren. Selbst der hinsichtlich des Religionsverständnisses von Huntington kritische Martin Riesebrodt nimmt dessen Überlegungen da ernst, wo sie sich in der Ausbildung fundamentalistischer Gruppen manifestieren.[8] Selbst wenn auch er diese Entwicklungen als gesellschaftlich bedeutsame Wirklichkeitsphänomene identifiziert, ist er hinsichtlich des doch restriktiven Freund-Feind-Bildes und des Religionsverständnisses von Huntington eher kritisch. Als Erkenntnisgewinn aus Huntingtons Ansatz bleibt die berechtigte Frage, ob sich religiöse Identitäten in Abgrenzung bestimmen. Wenig kontrovers ist dann die Folgefeststellung, dass, wenn eine solche Abgrenzung entsteht, diese zu gesellschaftlichen Problemen, ja, zu innerstaatlichen Konflikten oder zu solchen zwischen Staaten führen kann. Vor diesem Hintergrund bringt gerade eine zunehmende Zuwanderung fremdreligiöser Gruppen dann potenzielle längerfristige Probleme zwischen Migranten, deren Nachkommen und der Aufnahmebevölkerungen mit sich.

3. Gibt es empirische Evidenzen für einen Kampf der Kulturen?

Wie sieht es in der Realität mit dem Kampf der Kulturen aus? Bereits 2004, das zeigen frühe Umfragen des Allensbach Institutes, sahen 46 Prozent der Deutschen die Gefahr eines Kampfes der Kulturen auch in Deutschland («Haben wir zur Zeit einen Kampf der Kulturen zwischen Christentum und Islam»). Die Zustimmung zu dieser Aussage steigerte sich bis 2006 auf 56 Prozent, wo sie bis zu einer Wiederholungsbefragung 2012 verblieb. Interessant ist dabei, dass es sich nicht mehr um ein räumlich fernes Phänomen handelt, sondern, dass schon 2006 58 Prozent der Befragten auch interreligiöse Spannungen in Deutschland erwarteten. So verwundert es nicht, dass in der Allgemeinen Bevölkerungsumfrage der Sozialwissenschaften 2010 60 Prozent der Befragten für die Zukunft Konflikte zwischen Muslimen und Christen als ein zentrales Problem für die deutsche Gesellschaft voraussa-

7 Erweiterung der Überlegungen von Fox bei: Pickel/Yendell/Jaeckel, Religiöse Pluralisierung, 118; auch: Hidalgo, Identitätsfalle.

8 Riesebrodt, Rückkehr (Fundamentalismus wird dabei von Riesebrodt als ein primär religiöses Phänomen definiert).

hen. Vor diesem Hintergrund scheinen die aktuell zu beobachtenden Proteste in Folge der Fluchtbewegungen nach Europa dann nicht überraschend. Doch worauf begründet sich diese erhebliche Konflikterwartung?

Grafik 1: Einschätzung religiöser Vielfalt – zumeist ambivalent

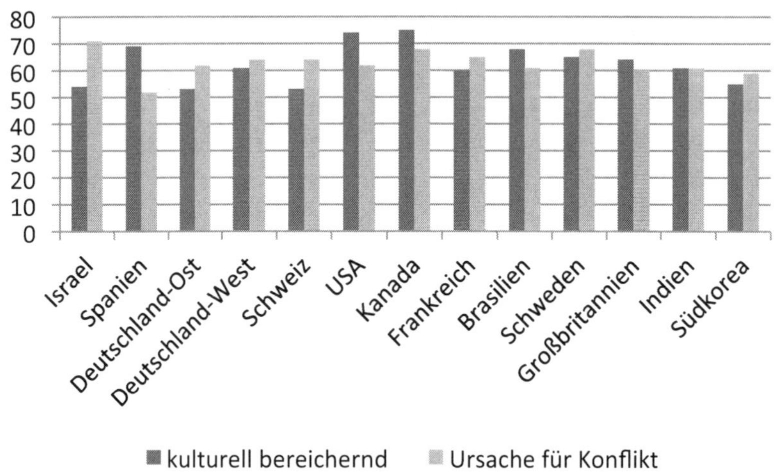

Quelle: BRM 2013; kulturell bereichernd = «Die zunehmende Vielfalt von religiösen Gruppen in unserer Gesellschaft stellt eine kulturelle Bereicherung dar»; Ursache für Konflikt = «Die zunehmende Vielfalt von religiösen Gruppen in unserer Gesellschaft ist eine Ursache für Konflikt»; Zustimmende Antworten (stimme voll und ganz zu + stimme eher zu) auf Vier-Punkte-Skala in Prozent; Stichprobe pro Land zwischen 1000 und 2000 Befragte.

Wie Grafik 1 zeigt, existiert in wesentlichen Teilen der befragten Bevölkerungen in 13 Ländern die Vorstellung, dass religiöse Vielfalt Konflikte mit sich bringen kann. Nun muss man dieses Ergebnis noch nicht als dramatisch ansehen, halten sich doch die Einschätzungen von religiöser Pluralisierung als «Ursache für Konflikt» und als «kulturell bereichernd» die Waage. Vielen Bürgern scheint beides möglich. Angesichts der Ambivalenz und des Veränderungspotenzials gesellschaftlicher Entwicklungen ist dies in gewisser Weise eine rationale Haltung. Gleichzeitig bildet das Ergebnis eine labile Haltung der meisten Menschen zu Mitgliedern anderer Religionen ab. Sie ist sehr offen für Veränderung, z.B. durch kurzfristige politische Ereignisse. Bereits der Verdacht eines Terroranschlages kann die Haltung von

Mehrheiten der Bevölkerung in die Richtung der Wahrnehmung eines «Kampfes der Kulturen» kippen lassen.[9]

Zudem bestehen im Ländervergleich einige Auffälligkeiten, die Anlass zu Vermutungen geben: Während in Spanien, den USA und Kanada die Zahl der Einschätzungen als kulturell bereichernd die Zahl der Einschätzungen als Ursache für Konflikt übersteigt, ist dies in Israel, Ostdeutschland und der Schweiz umgekehrt. Kann man die Differenz im ersten Fall möglicherweise auf die multireligiösen Erfahrungen in den Ländern zurück führen, so ist vorerst in der zweiten Ländergruppe nur Israel erklärbar. Dort dürften die negativen Erfahrungen und identitären Konflikte der jüngeren Vergangenheit eine gewichtige Rolle für das Ergebnis spielen. In der Schweiz wie auch in Ostdeutschland liegt die Vermutung nahe, dass mediale Wahrnehmungen zu einem ungleichgewichtigen Bild von religiöser Pluralisierung geführt haben. So liegen dort kaum stärkere Negativerfahrungen mit religiöser Pluralisierung vor als in den Vergleichsländern. Doch auch hier sind die Abstände zwischen der Beurteilung als «kulturelle Bereicherung» und «Ursache für Konflikt» noch überschaubar.

Nun bezogen sich die Aussagen von Huntington über einen Kampf der Kulturen zumeist auf eine bestimmte Religion – den Islam. In der Tat, werden vor allem dieser und seine Mitglieder von breiten Bevölkerungsgruppen in Europa ungünstig oder skeptisch beurteilt.[10] Im Durchschnitt zwischen 50 und 60 Prozent der im BRM 2013 befragten Europäer lehnen ab, dass «der Islam durchaus zur westlichen Welt passe».[11] In der WARV-Studie bekunden ebenfalls fast 60 Prozent der Deutschen in diffuser Weise «negative Einstellungen» gegenüber Muslimen.[12] Eine solche skeptische Haltung findet sich für keine andere Religion.[13] Selbst wenn die Negativeinschätzung in Deutschland für Muslime die stärkste in den fünf Untersuchungsländern der WARV-Studie ist, gilt das Einschätzungsverhältnis der Beurteilung der Religionen auch für Dänemark, Frankreich, die Niederlande und Portugal. Was ist nun aber der Grund für diese dezidierte skeptische bis ablehnende Haltung gegenüber Muslimen?

9 Pickel/Yendell/Jaeckel, Religiöse Pluralität.

10 Fetzner/Soper, Muslim and the State; Helbling, Islamophobia; Kalkan et al., Band of Others; Pollack et al., Grenzen der Toleranz.

11 Pickel/Yendell/Jaeckel, Religiöse Pluralität, 102.

12 Yendell Muslime unerwünscht, 227–232.

13 Pollack et al., Grenzen der Toleranz, 20; Pickel, Bedrohungsszenarien.

Es ist eine bestimmte Wahrnehmung in den Augen der meisten Bürger: Der Islam ist in Europa die einzige Glaubensgemeinschaft, die nach Ergebnissen des BRM 2013 häufiger als Bedrohung, denn als Bereicherung wahrgenommen wird. Demgegenüber werden das Christentum, der Buddhismus und der Hinduismus am seltensten als bedrohlich (und am häufigsten als Bereicherung) angesehen. Die Einschätzung des Judentums und des Atheismus ist um Nuancen ungünstiger als die der asiatischen Religionen und des Christentums, aber immer noch massiv günstiger als die Einschätzung des Islams. Diese Ergebnisse deuten in Richtung einer *Islamophobie*, verstanden als Phobie im Sinne von Angst vor etwas oder jemandem.[14]

Grafik 2: Islam, Christentum, Judentum und Atheismus als Bedrohung?

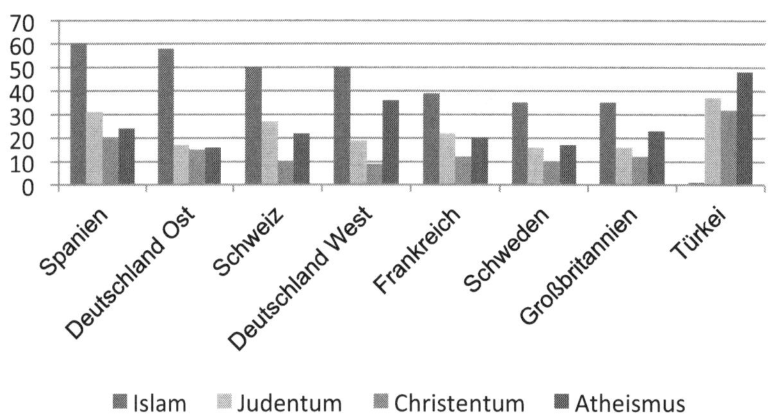

Quelle: BRM 2013; «Wenn Sie an die Religionen denken, die es auf der Welt gibt: Als wie bedrohlich bzw. wie bereichernd nehmen sie die folgenden Religionen wahr?» Anteil «sehr bedrohlich/eher bedrohlich» in Prozent.

Der günstige Befund für das Christentum ist aus seiner Verbreitung als in dem Befragungsgebiet dominierende Religion zu erklären. Analog zu den christlichen Ländern ist in der Türkei kein Bedrohungsgefühl durch den Islam vorhanden. Diese Kulturnähe fällt als Grund für die geringe Bedrohungswahrnehmung des Buddhismus und den Hinduismus aus. Zudem ist im weitgehend konfessionslos geprägten Ostdeutschland die Beurteilung

14 Allen, Islamophobia.

des Christentums nur unwesentlich ungünstiger als im überwiegend konfessionell gebundenen Westdeutschland. Für diese Haltungen müssen andere Faktoren als konkrete Erfahrungen maßgeblich sein. Gleiches gilt für die besonders starken Bedrohungswahrnehmungen durch den Islam in Ostdeutschland, wo faktisch keine Muslime leben. So rangiert Ostdeutschland innerhalb der fünf Untersuchungsländer der WARV-Studie in den skeptischen Haltungen gegenüber Muslimen vor Frankreich, Portugal, Dänemark, den Niederlanden – und Westdeutschland.[15] Dass Terrorakte und Erfahrungen etwas bewirken können, aber nicht müssen, zeigen die Bedrohungswahrnehmung in Spanien und Großbritannien. Beide Länder waren in der Vergangenheit von Terroranschlägen islamistischer Fundamentalisten betroffen. Allerdings rangiert Spanien relativ vorne in dem «Bedrohungsranking», Großbritannien finden wir im Mittelfeld dieser Bewertungen. Es erfolgt also nicht zwingend ein Übertrag von Terrorerfahrungen und hohem Bedrohungsgefühl. Noch schwieriger wird die Interpretation, wenn man sich die Länder betrachtet, wo sich relational mehr Bürger durch den Islam bedroht fühlen. Deutschland und die Schweiz stehen an deren Spitze, obwohl sie bis zum Befragungszeitpunkt weder im Fokus islamistischen Terrorismus standen noch überdurchschnittliche muslimische Zuwanderungsströme aufwiesen.

Wenn diese Fragen noch nicht beantwortet sind, klärt sich nun aber zumindest die Frage nach der Ambivalenz im Vorergebnis etwas auf: Wird religiöse Pluralisierung als Bedrohung oder konfliktträchtig gesehen, dann ist der Islam daran schuld, erfolgt eine Einschätzung als bereichernd (oder unproblematisch), dann bezieht sich dies zumeist auf andere Religionen. So besitzt dann der Indikator «Einordnung religiöser Pluralisierung als konfliktträchtig» nur eine geringe Bedeutung für die Einschätzung der meisten Religionen als Bedrohung. Gleichzeitig lässt sich für alle Religionen ein negativer Zusammenhang zwischen der Wahrnehmung religiöser Pluralisierung als Bereicherung und einem ausgewiesenen Bedrohungsgefühl hinsichtlich der jeweils nachgefragten Religion feststellen. Ein Gefühl der Bedrohung, egal worauf es sich bezieht, schränkt eine positive Sicht auf eine soziale und auch religiöse Gruppe ein. Für eine Einschätzung von religiöser Pluralisierung als konfliktträchtig ist faktisch alleine die Bedrohungswahrnehmung durch den Islam verantwortlich.

15 Pollack et al., Grenzen der Toleranz.

Tabelle 1: Religion als konflikthaft und bedrohlich?

	Christ	Islam	Juden	Bud	Hindu	Ath
Israel		-,09		+,15	+,20	+,09
Spanien	-,07	-,13	-,18	-,12	-,12	-,10
Schweiz		-,13				
USA		-,17		-,11	-,14	-,13
Deutschland		-,22	-,18	-,10		-,10
Kanada		-,24			-,09	
Frankreich	-,16	-,26	-,15			+,10
Brasilien		-,16	-,09		-,09	
Schweden	-,09	-,31	-,18		-,18	-,16
Großbritannien	-,09	-,29	-,16	-,09	-,12	
Indien		-,07				+,08
Südkorea			-,11			
Türkei		-,08				+,13

Quelle: BRM 2013; Pearsons Produkt-Moment Korrelationen zwischen Einschätzung religiöse Pluralisierung und Wahrnehmung Religion als Bedrohung (Beschreibungen der verwendeten Variablen oben Grafik 1 und 2); Christ=Christentum; Islam=Islam; Juden=Judentum; Bud=Buddhismus; Hindu=Hinduismus; Ath=Atheismus.

Grafik 3: Stereotypen: Mit Islam assoziierte Images

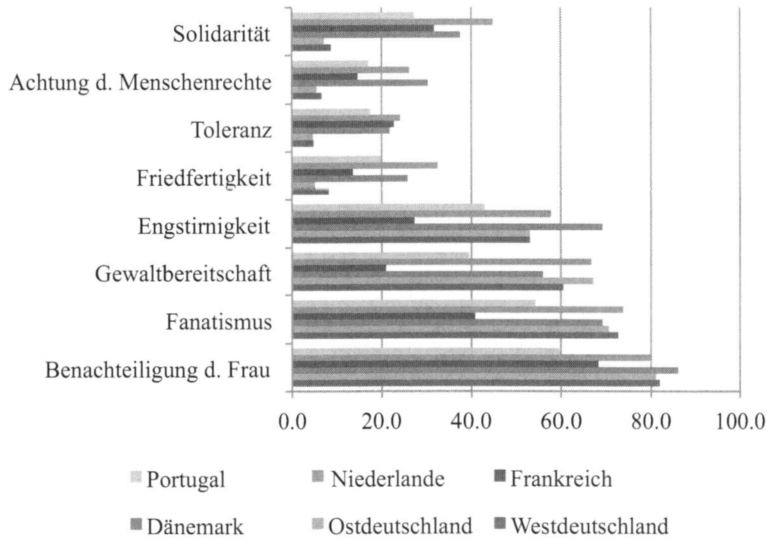

Quelle: WARV 2010; Frage: «Woran denken Sie beim Stichwort Islam?»; Mehrfachantworten möglich; Angaben in Prozent.»

Damit ist man bei Identitätsfragen. Die Einschätzung «des Islams» und «der Muslime» speist sich aus Stereotypen und gruppenbezogenen Vorurteilen, die in den letzten Jahren eine Verfestigung erhalten haben. Speziell die seit 2001 gesteigerte Wahrnehmung einer Gefährdung durch islamistische Terroristen sowie Salafisten und die Annahme einer inhärenten Verbindung von Terrorismus und Islam sind für die Vorurteilsausbildung verantwortlich zu machen.[16] Ein relativ geringes gesichertes Wissen über die Religion Islam, Berichte über mangelnde Integrationserfolge von Muslimen im eigenen Land und eine diffuse Verknüpfung zwischen Islam und Konflikt lassen die Angst vor den Mitgliedern dieser Religion ansteigen und prägen die Stereotype. Diese Prozesse der Stereotypisierung und Ausbildung gruppenbezogener Vorurteile haben übrigens bereits recht früh stattgefunden, wie ein Blick auf Stereotype und Images 2010 zeigt.

16 Cinnirella, Terrorist Muslim, 189.

Merkmale der Beurteilung des Islams und «der Muslime» ist nach der WARV-Studie deren Konfliktträchtigkeit und die weit verbreitete Einschätzung des Islams als fanatisch, engstirnig sowie kompromissavers.[17] Hinzu tritt die Wahrnehmung des Islams als rückwärtsgewandt und frauenfeindlich – oder zumindest benachteiligend. Der Islam wird von den meisten Europäern als unmodern oder antimodern eingestuft. Das (Vor-)Urteil der *Antimodernität* leistet in den modernen westlichen Gesellschaften nun selbst in aufgeklärten Kreisen Argumentationshilfe für eine Distanzhaltung gegenüber dem Islam. Man kann auf diese nicht aufgeklärte und illiberale Ausrichtung des Islams hinweisen, ohne sofort in den Verdacht eines durch Vorurteile geprägten «Islamhassers» zu geraten. Somit kann es neben einer generellen Ablehnung aus anderen Gründen als Legitimation einer Zurückweisung der Ausbreitung muslimischer Kultur und Praktiken dienen. Zudem liefern die Haltung und das Verhalten von Muslimen gegenüber Frauen konkrete Beispiele für eine mangelnde Integrationsfähigkeit männlicher Muslime.

Da sich auch andere Religionen gelegentlich dem Vorwurf fehlender Modernität ausgesetzt sehen, dieser aber den Ergebnissen nach nicht in vergleichbare Zuweisungen mündet, handelt es sich bei den Einschätzungen des Islams nicht um ein gemeinsames antireligiöses Statement, sondern um *gruppenbezogene Vorurteile*. Diese Mischung aus ethnischer und religiöser Ablehnung wird auf den Islam und seine Mitglieder projiziert. Bei der Betrachtung der vorliegenden fünf Länder der WARV-Studie fällt auf, dass alleine in *Frankreich* das Image des Islams nicht so negativ ausgeprägt ist wie in den anderen Untersuchungsländern.[18] Möglicherweise ist dort über Kontakte und Kontaktmöglichkeiten, aber auch aufgrund der kolonialen Historie eine gewisse Moderation der Haltungen zum Islam entstanden. Doch selbst dort wird dem Islam eine erhebliche Modernisierungsresistenz zugeschrieben. Zudem kommt es auch in Frankreich nicht zur Ausbildung positiver «Vorurteile». In keinem der Untersuchungsländer besteht eine mehrheitliche Einschätzung, dass «der Islam» eine tolerante oder friedfertige Religion sei. Am stärksten einig ist man sich hinsichtlich einer dem Islam innewohnenden Benachteiligung der Frau und dessen Prägung durch Engstirnigkeit und Fanatismus.

17 Pickel/Yendell/Jaeckel, Religiöse Pluralität, 101.

18 Pollack et al., Grenzen der Toleranz; zur Anerkennung religiöser Rechte von Muslimen: Carol/Koopmanns, Dynamics, 185.

Speziell die gruppenbezogenen Vorurteile Gewaltbereitschaft und Fanatismus gehen mit einer erhöhten Wahrnehmung von Bedrohung sowie Abwehr- und Abgrenzungsgefühlen einher. Dies zeigen Zusammenhangsanalysen in der WARV-Studie.[19] Die Wahrnehmung einer steigenden persönlichen Nähe mit Personen, die den nun ausgebildeten *Stereotypen* vom gefährlichen und unberechenbaren Islam entsprechen, steigert (und radikalisiert) dann die Abwehrbewegungen. Genau dies scheint mit dem Anwachsen der Flüchtlingsströme 2015 zu beobachten zu sein. So ist die Wahrnehmung einer Gefahr kultureller «Überfremdung in der europäischen Bevölkerung genauso angewachsen, wie die Angst vor damit verbundenen religiös motivierten Konflikten. Dabei werden zwar Zuwanderer oder Migranten als Problem identifiziert, die öffentlich geäußerte Ablehnung konzentriert sich aber dann in starkem Umfang auf die religiös-ethnische Gruppe der *Muslime*.[20] Migranten und speziell Flüchtlinge werden mehrheitlich als muslimische Migranten verstanden. Eine solche Fokussierung ist sowohl in Europa wie auch im Präsidentenwahlkampf 2016 in den USA zu beobachten. In den vorgenommenen Fremdkategorisierungen treten Differenzen wie die zwischen unterschiedlichen muslimischen Religionsgemeinschaften bzw. zwischen Zuwanderern der ersten Generation und bereits in Deutschland geborenen Muslimen in den Hintergrund. Die identitären Fremdzuschreibungen drücken sich in *Labelingprozessen* aus, die nahe an ethischen Einordnungen sind und gelegentlich auch rassistische Aspekte enthalten können.[21] Wie ist nun aber eine solch massive Ausbildung von gruppenbezogenen Vorurteilen und Zementierung von Abgrenzung möglich? Hier helfen sozialpsychologische Ansätze, die sich mit Gruppenidentitäten beschäftigen, weiter.

4. Was gibt es noch für Erklärungsmöglichkeiten – sozialpsychologische Ansätze zu kollektiven Identitäten?

4.1. *Individuum und Gemeinschaft – Social Identity Theory*

Die sozialpsychologische Vorurteilsforschung rückt die Identifizierung von kollektiv geteilten Vorurteilen gegenüber anderen Gruppen ins Blickfeld. Als zentraler Mechanismus der Entstehung und Verfestigung gruppenbe-

19 Pickel/Yendell/Jaeckel, Religiöse Pluralität, 103.

20 Carol/Koopmans, Dynamics, 174–187; Helbling, Islamophobia.

21 Allen, Islamophobia; Tezcan, Konzeptionelle Überlegungen; Garner/Selod Racialization.

zogener Vorurteile dient die Konstruktion *kollektiver Identitäten* und die mit ihr verbundene Abgrenzung gegenüber anderen Sozialgruppen mit als «fremd» wahrgenommenen Identitäten. Die eigene Identität konstituiert sich aus dem Vergleich und der Differenz zu als fremd wahrgenommenen Zugehörigkeiten.[22] Besondere Bedeutung besitzt die *Social Identity Theory* (SIT).[23] Nach der SIT wird das Verhalten von Individuen durch die Zugehörigkeit zu einer Gruppe (*In-Group*) beeinflusst, die im Verhältnis zu anderen Gruppen (*Out-Group*) bestimmt wird.[24] Aufgrund von Identifikationsprozessen mit der eigenen sozialen Gruppe, d.h. dem Wissen um die Mitgliedschaft in einer sozialen Gruppe und der damit verbundenen affektiven Bedeutung dieser Zugehörigkeit entstehen Abgrenzung – und Vorurteile über die anderen Gruppen. Bei geringer Gruppenzugehörigkeitsmobilität nimmt die affektive Bedeutung zu und die Gruppenzugehörigkeit wird für das eigene Selbst-Konzept relevant.[25] Zentrale Triebkraft ist das Bedürfnis der Individuen nach einem positiven Selbstwert, der bei Identifikation mit der Gruppe durch deren (subjektiv gesehen) hohe Wertigkeit gestärkt wird. Die Möglichkeit zur Steigerung des Selbstwertes bringt das Individuum dazu, die *In-Group* relational aufzuwerten und die *Out-Group* abzuwerten.

Eine Abwertung erfolgt häufig durch die Zuweisung negativer Eigenschaften zu der Fremdgruppe. Hier entsteht nun eine ungünstige Dynamik. Durch die Unterstellung von (negativen) gruppenspezifischen Eigenschaften können im weiteren Zeitverlauf vertiefte *Ängste und Bedrohungsgefühle* entstehen. So internalisiert man immer stärker das von einem selbst oder eigenen Gruppenmitgliedern konstruierte Bild vom «Anderen». Zum eigenen Schutz sucht man immer stärker die Nähe zur eigenen Kollektivgruppe. Ein Verstärker für die Identifikation mit der Eigengruppe – und damit die soziale Abgrenzung von der Fremdgruppe – stellt das vom Individuum angenommene Ausmaß an von der Gruppe gewünschter Verbindlichkeit und Loyalität dar. Je loyaler eine Person gegenüber ihrer Gruppe glaube sein zu müssen, desto eher nimmt sie eine ablehnende Haltung gegenüber einer Fremdgruppe an. Eine gefühlte Zunahme der abgelehnten Gruppe im

22 Diese Wirkung der Fremd- und Selbstzuschreibung wird auch bei Huntington angesprochen. Huntington, Kampf der Kulturen, 198–200.

23 Tajfel, Social Identity; Tajfel/Turner, The Social Identity; auch: Liedhegener, Religiöse Identitäten, 69.

24 Tajfel/Turner, The Social Identity, 10.

25 Tajfel/Turner, The Social Identity, 11, 16.

Umfeld erhöht die Abgrenzung und die Konfliktbereitschaft – auch gegenuber dem Staat, der diesen Entwicklungen nicht Einhalt gebietet.

4.2. *Die erhöhte Wirksamkeit von Bedrohung und Deprivation*

Die Bedeutung des Gefühls, bedroht zu sein, für Stereotypenbildungen und fremdenfeindlichen Handlungen wurde in den letzten Jahren in der *Terror Management Theorie* (TMT) zugespitzt. Die an die SIT anschließende TMT geht von einem grundlegenden Konflikt jedes Menschen zwischen dem existenziellen Wunsch zu leben und der unabwendbaren Endlichkeit des Lebens aus. Kulturelle Werte, Religion und auch das Gefühl symbolischer Immortalität dienen dazu, die Bedrohung durch den Tod durch Sinnstiftung in den Griff zu bekommen – und schaffen Selbstvertrauen und Selbstwertgefühl. Die Entsprechung zwischen kultureller Weltsicht und eigener Lebensweise gibt einem (zumindest das Gefühl von) Umweltkontrolle. Letztere ist durch das Eindringen fremder Weltsichten und Lebensweisen bedroht. Eine verstärkte Identifizierung mit der In-Group kann (wie in der SIT) das Gefühl der Umweltkontrolle sichern. Die aus der gesteigerten Unterstützung der In-Group resultierende Verteidigung der Werte und der Identität der In-Group führt zur Abgrenzung von Out-Groups und zur gesteigerten Intoleranz gegenüber Andersdenkenden.[26] Über das wachsende Gefühl der Bedrohung entsteht eine Spirale der Feindseligkeit und Aggression, die alleine sogenannte *Buffer* unterbinden können. Buffer sind: die Auflösung der existenziellen Bedrohung bzw. zumindest deren Eindruck bei den Betroffenen, die Stärkung der individuellen Selbstbestimmung und Schaffung eines neuen Kontrollgefühls hinsichtlich der Situation, die Integration in kulturelle In-Groups, die nicht in Intergruppenkonflikten involviert sind. Auch wenn die eigene Weltanschauung bekräftigt wird, sinkt die existenzielle Angst und eine radikale Verteidigung der eigenen Weltanschauung ist nicht mehr notwendig. Starke Bindung zu Freunden und prosoziale Handlungen im Kontext vorhandener kultureller Normen und Selbstkategorisierungen wirken ebenfalls deeskalierend.

Bedrohungswahrnehmungen sind noch zentraler für die *Integrated Threat Theory* (ITT).[27] Neben der Unterscheidung zwischen *In-* und *Out-Group* wird zwischen einer *realistisch*en und einer *symbolischen* Bedrohung differenziert.

26 Jonas/Fritsche, Destined to Die, 545–552; Rapp, Toleranz, 63f; siehe auch: Pickel/Yendell, Islam als Bedrohung.

27 Stephan/Diaz-Loving/Duran, Integrated Threat Theory; Stephan/Stephan, Predicting Prejustice.

Die realistische Bedrohung (*realistic threats*) beinhaltet die Wahrnehmung einer physischen, materiellen und politischen Existenzbedrohung der *In-Group*. Kommt es zu einer realistischen Bedrohung durch eine *Out-Group*, beispielsweise durch einen terroristischen Anschlag, dann steigt die Abwertung dieser (verallgemeinerten) *Out-Group*. Die Wirkung dieser Distinktion ist besonders hoch, wenn man sich bereits im Vorfeld stark mit seiner *In-Group* (seiner Nation oder Religionsgemeinschaft) identifiziert. Bei der symbolischen Bedrohung (*symbolic threats*) geht es um wahrgenommene Konflikte auf der Ebene der Werte, Normen, Überzeugungen und Weltsichten unterschiedlicher Gruppen bzw. Kulturen. Ein Beispiel ist die in der westlichen Welt verbreitete Angst vor der Islamisierung und in der islamischen Welt die «Verwestlichung» der Gesellschaft, die dort von nicht wenigen Bürgern als Werteverfall wahrgenommen wird. Symbolische Bedrohungen sind von Stereotypen zu unterscheiden, benötigen sie doch einen halbwegs konkreten Bedrohungsbezug. Stärker als in der SIT und der TMT werden in der ITT die Bedrohungswahrnehmungen zum Schlüssel für die Ausbildung kollektiver und gruppenbezogener Vorurteile. Leicht variierend zu den Annahmen Huntingtons sind es nicht allein Fremdheit oder (auch ökonomische) Verlustängste, die zu ablehnenden Haltungen führen. Vielmehr bedarf es einer konkreten Bedrohungswahrnehmung, die bis hin zur Gefährdung der eigenen Existenz geht.

Ebenfalls zu den Ansätzen mit einem Identitätsbezug zählen *Deprivationskonzepte*. Sie sind zentral für die Erklärung fremdenfeindlicher und rechtsextremer Einstellungen und gehen von einem Effekt erfahrener oder selbstzugeschriebener sozio-ökonomischer Benachteiligung aus. Im Kampf um knappe Ressourcen neigen Mitglieder unter ungünstigen wirtschaftlichen Bedingungen dazu, Mitglieder einer fremden Gruppe mit Ablehnung und Vorurteilen zu begegnen. Zentral ist das Gefühl ökonomischer Konkurrenz – und im Prinzip einer ökonomischen Bedrohung. Eine prominente Deprivationstheorie ist die «*Theorie der Gruppenbedrohung*», die Vorurteile durch das Gefühl erhöhter Zuwanderung und schlechte makroökonomische Verhältnisse erklärt.[28] Fremdenfeindliche Einstellungen sind eine Reaktion der dominierenden Gruppe auf eine wahrgenommene Bedrohung ihrer Gruppenposition durch eine untergeordnete Gruppe.[29] Die wahrgenommene Bedrohung hängt von der Größe der Minderheit im Verhältnis zur Größe der Mehrheit sowie den ökonomischen Verhältnissen innerhalb

28 Blumer, Race Prejudice; Blalock, Minority Groups.

29 Quillian, Prejudice, 588.

eines Landes ab. Eine schlechte ökonomische Lage wie in Zeiten einer Rezession fördert Ängste und die Suche nach «Sündenböcken» für die Misere. Dabei werden pauschal fremde Gruppen für die schlechten wirtschaftlichen Verhältnisse verantwortlich gemacht. Hat man es bei den zuvor genannten Ansätzen mit der Vorstellung ganz unterschiedlicher Bedrohungswahrnehmungen zu tun, die politische, ökonomische und vor allem kulturelle Bedrohungen thematisieren, fokussieren Deprivationskonzepte hauptsächlich auf ökonomische Bedrohungen. In allen Fällen wird allerdings eine Gefährdung der eigenen Identität durch eine andere Identitätsgruppe angenommen.

4.3. Hat wer Angst vor Religion? Islamophobie

Bei Flüchtlingen und Immigranten spielen häufig ökonomische wie auch kulturelle Bedrohungsgefühle eine wichtige Rolle. Bei Mitgliedern von Religionen handelt es sich dagegen fast durchweg um eine *kulturelle Bedrohung*. Neueren Debatten zufolge richtet sich die Ablehnungshaltung aktuell verstärkt auf den Islam und seine Mitglieder.[30] Dieses religiöse *Labeling* unterscheidet sich von früheren Zuschreibungen und Identitätsabgrenzungen, die sich auf Fremdgruppen aus Arbeitsmigration bezogen. Dies war z.B. in den 1970er-Jahren in mehreren europäischen Ländern mit dem relativ unspezifischen Bezug auf *«Gastarbeiter»* der Fall.[31] Zwar ist in beiden Fällen Fremdheit wie auch die Migrationsherkunft als negativ konnotiertes Einordnungsmerkmal wichtig, gleichzeitig scheint die Einordnung als «Migrant» nicht mehr das Kernmerkmal der Negativzuschreibung in den aktuellen Integrationsdebatten zu sein. So werden vornehmlich der Islam und Muslime von den Bürgern als «signifikante Andere» und als Problem identifiziert. Dies umfasst auch Personen späterer Generationen mit «Migrationshintergrund». Diese Projektionen haben in den letzten Jahren unter der Begrifflichkeit der *«Islamophobie»* Aufmerksamkeit auf sich gelenkt.[32] Islamophobie wird als *«indiscriminate negative attitudes or emotions directed at Islam and Muslims»* definiert.[33] Diese Definition weist zwei entscheidende Elemente

30 Allen, Islamophobia; Hunsberger/Jackson, Religion, Meaning, Prejustice; Pickel 2014, Religiöser Wandel.

31 Tezcan, Konzeptionelle Überlegungen.

32 Stolz, Explaining Islamophobia.

33 Bleich, Islamophobia, 1582; Helbling, Islamophobia, 6; Strabac/Listhaug, Anti-Muslim Prejudice; Allen, Islamophobia, 123–138.

auf: Die explizite Ausrichtung auf den Islam und Muslime als Bezugsgruppe sowie die negative Einstellungsausprägung.[34]

Die Bedeutung von Religion als ein zentrales Merkmal zur Bestimmung der spezifischen Fremdgruppe «Muslime» hat auch in den sozialpsychologisch ausgerichteten Theorien und den von ihnen verwendeten Instrumenten Einzug gehalten. Klassische Skalen zur Erhebung von Ethnozentrismus[35] wurden durch Konzepte und Messinstrumente zu «Islamophobie» genauso ergänzt, wie sie eine eigenständige Bedeutung neben den bisherigen Konzepten zur Fremden- und Ausländerfeindlichkeit oder Rechtsextremismus erlangten.[36] Einige, bislang noch wenige, der Befunde, deuten darauf hin, dass «Islamophobie» aus einer Mischung aus Bedrohungswahrnehmungen und normativ-politischen Haltungen sowie grundsätzlichen ethnozentristischen Haltungen resultiert.[37] Sollte es so sein, dann dürfte diese Haltung gerade bei Personen ohne direkte Kontakte mit Muslimen aufzuspüren sein, womit man bei einem weiteren Erklärungsansatz eigener und fremder Identitäten ist.

4.4. *Die heilende Wirkung von Kontakten – Kontakthypothese(n)?*

Der *Kontakthypothese* zufolge führt persönlicher Kontakt des Individuums mit Mitgliedern der *Out-Group* zum Abbau von Vorurteilen.[38] Allerdings muss nicht jede Art von Kontakt automatisch einen Abbau von Vorurteilen mit sich bringen.[39] Das Ausmaß der Wirkung hängt von den Beziehungsarten (Kollegen, Bekannte, Freunde, Verwandte) und von der Qualität der Kontakte ab. Unter bestimmten Bedingungen wie gleichem Status, kooperative Tätigkeit, Stetigkeit und persönliches Kennenlernen verbessert der Kontakt die interpersonellen Einstellungen zwischen In- und Out-Group.[40] Die Vermittlung von Wissen über die jeweilige Fremdgruppe kann vorurteilsabbauende Effekte nach sich ziehen.[41] Allerdings beeinflusst die Art der Vermittlung des Wissens die Einstellungen. Wichtig ist, ob die Vermittlung

34 Halliday, Islamophobia Reconsiderd, 898–899; Van der Noll, Public Support.

35 LeVine/Campbell, Ethnocentrism.

36 Leibold, Fremdenfeindlichkeit; Zick/Küpper, Attitudes towards Islam.

37 Cinnirella, Terrorist Muslim; Decker et al., Rechtsextremismus der Mitte, 183; Decker et al., Enthemmte Mitte, 50; Leibold, Fremdenfeindlichkeit, 153–156.

38 Allport, Vorurteil.

39 Allport/Ross, Personal Religious Orientation.

40 Pettigrew, Intergroup Contact Theory.

41 Dekker/Van der Noll, Islamophobia, 119.

des Wissens als glaubwürdig eingeschätzt wird oder nicht. Bestehen Zweifel an dem Wissenstransfer oder wird ihm Parteilichkeit zugewiesen, bleibt die Wirkung stark begrenzt. Schwierig ist die eindeutige Bestimmung einer Kausalrichtung zwischen Kontakten und Vorurteilen. Kontakte tragen nicht nur dazu bei, Vorurteile abzubauen, sondern vorurteilsfreie Personen neigen umgekehrt auch verstärkt dazu, Kontakte mit Fremden zu suchen. Eine Metaanalyse von Thomas Pettigrew und Linda Tropp zeigt, dass die durchschnittliche Effekt-Stärke zwischen Kontakten zu Fremden und dem Fehlen von Vorurteilen in den Studien, in denen die Befragten keine Kontaktwahlmöglichkeiten hatten, größer ist als in Studien, in denen die Befragten die Wahl hatten, ob sie Kontakte zur *Out-Group* eingehen oder nicht.[42] Kontakte haben nach dieser Ergebniszusammenstellung also unabhängig von den bestehenden (Vor-)Urteilen vorurteilsabbauenden Effekt. Entsprechend besitzen Kontakte ein grundsätzliches Integrationspotenzial zwischen unterschiedlichen Identitätsgruppen.[43] In Bezug auf diese grundsätzliche Wirkung verweisen neuere Studien auf die starke Kontextgebundenheit der Kontakte sowie die Unterscheidung zwischen freiwilligen und erzwungenen Kontakten in ihrer Wirksamkeit.[44]

Die klassische Kontakthypothese kann durch die «*parasoziale Kontakthypothese*» erweitert werden, was gerade mit Blick auf die Bedrohungswahrnehmungen durch andere Identitätsgruppen interessant ist.[45] In diesem Fall stellen Massenmedien wie Radio, Fernsehen und Kinofilme die Illusion eines direkten Kontaktes her und beeinflussen die Einstellungen gegenüber einer eigentlich noch fremden Gesellschaftsgruppe. Hier kommt nun stärker die *Einschätzung der Kontakte* bzw. die Bildung einer Einstellung als Folge einer Erkenntnis in den Blick. Man macht sich ein Bild über vermittelte Informationen. Dies besitzt auch Relevanz in der Gerichtetheit der Wirkung der beiden Kontaktformen. Geht man bei der klassischen Kontakthypothese von einer überwiegend positiven Kontaktsituation aus, ist man bei parasozialen Kontakten skeptischer, was die Wirkungsrichtung angeht. Diese sind stark von der Ausrichtung der *Mediendarstellung* abhängig. Da die Medienforschung eine Neigung öffentlicher Medien zur Bevorzugung negativer Nachrichten feststellt, ist eine negative Wirkung wahrscheinlicher als eine positive. In Bezug auf den speziellen Fall des Islams dürfte vor allem

42 Pettigrew/Tropp, Meta-Analytic Test, 757–758.

43 Koenig, Muslim Migrants.

44 Zusammenfassend: Rapp, Toleranz.

45 Horton/Wohl, Mass Communication.

die Berichterstattung über terroristische Anschläge durch Islamisten das Bild der Muslime prägen und zu einer negativen Stereotypisierung beitragen.[46] Gerade Nachrichtensendungen im Fernsehen, welches das am stärksten rezipierte Medium darstellt, wird eine überwiegend negative Berichterstattung zugeschrieben. Diese Wirkung dürfte umso stärker ausfallen, je verlässlicher die Informationsquelle eingestuft – und damit als Ersatz für direkten Kontakt angesehen – wird. Sowohl in konkreten als auch in parasozialen Kontakten wird dabei ein Bild einer identitären Fremdgruppe konstruiert.

5. Woher kommt die Ablehnung von Muslimen?

Welche Indizien lassen sich nun für oder gegen die aufgeführten Ansätze finden? Leider finden sich derzeit keine Datensätze, die nur annähernd belastbare Indikatoren für die präsentierten Erklärungsansätze berücksichtigen.[47] Was man kann, ist Ergebnisse aus verschiedenen, jeweils eingeschränkten Studien zusammentragen. Dies erfolgt nun zumindest kursorisch und wird mit eigenen Analysen verbunden, die hier aus Platzgründen nicht breiter ausgewiesen werden. Wie Analysen mit dem BRM 2013 zeigen, resultieren Bedrohungsgefühle und Haltungen zu Muslimen aus unterschiedlichen Gründen: Wirken sich Kontakte, ganz im Sinne der Kontakthypothese, durchgehend positiv auf die Haltung zu Muslimen aus, steigert religiöser Dogmatismus die Bedrohungswahrnehmung. Diese Effekte belegen unterschiedliche Studien.[48] Der Gottesdienstbesuch zeigt einen die ablehnenden Haltungen moderierenden Einfluss. Dieses Ergebnis kann man eingeschränkt als Hinweis auf den positiven Effekt von religiösem Sozialkapital hinsichtlich von Abgrenzungshaltungen deuten.[49] Engagieren sich Christen mehr, so gehen sie eher offen auf die Mitglieder anderer Religionen zu. Dieses Ergebnis in Richtung Offenheit und Toleranz ist deswegen von Interesse, weil, «hochreligiöse, dogmatische» Christen starke Restriktionen in der Offenheit zu Mitgliedern muslimischer Glaubensgemeinschaften aufweisen, während andere «hochreligiöse» Christen über ihre Netzwerkkontakte besonders offen sind. Dies passt zu einem weiteren

46 Hafez/Richter, Islambild.

47 Liedhegener, Religiöse Identitäten, 76–77.

48 Pickel/Yendell/Jaeckel, Religiöse Pluralität, 110–111; Strabac/Listhaug Anti-Muslim Prejudice, 282; Helbling/Traunmüller, Anti-religious Attitudes, 18–22.

49 Putnam, Bowling Alone; Wuthnow, Religious Diversity.

Befund der Kontaktforschung: *Freiwillige Kontakte erzielen eine stärkere Wirkung als erzwungene Kontakte.* So verringern Kontakte mit Nachbarn und in der Freizeit das Bedrohungsgefühl gegenüber dem Islam stärker als Kontakte am Arbeitsplatz.[50] Selbst bei vorsichtiger Interpretation scheinen wechselseitige Stärkungen von Offenheit und Kontakten, Vorurteilen entgegenzutreten und Toleranz aufzubauen.[51] Gleichzeitig gilt es allerdings, die Kontexte, in denen die Kontakte stattfinden, genauso zu berücksichtigen wie die Gruppe, zu denen Kontakte hergestellt werden.[52]

Bemerkenswert ist, dass andere Erklärungsansätze zumeist nur schwache und zudem inkonsistente Effekte erbringen. Die in der Rechtsextremismusforschung durchsetzungsstarke Theorie der *relativen Deprivation besitzt so zum Beispiel nur eine begrenzte Erklärungskraft* für die Haltung zu Muslimen.[53] Es sind also nicht durchweg Personen, die sozial benachteiligt sind oder sich benachteiligt fühlen, die eine distanzierte Haltung zu Mitgliedern anderer Religionsgemeinschaften einnehmen. Diesen Ergebnissen zufolge scheint also der Effekt der Wahrnehmung einer kulturellen Bedrohung den einer ökonomischen Bedrohungswahrnehmung zu übertreffen. Die geringen Auswirkungen des sozialen Status, des Einkommens und des Bildungsstandes verweisen auf ein gesamtgesellschaftliches Phänomen, das stärker auf psychologischen Ursprüngen beruht als auf sozialstrukturellen Unterschieden. Wertedifferenzen in der Bevölkerung sind ebenfalls ein Faktor, worauf das etwas stärkere Bedrohungsgefühl bei älteren Mitgliedern der Bevölkerung hindeutet. Dort ist in der Regel auch die kollektive Bindung an die Nation stärker als in den jüngeren Altersgruppen. Dies schließt indirekt an die Überlegungen der SIT oder der ITT an.

Aus der kombinierten Betrachtung der existierenden Kausalanalysen und der präsentierten deskriptiven Befunde wird vor allem eines deutlich: Die vorliegenden *empirischen Abbildungen der Ansätze aus Absatz eins reichen nicht aus*, um die starke Verbreitung der negativen Haltungen zu Muslimen empirisch sattelfest zu erklären. Dies liegt zum einen daran, dass Bedrohungswahrnehmungen und Ängste in den Studien mit erklärbaren abhängigen Variablen nicht vorliegen. Vermutlich noch eklatanter ist allerdings das *Defizit*, dass die negative Evaluation des Islams über die Medien mit den vorliegenden Studien und Variablen derzeit nicht erfasst wird. So ist es

50 Pickel/Yendell/Jaeckel, Religiöse Pluralität, 113; auch: Rapp, Toleranz.

51 Allport, Vorurteil; Pickel/Yendell, Islam als Bedrohung, 22.

52 Freitag/Rapp, Intolerance, 437, 440.

53 Pickel/Yendell, Islam als Bedrohung, 22; Yendell, Muslime unerwünscht, 236–237.

möglich, dass Anschläge (und die damit verbundene Bedrohung) von Bürgern durch eine Vermengung von Islam und islamistischen Fundamentalisten der von außen als homogene Identitätsgruppe gesehene Sozialgruppe der Muslime «irgendwie» in Gesamtheit zugeschrieben werden.

Man kann schließen, dass diejenigen, die keine direkten Kontakterfahrungen haben, ihr Bild vom Islam weitgehend auf anderen, medienvermittelten Informationen aufbauen müssen.[54] Empirisch überprüfbar ist dieser Einfluss bislang zwar leider noch nicht, aber mit Blick auf die empirischen Befunde zu Mediendarstellungen von Muslimen und zum Islam lässt sich eine doch recht plausible Indizienkette konstruieren.[55] Kai Hafez und Carola Richter konnten in einer Medienanalyse für Deutschland ein überwiegend ungünstig geprägtes Bild vom Islam in den Medien feststellen, das oft relativ einfach auf «die Muslime» als Kollektiv übertragen wird.[56] Diese *parasozialen Kontakte* tragen durch Verbreitung solcher «*bad news*» massiv zur Stereotypenbildung und Wahrnehmung «des Islams» als Bedrohung bei.[57] Während man davon ausgehen kann, dass Effekte der Ausländerfeindlichkeit oder des Autoritarismus relativ gleichförmig Mitglieder aller fremden religiösen Gruppen treffen, ist dieser parasoziale Kontakt für den Islam wesentlich negativer als für die anderen Religionen. Ein Blick auf die Schweiz und Deutschland deutet in diese Richtung. So ist es möglich, dass in der Schweiz die landesweiten Kampagnen im Umfeld der Volksabstimmung zu Minaretten ein höheres Gefühl der Bedrohung als vor den Kampagnen hinterlassen haben, und der Blick auf Ostdeutschland, wo nur sehr wenige Muslime leben, zeigt, dass es keiner konkreten Kontakte mit Muslimen bedarf, um sich bedroht zu fühlen. Mit Blick auf die Häufigkeiten aus Kapitel 3 ist davon auszugehen, dass die Wirkung parasozialer Kontakte derzeit die Wirkung realer Kontakte übersteigt.

Natürlich sind nicht alle negativen Einschätzungen des Islams «quasi irrationale» Übertragungseffekte: So steigern von islamistischen Gruppen ausgehende Terrorakte das Gefühl der Gefährdung. Entsprechende Bedrohungswahrnehmungen können für gefährdete Gebiete als realistisch ange-

54 Frindte/Haußecker, Inszenierter Terrorismus; Hafez/Schmidt, Wahrnehmung Islam.

55 Es ist fraglich, ob thematisch allgemeine Abfragen des Medienkonsums hilfreich sind. Dekker und Van der Noll konnten mit ihnen keine belastbaren Effekte für die Niederlande ermitteln. Dekker/Van der Noll, Islamophobia, 119.

56 Hafez/Richter, Islambild; Frindte, Islam und der Westen; Schiffer, Islam in der Presse; Strabac/Valenta 2012, 68.

57 Allen, Islamophobia, 159–186.

sehen werden (ITT). Allerdings gelingt es dem entstehenden *Gefühl der Bedrohung* scheinbar recht gut, sich von diesen – meist räumlich und zeitlich begrenzten – realen Gefährdungen zu lösen, und mit klassischer Fremdenfeindlichkeit, kulturellen Aversionen und Ethnozentrismus zu einer globalen Ablehnungshaltung gegenüber der für diese Bedrohung verantwortlich gemachten Identitätsgruppe zu vermengen.[58] Dies mündet in einem dann eher doch undifferenzierten Bedrohungsempfinden gegenüber dieser Gruppe und vernetzt sich mit in der SIT angesprochenen Ängsten und Abgrenzungsbemühungen.

Konfliktpotenzial birgt die Übertragung dieser Bedrohungsgefühle auf die im Land lebenden Muslime. Genau diese Verknüpfungsprozesse sind in den letzten Jahrzehnten – auch aufgrund einer größeren Sichtbarkeit des Islams in Europa und in den Medien – zu beobachten. Man identifiziert die zunehmende Zahl an Muslimen als einen zentralen Ausgangspunkt für zukünftige und gegenwärtige innergesellschaftliche Konflikte. Ganz im Sinne Samuel Huntingtons scheint den Europäern und speziell den Deutschen ein *Kampf der Kulturen* vor ihrer Haustür ein Schreckensszenario zu sein, das man als Bruchlinienkonflikt auffassen kann. Vor diesem Hintergrund sind es – und hier muss aufgrund der noch begrenzten Datenlage leider das Adverb vermutlich hinzugefügt werden – auf kollektive Identität zielende Differenzen, die für die Haltungen gegenüber Muslimen verantwortlich sind. Sie sind affektiv verankert, beziehen sich auf eine diffuse, aber pauschalisiert klar bestimmte Fremdgruppe, und stützen eigene kollektive Zugehörigkeitsgefühle. Sie dienen über die Abgrenzung von einer als fremd eingeschätzten Identität der Konstruktion und Stärkung einer eigenen kollektiven Identität. Die religiöse Ladung der fremden Identität wirkt dabei verschärfend und belegt die Wirksamkeit des Gefühls kultureller Bedrohung, die ökonomische Bedrohungsgefühle (ohne diese strikt voneinander trennen zu wollen) übersteigen kann.

6. Fazit: Religiöse Zugehörigkeiten als Merkmal eigener Identitäts- und Fremdzuschreibungen

Kommen wir zur Ausgangsfragestellung zurück. Gibt es nun in Europa Anzeichen für einen Kampf der Kulturen? Wenn man das in vielen Ländern Europas bestehende *Ausmaß negativer Einstellungen gegenüber Gruppen mit differenter Religionszugehörigkeit* betrachtet, scheint es fast so. Gerade die religi-

58 McLaren, Anti-Immigrant Prejudice.

öse Zugehörigkeit spielt hierbei eine tragende Rolle, wenn auch zumeist in den Augen der Gegenüber. Nahezu einhellig werden in ganz Europa Potenziale des Konfliktes als Folge religiöser Pluralisierung gesehen. Zwar sind die Haltungen zu anderen religiösen Gruppen und deren Mitgliedern erst einmal *ambivalent*, dies ändert sich aber, wenn man präziser nach bestimmten Religionen fragt. In allen untersuchten nichtmuslimischen Ländern besteht eine starke *Skepsis gegenüber «dem Islam» und seinen Mitgliedern.* Muslimen als Identitätsgruppe stehen häufig mehr als die Hälfte der Bevölkerungen skeptisch bis ablehnend gegenüber. Dies ist für andere Religionen und ihre Mitglieder nicht der Fall, was die Ambivalenz der Generalbewertung religiöser Pluralisierung erklärt.

Wenn ein Kampf der Kulturen, dann besitzt er seine Essenz im Islam als ausgemachten Gegner. Unklarer ist die Seite der «Abgrenzer», befinden sich dort doch sowohl Christen als auch Konfessionslose. Es sind weniger eigene religiöse Überzeugungen und Zugehörigkeiten, als vielmehr die Einschätzung einer Gefährdung und eines Konfliktpotenzials durch eine bestimmte (unberechenbare und fremde) Religion, die eine «Wir-Gruppe» (in ihrer Ablehnung) eint. Nach der Definition von Erik Bleich kann man auch von *Islamophobie* sprechen.[59] Das Gefühl einer Bedrohung durch «den Islam» manifestiert sich in den Köpfen der Bürger und führt zu grundlegenden, wenn auch diffus begründeten Abwehrhaltungen gegenüber Muslimen als sozialer Gruppe.[60] Diese Haltung impliziert den Wunsch nach auf Ausgrenzung zielenden politischen Maßnahmen gegen Muslime. Als Gründe für diese Haltungen sind Mischungen aus starken Fremdheitsgefühlen, besonders dieser religiösen Gruppe gegenüber, und die Wahrnehmung des Islams als eine als real empfundene *Bedrohung* für die kollektive und eigene Identität und sogar Existenz – im Sinne der ITT – zu nennen. Es ist das Gefühl einer Bedrohung durch eine *kulturell andere Identitätsgruppe*, die ein schlechtes Bild und eine Ablehnung von Muslimen als kollektiv wahrgenommener Gruppe erzeugt. Selektive Wahrnehmungen dieser Gruppe bündeln sich in Verbindung mit einer geringen Kenntnis des Islams sowie allgemeinen Fremdheitsgefühlen zu Stereotypen und *gruppenbezogenen Vorurteilen.* Für «den Islam» mündet diese Zuschreibungen in dominanten Zuschreibungen wie Fanatismus, Gewalttätigkeit, Antimodernität und Konfliktbehaftetheit, die in Europa mehrheitlich geteilt werden.

59 Bleich, Islamophobia; auch Helbling, Islamophobia.
60 Halliday, Islamophobia Reconsiderd.

Allein *Intergruppenkontakte* führen zu einer Reduktion der Ablehnung sowie dem Abbau von Bedrohungsgefühlen. Es gilt: Je mehr Kontakte, desto geringer die Ablehnungshaltung gegenüber den Mitgliedern einer Religion. Zwar sind freiwillige Kontakte effektiver als erzwungene, gleichwohl dürften alle Kontakte dem Abbau von Vorurteilen und Bedrohungsgefühlen im Sinne der Kontakthypothese befördern. Es gilt aber auch, dass man keine Kontakte benötigt, um dem Islam ablehnend gegenüberzustehen: Menschen ohne Kontakterfahrungen besitzen (nach eigener Aussage) *dezidierte Vorstellungen* über andere Religionen und deren Mitglieder. Diese recht große Gruppe an Menschen konstruiert sich auf anderem Wege ein Bild der «anderen Gruppe». An die Stelle der fehlenden direkten Kontakterfahrungen treten über die Medien vermittelte *parasoziale Kontakte*. Da mediale Darstellungen des Islams in Europa bislang zumeist negativ geprägt sind, bestärken oder bestätigen sie bestehende gruppenbezogene Vorurteile. Vor allem aber tragen sie zu einer *steigenden Bedrohungsempfindung* (mit Bezug auf den Islam) im Sinne der ITT bei.

Religion dient dabei der Markierung der Fremdgruppe – im Sinne eines *Labeling*. Die *Fremdzuschreibung* einer Gruppenzugehörigkeit erfolgt über das Merkmal Zugehörigkeit zu einer Religion, und macht die fremde religiöse Identität nun zu einem *politischen Konfliktfaktor*. Der von Huntington geäußerte Gedanke der Übertragung von Bruchlinienkonflikten auf innerstaatliche politische Kulturen und Strukturen wird damit anders, als von ihm ursprünglich gedacht, virulent. Es entstehen Mischungen aus historisch-christlicher europäischer Identität und säkularen Vorstellungen, welche die eigene Kultur als nicht mit dem Islam vereinbar ansehen. Dies verbindet sich mit sozialpsychologisch gut erklärbaren Mechanismen der Abwertung der muslimischen religiösen Identität und Aufwertung der eigenen nicht-muslimischen Identität. Sie funktionieren angesichts der Dominanz der Bedrohungswahrnehmung durch den Islam in allen europäischen Untersuchungsländern ähnlich und werden durch eine stärkere Wahrnehmung fundamentalistischer Religiosität verstärkt.[61] Die religiöse Identität der Anderen wird dann oft zu einem Diskursblocker.[62]

Erstaunlich begrenzt ist der Einfluss, den *Deprivationskonzepte* auf die Erklärung der Bedrohungsangst durch den Islam besitzen. Bis 2013 sind, eingedenk der beschränkten Prüfindikatoren, die Wirkungen schwach. Dieses von der Rechtsextremismusforschung abweichende Ergebnis könnte

61 Helbling/Traunmüller, Anti-Religious Attitudes, 20.

62 Kantner/Overbeck, Diskursblocker.

sich aus dem Stereotyp Islam sowie der dominanten Wirkung der Medienvermittlung erklären lassen, die Antimodernität und Fanatismus beim Islam als Bedrohungsanker verwendet. Dies schließt nicht aus, dass die in der SIT enthaltenen ökonomischen Bedrohungswahrnehmungen im Zuge der Flüchtlingskrise seit 2015 auch zugenommen haben können, rücken doch Arbeitsplatzkonkurrenz und Sorge um wirtschaftliche Einbußen stärker ins Blickfeld der Integrationsnationen. Bislang dominierten aber die politischen und kulturellen Abgrenzungsgründe.

Aufgrund dieser Betrachtungen sind *Auswirkungen für die politischen Kulturen* in den europäischen Ländern wahrscheinlich. Zum einen entsteht ein Konfliktfeld, für das allem Anschein nach noch keine adäquaten und wirksamen Lösungsangebote in der Politik vorrätig scheinen. Dies birgt die Gefahr von Eskalation und Radikalisierung, wie sie bereits in den öffentlichen Protestbewegungen in Ansätzen spürbar wird. Zum anderen könnten die Konflikte in eine Gefährdung des für politische Gemeinschaften so wichtigen Konsensus über einen sozialen Zusammenhalt münden. So wie die Gefahr eines Unterlaufens einer gemeinsamen Identitätswahrnehmung besteht, sind aufgrund der Bedrohungswahrnehmungen in den Bevölkerungen Prozesse der Desintegration möglich. Das Gefühl kultureller Bedrohung ist dabei durch seine affektive Verankerung möglicherweise wirkmächtiger als sozioökonomische Bedrohungswahrnehmungen, auf jeden Fall ist es schwieriger rational-argumentativ zu widerlegen.

Da es vor allem die Positionierung gegen eine andere Religion und deren Mitglieder ist, greift eine Hoffnung auf bereinigende Prozesse der Säkularisierung vermutlich zu kurz. So handelt es sich ja weniger um eine eigene religiöse Identität als um eine Abgrenzung gegenüber einer religiösen Zuschreibungsidentität, die das Konfliktpotenzial birgt. Und dieses ist sehr wohl vorhanden und auch kulturell wie sozial verankert. Dies zeigt auch die hohe Emotionalität der Auseinandersetzung. *Religiöse Zugehörigkeit (nicht individuelle Religiosität) als Bezugsgröße einer Fremdzuweisung von Identität ist somit ein wesentliches Merkmal für etwas, was man als einen Kampf der kollektiven Identitätskulturen deuten kann.* Der Einfluss von Fremdheitsgefühlen, Bedrohungsängsten, empfundener sozioökonomischer Deprivation oder Identitätsunsicherheit entwerten die Bedeutung der religiösen Zugehörigkeit als relevantes Bezugsmerkmal dabei keineswegs, sie verschärfen nur das Problem einer schnellen Konfliktlösung.

Literatur

Allen, Chris, Islamophobia, Farnham 2010.

Allport, Gordon W., Die Natur des Vorurteils. Köln 1971.

Allport, Gordon W./Ross, Michael, Personal Religious Orientation and Prejudice. Journal of Personality and Social Psychology 5(4), 1967, 432–435.

Blalock, Hubert M. Jr., Toward a Theory of Minority Group Relations, New York 1967.

Bleich, Erik, What is Islamophobia. And how much is there? Theorizing and Measuring an Emerging Comparative Concept, in: American Behavioral Scientist 55, 2011, 1581–1600.

Blumer, Herbert G., Race Prejudice as a Sense of Group Position, in: Pacific Sociological Review 1(1), 1958, 3–7.

Carol, Sarah/Koopmans, Ruud, Dynamics of Contestation over Islamic Religious Rights in Western Europe, in: Ethnicities 13(2), 2013, 165–190.

Cinnirella, Marco, Think «Terrorist», Think «Muslim»? Social-Psychological Mechanisms Explaining Anti-Islamic Prejudice, in: Helbling, Marc, Hg., Islamophobia in the West. Measuring and Explaining Individual Attitudes, London 2012, 179–189.

Dekker, Henk/Van der Noll, Yolanda, Islamophobia and its Explanation, in: Helbling, Marc, Hg., Islamophobia in the West. Measuring and Explaining Individual Attitudes, London 2012, 112–124.

Decker, Oliver/Kiess, Johannes/Brähler, Elmar, Rechtsextremismus der Mitte. Eine sozialpsychologische Gegenwartsdiagnose, Gießen 2016.

Decker, Kiess, Johannes/Brähler, Elmar, Die enthemmte Mitte. Autoritäre und rechtsextreme Einstellung in Deutschland, Gießen 2016.

Dolezal, Martin/Helbling, Marc/Hutter, Swen, Debates over Islam in Austria, Germany and Switzerland: Between Ethnic Citizenship, State-Church Relations and Right-Wing Populism, in: West European Politics 33(2), 2010, 171–190.

Fetzner, Joel/Soper, Christopher C., Muslim and the State in Britain, France, and Germany, Cambridge 2011.

Fox, Jonathan, Religion, Civilization, and Civil War. 1945 Trough the New Millennium, Lanham 2004.

Freitag, Markus/Rapp, Caroline, Intolerance towards Immigrants in Switzerland: Diminished Threat Through Social Contacts, in: Swiss Political Science Review 19(4), 2013, 425–446.

Frindte, Wolfgang, Der Islam und der Westen. Sozialpsychologische Aspekte einer Inszenierung, Wiesbaden 2013.

Frindte, Wolfgang/Haußecker, Norbert, Inszenierter Terrorismus, Wiesbaden 2010.

Garner, Steve/Selod, Saher, The Racialization of Muslims: Empirical Studies of Islamophobia, in: Critical Sociology 40, 2014, 1–11.

Hafez, Kai/Richter, Carola, Das Islambild von ARD und ZDF, in: Aus Politik und Zeitgeschichte 2007, 40–46.

Hafez, Kai/Schmidt, Sabrina, Die Wahrnehmung des Islam in Deutschland, Gütersloh 2015.

Halliday, Fred, Islamophobia Reconsidered, in: Ethnic and Racial Studies 22, 1999, 892–902.

Hasenclever, Andreas/de Juan, Alexander, Religion in Konflikten. Instrumentalisierungsprophylaxe als Herausforderung für die Friedenspolitik, in: Aus Politik und Zeitgeschichte 2007, 10–16.

Heelas, Paul/Woodhead, Linda, The Spiritual Revolution: Why Religion is Giving Way to Spirituality, Oxford 2005.

Helbling, Marc, Hg., Islamophobia in the West: Measuring and Explaining Individual Attitudes, London 2012.

Helbling, Marc/Traunmüller, Richard, Anti-Religious Attitudes in the Age of Migration, yet unpublished paper, 2016, 1–36.

Hidalgo, Oliver, Religionen in der Identitätsfalle? Politiktheoretische Überlegungen zur Ambivalenz religiöser Gemeinschaftsbildung, in: Werkner, Ines-Jacqueline/Hidalgo, Oliver, Hg., Religiöse Identitäten in politischen Konflikten, Wiesbaden 2016, 145–172.

Horton, Donald/Wohl, Richard R., Mass Communication and Para-social Interaction: Observations on Intimacy at a Distance, in: Psychiatry 19, 1956, 215–229.

Hunsberger, Bruce/Jackson, Lynne, Religion, Meaning, and Prejudice, in: Journal of Social Issues 61, 2005, 807–826.

Huntington, Samuel P., Kampf der Kulturen. Die Neugestaltung der Weltpolitik im 21. Jahrhundert, Wien 1996.

Jonas, Eva/Fritsche, Immo, Destined to Die but not to Wage War. How Existential Threat Can Contribute to Escalation or De-Escalation of Violent Intergroup Conflict, in: American Psychologist 68, 2013, 543–558.

Kalkan, Kerem Ozan/Layman, Geoffrey/Uslaner, Eric M., Bands of Others? Attitudes toward Muslims in Contemporary American Society, in: The Journal of Politics 71(3), 2009, 847–862.

Kantner, Cathleen/Overbeck, Maximilian, Religiöse Identitäten als Diskursblocker, in: Werkner, Ines-Jacqueline/Hidalgo, Oliver, Hg., Religiöse Identitäten in politischen Konflikten, Wiesbaden 2016, 173–192.

Kippenberg, Hans. G., Gewalt als Gottesdienst. Religionskriege im Zeitalter der Globalisierung, München 2008.

Koenig, Matthias, Incorporating Muslim Migrants in Western Nation States: a Comparison of the United Kingdom, France and Germany, in: Journal of International Migration and Integration 6(2), 2005, 219–234.

Leibold, Jürgen, Fremdenfeindlichkeit und Islamophobie. Fakten zum gegenwärtigen Verhältnis genereller und spezifischer Vorurteile, in: Schneiders, Thorsten, Hg., Islamfeindlichkeit. Wenn die Grenzen der Kritik verschwimmen, Wiesbaden 2010, 149–158.

LeVine, Robert A./Campbell, Donald T., Ethnocentrism: Theories of Conflict, Ethnic Attitudes, and Group Behavior. New York 1972.

Liedhegener, Antonius, Religiöse Identitäten als Problem wechselseitiger Identifizierungen und Kategorisierungen. Aktuelle theoretische Konzepte und Fragen ihrer Operationalisierung in der empirischen Religionsforschung, in: Werkner, Ines-Jacqueline/Hidalgo, Oliver, Hg., Religiöse Identitäten in politischen Konflikten, Wiesbaden 2016, 65–82.

McLaren, Lauren, Anti-Immigrant Prejudice in Europe: Contact, Threat Perception, and Preferences for the Exclusion of Migrants, in: Social Forces 81(3), 2003, 909–936.

Liedhegener, Antonius/Pickel, Gert, Hg., Religionspolitik und Politik der Religionen in Deutschland. Fallstudien und Vergleiche, Wiesbaden 2016.

Pettigrew, Thomas F., Intergroup Contact Theory, in: Annual Review of Psychology 49, 1998, 65–85.

Pettigrew, Thomas F./Tropp, Linda, A Meta-Analytic Test of Intergroup Contact Theory, in: Journal of Personality and Social Psychology 90, 2006, 751–783.

Pickel, Gert, Säkularisierung, Individualisierung oder Marktmodell? Religiosität und ihre Erklärungsfaktoren im europäischen Vergleich, in: Kölner Zeitschrift für Soziologie und Sozialpsychologie 62, 2010, 219–245.

Pickel, Gert, Religionsmonitor 2013. Verstehen was verbindet. Religiosität im internationalen Vergleich, Gütersloh 2013.

Pickel, Gert, Religiöser Wandel als Herausforderung an die deutsche politische Kultur – Religiöse Pluralisierung und Säkularisierung als

Auslöser einer (neuen) Religionspolitik?, in: Zeitschrift für Politik 61(2), 2014, 136–159.

Pickel, Gert, Religiöse Pluralisierung als Bedrohungsszenario? Stereotypen, Ängste und die Wirkungen von Kontakten auf die Integration von Menschen anderer Religion, in: Amirpur, Katajun/Weiße, Wolfram, Hg., Religionen. Dialog. Gesellschaft. Analysen zur gegenwärtigen Situation und Impulse für eine dialogische Theologie, Münster 2015, 19–56.

Pickel, Gert/Yendell, Alexander, Islam als Bedrohung? Beschreibung und Erklärung von Einstellungen zum Islam im Ländervergleich, in: Zeitschrift für Vergleichende Politikwissenschaft 9 (4), 2016 (i.V.).

Pickel, Gert/Yendell, Alexander/Jaeckel, Yvonne, Religiöse Pluralität oder kulturelle Bereicherung? Die Wahrnehmung von Bedrohung durch Religion im Ländervergleich, in: Werkner, Ines-Jacqueline/Hidalgo, Oliver, Hg., Religiöse Identitäten in politischen Konflikten, Wiesbaden 2016, 81–121.

Pollack, Detlef, Rückkehr des Religiösen. Studien zum religiösen Wandel in Deutschland und Europa II, Tübingen 2009.

Pollack; Detlef, Religion und gesellschaftliche Differenzierung, Tübingen 2016.

Pollack, Detlef/Müller, Olaf/Rosta, Gergely/Friedrichs, Nils/Yendell, Alexander, Grenzen der Toleranz: Wahrnehmung und Akzeptanz religiöser Vielfalt in Europa, Wiesbaden 2014.

Pollack, Detlef/Rosta, Gergely, Religion in der Moderne. Ein internationaler Vergleich, Frankfurt a. M. 2015.

Putnam, Robert, Bowling Alone. The Collapse and Revival of American Community, New York 2000.

Quillian, Lincoln, Prejudice as a Response to Perceived Group Threat. Population Composition and Anti-Immigrant and Racial Prejudice in Europe, in: American Sociological Review 60, 1995, 586–611.

Rapp, Carolin, Toleranz gegenüber Immigranten in der Schweiz und Europa. Empirische Analysen zum Bestand und den Entstehungsbedingungen im Vergleich, Wiesbaden 2014.

Riesebrodt, Martin, Die Rückkehr der Religionen. Fundamentalismus und der «Kampf der Kulturen», München 2001.

Schneiders, Thorsten, Islamfeindlichkeit. Wenn die Grenzen der Kritik verschwimmen, Wiesbaden 2010.

Schiffer, Sabine, Die Darstellung des Islam in der Presse. Sprache, Bilder, Suggestionen, Würzburg 2005.

Stephan, Walter G./Diaz-Loving, Rolando/Duran, Anne, Integrated Threat Theory and Intercultural Attitudes – Mexico and the United States, in: Journal of Cross-Cultural Psychology 31(2), 2000, 240–249.

Stephan, Walter G./Stephan, Cookie W., Predicting Prejustice, in: International Journal of Intercultural Relations 20, 1996, 409–426.

Stolz, Jörg, Explaining Islamophobia. A Test of Four Theories Based on the Case of a Swiss City, in: Schweizer Zeitschrift für Soziologie 31(3), 2006, 547–566.

Strabac, Zan/Listhaug, Ola, Anti-Muslim Prejudice in Europe: A Multilevel Analysis of Survey Data from 30 Countries, in: Social Science Research 37, 2007, 268–286.

Strabac, Zan/Valenta, Marko, 2012. Attitudes towards Muslims in Norway, in: Helbling, Marc, Hg., Islamophobia in the West. Measuring and Explaining Individual Attitudes, London 2012, 56–69.

Sulivan, John. L./Piereson, James/Marcus, George, Political Tolerance and American Democracy, Chicago 1993.

Tajfel, Henri, Social Identity and Intergroup Relations, Cambridge 1982.

Tajfel, Henri/Turner, John C., The Social Identity Theory of Intergroup Behavior, in: Worchel, Stephen/Austin, William G., Hg., The Social Psychology of Intergroup Relations, Chicago 1986, 7–24.

Tezcan, Levent, Konzeptionelle Überlegungen zur Gegenwartsgeschichte des Verhältnisses zwischen Christentum und Islam in Deutschland, in: Pickel, Gert/Sammet, Kornelia, Hg., Religion und Religiosität im vereinigten Deutschland. Zwanzig Jahre nach dem Umbruch, Wiesbaden 2011, 293–309.

Van der Noll, Yolanda, Public Support for Ban on Headscarves, in: International Journal of Conflict and Violence 4(2), 2010, 191–204.

Weingardt, Markus A., Religion macht Frieden. Das Friedenspotential von Religionen in politischen Gewaltkonflikten, Bonn 2007.

Wuthnow, Robert, America and the Challenges of Religious Diversity, Princeton 2005.

Yendell, Alexander, Muslime unerwünscht? Zur Akzeptanz des Islam und dessen Angehörigen. Ein Vergleich zwischen Ost- und Westdeutschland, in: Pickel, Gert/Hidalgo, Oliver, Hg., Religion und Politik im vereinigten Deutschland. Was bleibt von der Rückkehr des Religiösen?, Wiesbaden 2013, 221–248.

Zick, Andreas/Küpper, Beate, Attitudes towards the Islam and Muslims in Europe. Bielefeld 2009.

Antonius Liedhegener/Anastas Odermatt

Umstrittene Religionszugehörigkeit. Europas religiöse Pluralität zwischen vertrauten Kategorien und neuen religiösen Identitäten

1. Einleitung

Der Streit um die vielfach behauptete «Rückkehr der Religion» ist auch ein Streit um Zahlen, die das Für und Wider des Aufstiegs oder Niedergangs von Religion in der Gegenwart belegen sollen.[1] Dahinter steht die Erfahrung, dass die wachsende Bedeutung von Religion weltweit, aber auch in Europa kaum zu übersehen ist, insbesondere wenn es um deren politische Rolle geht.[2] Für die Kommunikation über Religion ist der Begriff «Religionszugehörigkeit» fundamental. Die Religionssoziologie, die Religionswissenschaft, die Politikwissenschaft, die Theologien, die Sozialpsychologie, sogar die Wirtschaftswissenschaften[3], aber auch Politik und Medien – sie alle nutzen ihn und greifen dabei auf bekannte Religionsbezeichnungen wie katholisch, reformiert, jüdisch, freikirchlich, orthodox, muslimisch oder religionslos zurück. Entsprechende Tabellen und Schaubilder gehören zum Standardprogramm sozialwissenschaftlicher Untersuchungen.

Selten ist allerdings bislang realisiert worden, dass es bei der statistischen Erfassung der Religionszugehörigkeit für Europa beachtliche Probleme gibt. So fehlen beispielsweise religionsstatistische Daten auf EU-Ebene. Die Angaben zur Religionszugehörigkeit in einzelnen Ländern variieren, zum Teil beträchtlich. Diese Tatsache ist schwerwiegend, denn die allermeisten wissenschaftlichen Aussagen zur politischen und gesellschaftlichen *Wirkung* von Religion bauen auf solchen Zahlen auf. Es wird mehr oder weniger stillschweigend davon ausgegangen, dass Religionszugehörigkeit im Sinne der Zugehörigkeit zu einer der Religionsgemeinschaften eines Landes eine manifeste soziale Tatsache sei, die statistisch leicht und zuverlässig zu ermitteln ist. Statistiken zur Religionszugehörigkeit werden dementsprechend

1 Vgl. Gabriel/Gärtner/Pollack, Säkularisierung; Pollack/Müller/Pickel, Church.

2 Vgl. Norris/Inglehart, Sacred; Pickel, Demokratie; Liedhegener, Politik.

3 Vgl. etwa: Barro/McCleary, Countries.

meist unhinterfragt als Basisdaten für zahlreiche weiterführende Analysen zum Verhältnis von Religion und Moderne in der Gegenwart verwendet.[4]

Dieser Beitrag will zu einem besseren Problemverständnis und ersten Klärungen der tatsächlichen Datenlage beitragen. Er baut auf die Arbeiten unseres SNF-Forschungsprojekts «Swiss Metadatabase of Religious Affiliation in Europe» auf, das aus dem universitären Forschungsschwerpunkt REGIE hervorgegangenen ist. Das Projekt erfasst seit 2008 statistische Daten zur Religionszugehörigkeit in Europa und führt sie in einer mittlerweile online-gestützten Datenbank zusammen (www.smre-data.ch). Ziel ist, durch den Vergleich auf Metaebene das Verständnis für die vorhandenen Daten zur Religionszugehörigkeit zu verbessern und mittelfristig die Qualität der verfügbaren statistischen Daten durch Analysen und eigene Schätzungen zu erhöhen.

Zwei dafür zentrale Forschungsfragen, so wie sie sich uns derzeit darstellen, hängen eng miteinander zusammen, wobei die zweite Frage erst im Verlauf unserer bisherigen Forschungen zur SMRE in ihrer Dringlichkeit hervorgetreten ist. Die erste, deskriptiv orientierte Frage, die auch unsere Ausgangsfrage war, lautet: Wie setzt sich die Bevölkerung nach Religionszugehörigkeit in Europa und den rund 50 europäischen Ländern zusammen?[5] Diese Frage basiert auf der bekannten Prämisse, dass die Kategorie «Religionszugehörigkeit» eine Eigenschaft der Sozialstruktur eines Landes ist, die statistisch ebenso präzise zu erfassen ist wie etwa das Geschlecht, das Alter oder der höchste Bildungsabschluss. Mit dem Verständnis von «Religionszugehörigkeit» als Kategorie der Sozialstruktur arbeiten die im 19. und 20. Jahrhundert etablierten klassischen Volkszählungen und daran anschließend auch die Mehrheit der Repräsentativbefragungen der Bevölkerung bis heute. Die zweite Frage ist analytischer Natur: Was wird unter «Religionszugehörigkeit» in den Ländern Europas heute verstanden? Diese zweite Frage hat zwei Ebenen: Sie kann sowohl auf der empirischen Ebene der untersuchten Länder und ihrer jeweiligen Bevölkerung gestellt werden, als auch auf der konzeptionellen Ebene der Sozialforschung selbst. Im ers-

4 Vgl. etwa: Gerhards, Culture; Pollack/Rosta, Religion; Pickel, Pluralisierung; Traunmüller, Sozialkapital.

5 Es gibt unterschiedliche Zuordnungen, welche Länder zu Europa gehören oder nicht. So sind einzelne Länder zwar im «Europarat», gehören aber beispielsweise gemäß dem ständigen Ausschuss für geographische Namen StAGN und/oder der UN Statistics Division nicht zu Europa oder umgekehrt. Im Rahmen des SMRE-Projekts verwenden wir eine komplementäre Zuordnung mit möglichst allen Ländern.

ten Fall geht es um eine wissenssoziologische Fragestellung, die im Untersuchungsfeld zu klären wäre, im zweiten um eine konzeptionelle Grundsatzfrage, die innerhalb der Begriffs- und Theoriebildung der empirischen Religionsforschung anzugehen ist. Da die konzeptionelle Frage, d.h. die Frage nach der Definition und Operationalisierung von «Religionszugehörigkeit», vorrangig scheint, wird sie hier in den Vordergrund gerückt.

Der vorliegende Beitrag problematisiert die Kategorie «Religionszugehörigkeit». Dies geschieht zunächst historisch (2. Abschnitt) sowie im heutigen europäischen Kontext (3.). Er fragt nach dem hinter den zunehmenden statistischen Schwierigkeiten liegenden Wandel in der religiösen Landschaft Europas und verweist auf mögliche Unsicherheiten und Veränderungen im Verständnis von Religionszugehörigkeit in der Bevölkerung. Es zeigt sich, dass das Problem der zahlenmäßigen Bestimmung der Religionszugehörigkeit in Europa sowohl statistische Fragen im engeren Sinne (4.) als auch grundlegende konzeptionelle Aspekte umfasst, die letztlich jegliche empirische Erforschung von Religion betreffen (5.).

2. Religiöse Traditionen in Europa – das historische Erbe und sein Wandel

Historisch betrachtet sind Religion und Religionszugehörigkeit in Europa eine feste Größe in der Sozialstruktur von Ländern und Regionen. Religionszugehörigkeit war seit der ersten großen Spaltung der mittelalterlichen Christenheit im Jahr 1054 und nach dem Abschluss der Reformationswirren in Mittel- und Westeuropa für Jahrhunderte eine hochgradig territorial gebundene Größe. Das orthodoxe Christentum, die römisch-katholische Kirche, das Judentum, die lutherischen und reformierten Kirchen sowie islamischen Gemeinschaften – sie alle haben lokale Gemeinden, Landstriche, Länder und ganzen Regionen dort geprägt und geformt, wo sie die große Mehrheit der Bevölkerung stellten. Religiöse Minderheiten, allen voran die jüdische Bevölkerung, hatten es schwer. Religiöse Neuaufbrüche vollzogen sich auch nach dem Ende des konfessionellen Zeitalters im Rahmen der großen Kirchen, oder wurden in denen auf ihre Souveränität bedachten neuzeitlichen Staaten marginalisiert.[6] Und trotz aller Säkularisierung durch Aufklärung und Entkirchlichung sind etwa in der Schweiz die scharfen, oftmals entlang von Kantonsgrenzen verlaufenden territorialen Unterschiede zwischen den Konfessionen nach wie vor erkennbar. Glei-

6 Vgl. Schilling, Europa.

ches gilt für Deutschland, wo die zuweilen sehr kleinteiligen Strukturen der konfessionellen Verteilung, die in der Reformation entstanden, insbesondere im ländlichen Raum im Prinzip bis heute fortbestehen.

Die gesellschaftliche Bedeutung dieser räumlichen Differenzierung von Religionen im vormodernen Europa ist kaum zu unterschätzen. Im starken Gegensatz zu den USA und deren schon früh äußerst vielfältigen, von Denominationen und lokalen Kongregationen geprägten religiösen Landschaft, ist Religion in Europa größtenteils kirchlich-territorial bestimmt gewesen. «Die Kirche», «die Diözese», «die Pfarrei» waren und sind Grundbausteine der ekklesialen Organisation von Religion in Europa.[7] Während die amerikanischen *congregations* meist von Anfang an, spätestens aber seit dem beginnenden 19. Jahrhundert ausschließlich auf dem Prinzip der freiwilligen Mitgliedschaft beruhen – weshalb sie sich dort auch nahtlos in die amerikanische Zivilgesellschaft einreihen –, gilt dies in Europa bis in die jüngste Zeit hinein für die Kirchen gerade nicht. Die gängige Sozialform von Religion in Europa war die institutionalisierte religiöse Körperschaft. Als solche umfasste sie für Jahrhunderte fast die gesamte Bevölkerung durch Geburt bzw. Taufe und religiöse Tradition. Selbst die erste Phase der Modernisierung, d.h. die industrielle Revolution und die nachfolgenden Demokratisierungsbestrebungen, änderte daran im Kern wenig.

Sieht man von früheren, punktuellen Kriegs- und Krisenzeiten, wie sie etwa die Französische Revolution darstellte, einmal ab, so setzte jener religiöse Wandel, der die historischen Grundlagen der religiösen Landschaft Europas erstmals ebenso dauerhaft wie tiefgreifend erfasste, erst Mitte des letzten Jahrhunderts ein.[8] Motoren dieses fundamentalen religiösen Wandels waren die politischen Umbrüche und Entwicklungen im Gefolge des Zweiten Weltkriegs und die Auswirkungen des beschleunigten gesellschaftlichen Wandels, der durch eine rasante wirtschaftliche und soziale Modernisierung und damit korrespondierende Individualisierungsprozesse bestimmt wurde und wird. In jüngerer Zeit ist vor allem der wachsende Einfluss globaler Migrationsbewegungen hinzugetreten. Aktuell wird dies in Form der «Flüchtlingskrise» als eine fundamentale Herausforderung des Selbstverständnisses Europas, der Sozialsysteme europäischer Staaten und oftmals auch der älteren religiösen wie nationalen Identitäten erlebt und gedeutet.

Nicht zuletzt aufgrund des Zusammenwirkens dieser drei grundlegenden Trends und ihrer gesellschaftlichen und politischen Folgen, etwa in

7 Vgl. Gatz, Bistümer; Freitag, Pfarre.

8 Vgl. Henkel/Knippenberg, Secularisation; Gabriel/Gärtner/Pollack, Säkularisierung.

Fragen der Integration, ist die Rolle von Religion in Europa gegenwärtig ein prominentes Thema in Politik und Wissenschaft.[9] Der Einfluss der verschiedenen christlichen Traditionen, der Umfang der Säkularisierung Europas und der Status der zugewanderten religiösen Minderheiten und hier speziell der muslimischen Gemeinschaften sind höchst umstritten.[10]

3. Statistik der Religionszugehörigkeit im gegenwärtigen Europa. Forschungsstand und Datenprobleme

Obschon Daten zur Religion zum festen Bestandteil unserer modernen Erschließung der sozialen Welt durch Zahlen und Statistiken geworden sind, hat die sozialwissenschaftliche Forschung die Frage der Religionszugehörigkeit und ihrer exakten Messung lange Zeit nur wenig beachtet. Zwar wurden Jürgen Hoffmeyer-Zlotnik und Christof Wolf schon 2003 auf das Problem der Definition und Messung von Religionszugehörigkeit auf nationaler wie EU-Ebene aufmerksam.[11] Eine systematische Klärung blieb aber aus. Einerseits scheint die Kategorie «Religionszugehörigkeit» den allermeisten eine Selbstverständlichkeit; andererseits wurde die Datenlage bislang nicht kritisch mittels Vergleich und Gegenüberstellung überprüft und daher in ihrer Gesamtheit kaum verbessert. So gibt es etwa bis heute für die EU als supranationale politische Einheit keine brauchbare Religionsstatistik.[12] Und auch auf Länderebene führen Sozialwissenschaftler und Politiker derzeit zum Teil stark variierende Zahlen aus verschiedenen Quellen an.

9 Vgl. Kallscheuer, Integration; Leustean/Madeley, Religion; Liedhegener/Werkner, Religionspolitik.

10 Vgl. Pollack/Rosta, Religion; Werkner/Hidalgo, Identitäten.

11 Vgl. Hoffmeyer-Zlotnik/Wolf, Variables.

12 Dieser Befund von 2010 gilt weiterhin. Vgl. zu dieser Feststellung Liedhegener/Gerstenhauer, Weg, 162. Die einzige uns bekannte Tabelle dazu stammt von Gerhard Robbers; sie nennt aber keine Quellen und Berechnungsweisen. Vgl. Robbers, Staat (1995), 352 (wiederabgedruckt in Robbers, Status, 140; Aktualisierung in Robbers, Staat (2005), 630).

Tabelle 1: Religionszugehörigkeit in Großbritannien (in %)

	Catholic	Protestant	Orthodox	Other Christians	Jew	Muslim	No religious affiliation	Others
Gerhards 2006	13,8	57,4	0,2			0,9	15,0	12,7
Religionsmonitor 2008	13,2	18,6	1,2	27,0	0,0	1,0	34,0	4,0
Minkenberg 2010	11,0	43,0	0,6		0,5	2,7		42,2
World Christian Encyclopedia	9,6	53,3	0,6	19,1	0,5	2,0	31,1	1,8
CIA Worldfactbook	present	present				2,7		25,7
Office of Nat. Statistics	71,8				0,5	2,8	15,5	8,9
Encyclopedia Britannica	9,5	52,8	0,6	21,0	0,5	2,1		15,1
Worldmapper	11,5	61,8	0,8		0,5	2,5	14,9	3,2
ISSP	8,7	32,9	0,0	9,7	0,9	2,0	43,7	2,1

Quelle: SMRE-Datenbank, Stand 2014.

Das Beispiel Großbritannien mag die Problemlage illustrieren. Für diesen Staat sind die verschiedenen vorliegenden religionsstatistischen Daten weit davon entfernt, ein konsistentes Bild zu liefern (Tab. 1).[13] Folgt man den Angaben des prominenten *Religionsmonitors* der Bertelsmann-Stiftung[14], machen Mitglieder protestantischer Kirchen 18,6 Prozent der Bevölkerung aus. Im scharfen Kontrast dazu sieht die Internetdatenbank *Worldmapper.com,* die ihrerseits auf der viel zitierten *World Christian Encyclopedia* beruht,

13 Angaben nach den Daten und Quellen, welche die SMRE zu Großbritannien am Ende der ersten Projektphase umfasst.

14 Vgl. BertelsmannStiftung, Religionsmonitor; Pickel, Religionsmonitor.

den Anteil der Protestanten bei 61,8 Prozent.[15] Auch für die Gruppe der Personen ohne Religionszugehörigkeit weichen die Daten stark voneinander ab: Der für sie ausgewiesene Prozentanteil differiert in den Datensätzen zwischen 13,1 und 43,7 Prozent. Ist die religiöse Zusammensetzung der Bevölkerung Großbritanniens mehrheitlich christlich oder mehrheitlich säkular? Soll man das Land als christlich oder als säkular geprägt bezeichnen? Ganz offensichtlich hängt die Antwort auf diese Fragen auch davon ab, welche Zahlen angeführt werden.

Das Gleiche gilt für Frankreich. Für dieses Land ist die Datenlage zur Religionszugehörigkeit ebenfalls widersprüchlich.[16] Auch hier hängt es vom gewählten Datensatz ab, ob man dieses Land als ein «immer noch katholisches Land» oder als eine «rein säkulare Nation» bezeichnen kann. Solche Formulierungen sind selbstredend normativ wertende Ausdrücke, wie sie vor allem in politischen Debatten, gelegentlich aber auch in sozialwissenschaftlichen Abhandlungen anzutreffen sind.[17] Auch für weitergehende ideologische Aussagen etwa zum «christlichen Abendland» oder zur «Säkularität europäischer Gesellschaften» können solche Statistiken zur Religionszugehörigkeit *ge*braucht oder ggf. eben auch *miss*braucht werden.[18] Die Gefahr dafür steigt in dem Maße, in dem solche Zahlen als unreflektierte Kurzformeln für feste kollektive religiöse Identitäten verwendet werden: In der Wahrnehmung der Mehrheitsgesellschaft werden etwa im 19. Jahrhundert «die Katholiken» oder heute «die Muslime» als bedrohliche Gruppen oder sogar «Gegner» stigmatisiert und damit deren soziale Integration gefährdet oder gar verhindert. Eine Auseinandersetzung mit der Religionssta-

15 Ein Grund für die Diskrepanz ist in diesem Fall die unterschiedliche Kategorisierung der Anglikaner. Dies ist eine äußerst illustrative Problemanzeige für den Effekt unterschiedlicher Kategorisierungen und Subsumierungen in ländervergleichenden Studien.

16 Alle Daten und Quellen, welche die SMRE zu Frankreich aus Phase 1 umfasst, sind dokumentiert in: Liedhegener/Odermatt, Religionszugehörigkeit, 166–169.

17 Um ein Missverständnis zu vermeiden: Sozialwissenschaftliche Aussagen zur Religiosität in Europa stützen sich selbstverständlich in der Regel auf ein Indikatoren Bündel und daher selten allein auf die Religionszugehörigkeit. Die angeführten Aussagen sollen das grundsätzliche Problem der Begründung normativer Aussagen anhand statistischer Aussagen illustrieren.

18 Jürgen Gerhards etwa nutzt die Zahlen seiner Auswertung des EVS von 1999/2000 etwa dazu, die EU als einen «säkularisierten Verband von Gesellschaften, die die Trennung von Politik, Gesellschaft und Religion institutionalisiert haben», zu qualifizieren, was so sicher nicht stimmt, denn eine Trennung von Gesellschaft (!) und Religion weist, wenn überhaupt, nur Frankreich auf. Vgl. das Zitat in Gerhards, Unterschiede, 63.

tistik in Europa scheint daher auch gesellschaftspolitisch geboten und muss mit einer Analyse der vorliegenden Forschungen und Daten beginnen.

Eine genaue Rekonstruktion des Gangs der Forschung ist ein diffiziles Unterfangen, weil es einerseits – wie gesagt – bislang keinen systematischen Diskurs in der empirischen Religionsforschung zum Thema Religionszugehörigkeit gibt, und andererseits in den vorgelegten Statistiken und Tabellen für Europa die in ihnen enthaltenen Datenprobleme auf den ersten Blick nicht immer leicht erkennbar sind.[19]

Vorbehaltlich gewisser Überschneidungen kann man im Wesentlichen vier Forschungsstränge ausmachen, in denen zum Teil unabhängig voneinander Wissen und Daten zur Religionszugehörigkeit in Europa angeboten werden, die auch wissenschaftlichen Standards entsprechen.[20] Erstens gibt es die Tradition der amtlichen Bevölkerungsstatistik, die mit einem staats- und verwaltungswissenschaftlichen Interesse die Religionszugehörigkeit insbesondere im Rahmen von Volkszählungen erhebt und zum Teil Auswertungen dazu liefert.[21] In den meisten Ländern galt lange der Konsens, dass durch die amtliche Statistik «[l]ediglich die *äußere Zugehörigkeit* [...] als eine soziologisch bedeutsame Tatsache festgestellt werden»[22] soll bzw. darf. Die amtliche Statistik legte, sofern sie die Religionszugehörigkeit nicht wie Frankreich als Privatsache ohne öffentliches Interesse einstufte oder wie

19 So bestehen z.B. immer wieder wechselseitige Abhängigkeiten der zugrundeliegenden Originaldaten. Vgl. ausführlicher zu den im Folgenden nur summarisch angesprochenen Problemen: Liedhegener/Odermatt, Religionszugehörigkeit.

20 Ein Kernkriterium für eine Abgrenzung ist die Frage, ob die jeweiligen Daten bzw. Tabellen zur Religionszugehörigkeit einen Quellennachweis liefern, der es erlaubt den Ursprung der statistischen Angaben zweifelsfrei nachzuvollziehen. Selbst in der empirischen Forschung gern benutzt (vgl. z.B. die Diversitätsmessung in Hero/Krech/Zander, Vielfalt, 29), scheitert doch eine Reihe von leicht zugänglichen Datenquellen an diesem Kriterium. Die Encylopaedia Britannica, das CIA World Book of Facts oder der Fischer Weltalmanach weisen keine oder nur ganz globale Quellenangaben zu ihren statistischen Angaben zur Religionszugehörigkeit nach.

21 Mittlerweile sind die meisten Informationen der nationalen statistischen Ämter online verfügbar. So stellt etwas das Bundesamt für Statistik die Daten für die Schweiz sehr übersichtlich auf seiner Website zur Verfügung. Die Erschließung dieser amtlichen Quellen für die komparative Religionsforschung ist aber nicht immer so einfach wie im Schweizer Fall, da manche Seite anderer Länder schwer auffindbar ist und dann nur in der jeweiligen Landessprache verfügbar ist.

22 Krose, Statistik, 6 (H.i.O.). Dort findet sich auch ein knapper Überblick zur Entwicklung der Konventionen europäischer statistischer Ämter im 19. und frühen 20. Jahrhundert.

Großbritannien aus gesellschaftspolitischen Gründen vermied, die formale Mitgliedschaft, nicht aber ein Bekenntnis oder eine affektive religiöse Bindung zugrunde. Diese präzise Festlegung ist aber in vielen neueren Fragestellungen der zum Teil nur noch als Register- oder Mikrozensus angelegten «Volkszählungen» verloren gegangen, was den Wert der amtlichen Statistik insbesondere in einer Reihe von osteuropäischen Ländern schmälert. Das prominenteste, weil sehr umstrittene Beispiel dafür liefert die Volkszählung von Großbritannien bzw. England von 2001.[23] In dieser Volkszählung wurde erstmals seit 1841 wieder die Religionszugehörigkeit erhoben. Erstaunlicherweise verzichtete die in England eingesetzte Variante der Fragestellung auf jede Differenzierung der Religionszugehörigkeit innerhalb des Christentums, was angesichts der bewegten Geschichte der christlichen Konfessionen und Gemeinschaften im Königreich wenig verständlich ist. Viele Kommentatoren sahen daher in der Volkszählung den politischen Versuch, durch die Angaben des Bevölkerungsanteils christlicher Einwohner von über 70 Prozent die «christliche Identität» Englands zu stärken und die durch Kirchenaustritte und Zuwanderung entstandene neue religiöse Vielfalt dadurch zu relativieren.[24]

Zweitens hat sich schon seit Längerem eine mittlerweile sehr elaborierte, häufig außeruniversitär durchgeführte Forschung entwickelt, die als Religionsdemografie firmiert und deren wichtigstes Publikationsorgan aktuell das *Yearbook of International Religious Demography* ist. Entstanden aus einem ursprünglich missionswissenschaftlichen Antrieb, sind die zwei Auflagen der umfangreichen, nicht immer leicht zu entschlüsselnden Daten der *World Christian Encyclopedia* und der daraus hervorgegangenen *World Christian Database* und *World Religious Database* der Ausgangspunkt und das Rückgrat dieser Forschungstradition.[25] Die ehedem von David Barrett maßgeblich betriebene Forschung wird aktuell vom Team um Todd Johnson am *Center for the Study of Global Christianity* in South Hamilton (MA) fortgeführt.

Die in diesem Forschungsstrang bislang am besten publizierten Daten zur Religionszugehörigkeit nicht nur in Europa, sondern weltweit stammen

23 Vgl. Office for National Statistics, Focus on Religion.

24 Vgl. Voas/Bruce, Research Note.

25 Vgl. Barrett/Kurian/Johnson, Encyclopedia; Fortsetzung online unter http://worldreligiondatabase.org/wrd_default.asp (Zugriff 30.8.2016). Die Einschätzung der Qualität dieser Daten ist nicht unstrittig. Manche Autoren vermuten zumindest für einige Länder in den Daten einen Bias zugunsten christlicher Religionsgemeinschaften, vgl. etwa: Pollack/Rosta, Religion, 409. Zum Ergebnis einer hohen Zuverlässigkeit kommen dagegen: Hsu et al., Composition.

vom *Pew Research Center* in Washington. Seit 2009 hat diese außeruniversitäre Forschungseinrichtung mehrere umfangreiche Berichte veröffentlicht, die aktuelle Zahlen für alle großen Weltreligionen einschließlich der Gruppe der Menschen ohne Religionszugehörigkeit für alle Staaten dieser Erde präsentieren und die mittlerweile sogar Prognosen für die Veränderungen der Stärke der Religionsgemeinschaften bis 2050 liefern.[26] Diese Berichte wären nicht denkbar gewesen, ohne ein älteres Netzwerk engagierter amerikanischer Forscherinnen und Forscher, die zum näheren Umfeld der Religionsdemografie zählen. Die *World Christian Enyclopedia* und die darauf aufbauenden Datenbanken waren vielfach der Ausgangspunkt für die von *Pew* mit beträchtlichem Aufwand und durch zahlreiche internationale Kooperationen ergänzten, verbesserten und deskriptiv breit ausgewerteten Statistiken.[27] Allerdings wird in den jüngst publizierten *Pew*-Daten zur Religionszugehörigkeit nicht zwischen den verschiedenen großen Traditionen bzw. Konfessionen im Christentum differenziert. Für eine aussagekräftige Religionsstatistik Europas dürfte dies unerlässlich sein.

Als dritte, in den Sozialwissenschaften kaum bekannte Forschungstradition zur Religionszugehörigkeit in Europa ist auf die Humangeografie aufmerksam zu machen. Hier hatte sich in den 1990er-Jahren ein internationaler Kreis von Forscherinnen und Forschern gebildet, die sich dezidiert als Religionsgeografen verstehen. Ein Ziel der durch Workshops und Tagungen voran getriebenen gemeinsamen Arbeit war eine vereinheitlichte und verlässliche Religionsstatistik Europas.[28] Dabei gerieten auch die vielen kleinen religiösen Minderheiten und speziell die islamischen Minderheiten stärker in den Blick.[29] Ein angedachtes europäisches Forschungsprojekt kam aber nicht zustande. Mit den zuvor beschriebenen Religionsdemografen angelsächsischer Provenienz verbindet die Religionsgeografen ein star-

26 Bereits vor einigen Jahren hat das private *Pew Research Center* – finanziert von der Eigentümerfamilie von Heinz Ketchup – eine Arbeitsgruppe mit dem Ziel eingerichtet, Daten zur Religionszugehörigkeit weltweit vorzulegen. Mittlerweile liegt dafür eine Serie von Berichten vor. Vgl. dazu bes.: Pew, Landscape; Pew, World Religions.

27 Conrad Hackett hat jüngst zahlreiche Probleme und Schwierigkeiten einer Ermittlung und Schätzung statistischer Angaben zur Religionszugehörigkeit beschrieben. Vgl. Hackett, Things. Sie decken sich fast durchgehend mit den Einsichten der vorliegenden Arbeiten zum SMRE-Projekt. Vgl. Liedhegener/Odermatt, Religionszugehörigkeit.

28 Vgl. Knippenberg, Landscape; Henkel, Vielfalt; Bilska-Wodecka, Czlowiek religijny.

29 Vgl. Peach, Muslim Population. Aktuellere statistische Angaben zu muslimischen Minderheiten nach Ländern finden sich in den verschiedenen Auflagen des *Yearbook of Muslims in Europe.*

kes deskriptives Interesse an Religion, d.h. ein vorrangiges Forschungsinteresse daran, Religion und Religionszugehörigkeit numerisch präzise zu beschreiben und angemessen zu visualisieren.[30] Aus einem historischen Blickwinkel heraus gilt dasselbe Anliegen auch für die Informationen zur Religionsstatistik, die beispielsweise Roberto Cipriani mithilfe einer Expertenbefragung für Europa erstellt hat.[31]

Der vierte und letzte relevante Forschungsbereich ist die komparative sozialwissenschaftliche Religionsforschung, wie sie von der Religionssoziologie und Teilen der Religions- und Politikwissenschaft betrieben wird. Im Einzelnen ist diese Forschung – wieder mit Überschneidungen – hier in ihrer englischsprachigen und deutschsprachigen Variante zu würdigen.[32] Im Gegensatz zu den bisherigen drei Forschungssträngen steht in der sozialwissenschaftlichen Religionsforschung die Frage der Religionszugehörigkeit als solche nicht per se im Mittelpunkt des Interesses. Religionszugehörigkeit wird hier mit oft großer Selbstverständlichkeit als eine erklärende Variable in Untersuchungsdesigns herangezogen, die auf statistische Zusammenhänge und kausale Erklärungsversuche ausgelegt sind. Teils bedient man sich dazu der Mikro-Daten verschiedener internationaler Repräsentativbefragungen, teils der Makro-Daten aus Drittquellen oder den mittlerweile an Bedeutung gewinnenden ländervergleichenden Datensätzen, wie sie etwa Jonathan Fox in seinem *Religion and State-Project* (RAS) entwickelt hat.[33] Auffallend ist erstens, dass dabei Mehrfachabhängigkeiten von einzelnen Datensätzen entstehen, die auf den ersten Blick nicht immer leicht zu erkennen sind,[34] und zweitens, dass in dieser Forschungstradition die Frage der Zuverlässigkeit der Messung des Konzepts «Religionszugehörigkeit» in aller Regel nicht gestellt wird. Immerhin haben aber Norris und Inglehart ge-

30 Vgl. Henkel, Atlas.

31 Cipriani, Religion.

32 Historisch hat für die Entwicklung dieser Forschungsrichtung die französische Religionssoziologie, wie sie in den 1950er- und 1960er-Jahre prominent wurde, eine wichtige Rolle gespielt. Vgl. etwa: Le Bras, Maßstäbe.

33 Vgl. Fox, Religion.

34 Das Phänomen der Mehrfachabhängigkeiten kann am Umgang mit den von Alberto Alesina et al. in Umlauf gebrachten Daten zur Religionszugehörigkeit im internationalen Vergleich illustriert werden (Alesina et al., Fractionalization). Die Daten von Alesina et al. stammen erklärtermaßen aus der Encyclopaedia Britannica für 2001. Diese Daten wurden und werden gerne in andere Studien übernommen. So basieren die statistisch komplexeren Berechnungen von Pippa Norris und Roland Inglehart, Tadeusz Doktór oder Richard Traunmüller auf diesen «Primärdaten». Vgl. Norris/Inglehart, Sacred, 43, u.ä. Doktór, Pulralism, 28; Traunmüller, Sozialkapital, 232; Traunmüller, Religion.

wichtige Nachfragen gestellt.[35] Das ansonsten weitgehende Fehlen kritischer Reflexion zur Datenqualität überrascht insbesondere bei Studien mit Umfragedaten. Denn gerade zwischen den bekannten internationalen Survey-Programmen wie ESS, EVS, ISSP oder WVS treten für die Messung der Religionszugehörigkeit teils so beachtliche Differenzen zutage, dass inhaltlich unterschiedliche Aussagen daraus resultieren. Hier besteht offenkundig Klärungsbedarf.

4. Begrenzte Pluralisierung und «weiße Flecken» auf der religiösen Landkarte Europas. Erste Ergebnisse der SMRE

Was passiert, wenn man die Zahlenangaben zur Religionszugehörigkeit aus den verschiedenen Diskussionssträngen und Quellen zusammenführt und vergleichend analysiert? In der *Swiss Metadatabase of Religious Affiliation (SMRE)* haben wir genau dies unternommen. In der ersten Phase des Forschungsprojekts wurden die Daten aus den genannten Forschungsbereichen in einer Datenbank erfasst, die Vergleichbarkeit der Fragestellungen überprüft, jeweils die ursprüngliche Herkunft der Daten ermittelt und anschließend die genannten Prozentangaben zur Verteilung der Bevölkerung nach Religionsgemeinschaften bzw. Kategorien harmonisiert. Die solchermaßen vereinheitlichen Daten der SMRE liefern statistische Angaben zur Religionszugehörigkeit differenziert nach acht Kategorien: Katholiken,

35 Norris und Inglehart vermerken zum Alesina-Datensatz: «As with any compilation of secondary data, the consistency and reliability can be questioned.» (Norris/Inglehart, Religion, 43) Eine Beruhigung bzw. Begründung, die Daten zu verwenden, finden sie in der Tatsache, dass sie die Alesina-Daten zusätzlich mit den Daten der *World Christian Encyclopedia* und dem *CIA World Fact Book* überprüft haben (ebd., 43–44). Unsere Untersuchungen im Rahmen des SMRE-Projekts zur Herkunft der Daten der *Encyclopaedia Britannica* legen aber nahe, dass das britische Standardnachschlagewerk seinerseits die meisten Daten aus den beiden zur Überprüfung herangezogenen Quellen gewonnen hat. Die Struktur der Datenkontrolle ist also zirkulär und damit kaum tragfähig.

Protestanten, orthodoxe Christen, andere Christen, Juden, Muslime, andere Religionen und schließlich Personen ohne formale Religionszugehörigkeit.[36]

Für die folgenden Analysen benutzen wir die Daten aus der ersten Projektphase.[37] Die Daten erfassen 42 Länder Europas, einschließlich der Türkei, und sind bezogen auf zwei Berichtszeiträume, nämlich 2000 (1996 bis 2005) und 2010 (2006 bis 2015).[38] Auf diesen Grundlagen liefert die SMRE ein zwar noch vorläufiges, aber in den Umrissen wohl tragfähiges qualitatives Ergebnis zur formalen Religionszugehörigkeit in Europa. Unser Ergebnis besteht aus Aussagen zur Datensicherheit, zum Grad der Pluralisierung und zur Zusammensetzung der Länder Europas nach der religiösen Mehrheitstradition.

Die Datensicherheit nach Ländern

«Datensicherheit» bezieht sich im Folgenden nicht auf einen einzelnen Datensatz und dessen Qualität. Es geht im Kern vielmehr um ein qualitatives Urteil darüber, ob die vorliegenden Datensätze eher ein einheitliches oder eher ein uneinheitliches Bild der Religionszugehörigkeit für ein Land liefern. Dazu wurde geprüft, ob die verfügbaren Datensätze die prozentuale Verteilung der Bevölkerung nach Religionszugehörigkeit bzw. Religionslosigkeit annährend gleich bestimmen. Anhand eines eigens entwickelten Algorithmus[39] erfolgte die Klassifizierung der Datenqualität eines Landes

36 Abgrenzungsprobleme bereiten am ehesten die Unterscheidung von Protestanten und anderen Christen. In der SMRE wurde versucht, unter Protestanten jene Christen zu fassen, die der oder den nach der Reformation vorherrschenden evangelischen Kirchen bzw. Landeskirchen angehören. In den traditionell evangelischen Ländern haben sie die Mehrheitsbevölkerung gestellt und geprägt. Die Anglikanische Kirche wurde aus diesem Grund ebenfalls zu dieser Rubrik gezählt, was theologisch strittig sein mag. Bei den anderen Christen handelt es sich um kleinere, meist jüngere Religionsgemeinschaften, deren Entstehung sich aus dem Umfeld der evangelischen Tradition ableitet.

37 Über den Fortgang des Projekts und seine Ergebnisse informieren der Newsletter und die Website des Projekts unter: www.smre-data.ch.

38 Technisch handelt es sich also insgesamt um 84 Fälle. Vgl. Liedhegener/Odermatt Religionszugehörigkeit (Anhang zur Terminologie).

39 Der Algorithmus basiert auf einem Entscheidungsbaum, anhand dessen die Datenqualität eines Landes jeweils für die beiden Stichjahre zunächst einzeln ermittelt wird. Im Kern wird überprüft, ob im Falle mehrerer guter Datenquellen deren Zahlenangaben zu einem konsistenten Ergebnis führen, ob sich eine beste Datenquelle wie z.B. eine klassische Volkszählung ermitteln lässt oder ob man sich allenfalls auf nur eine Datenquelle stützen kann. Vgl. zu den Einzelheiten des Vorgehens und insbesondere dem Entscheidungsbaum: Liedhegener/Odermatt, Religionszugehörigkeit, 138–142.

als «sicher», «relativ sicher», «problematisch» oder «keine Angabe möglich».[40] Der Befund für eine solche erste Analyse der Datensicherheit nach Ländern ist gemischt (Abb. 1). Für 15 Länder sind die statistischen Angaben zur Religionszugehörigkeit auf der bisherigen Datenbasis als sicher einzustufen, für weitere 14 Länder als relativ sicher. Sechs Länder müssen als problematisch gelten. Und für sieben Länder können in diesem Sinne keine Angaben gemacht werden, weil für sie keine halbwegs konsistenten Daten vorliegen. Teilt man die Bundesrepublik Deutschland in Ost- und Westdeutschland auf, verbessert sich die Datensicherheit für beide Teilgebiete und die Zahl der Länder ohne Angabe sinkt entsprechend auf sechs.

Abb. 1: Datenqualität (vorläufiges Ergebnis)

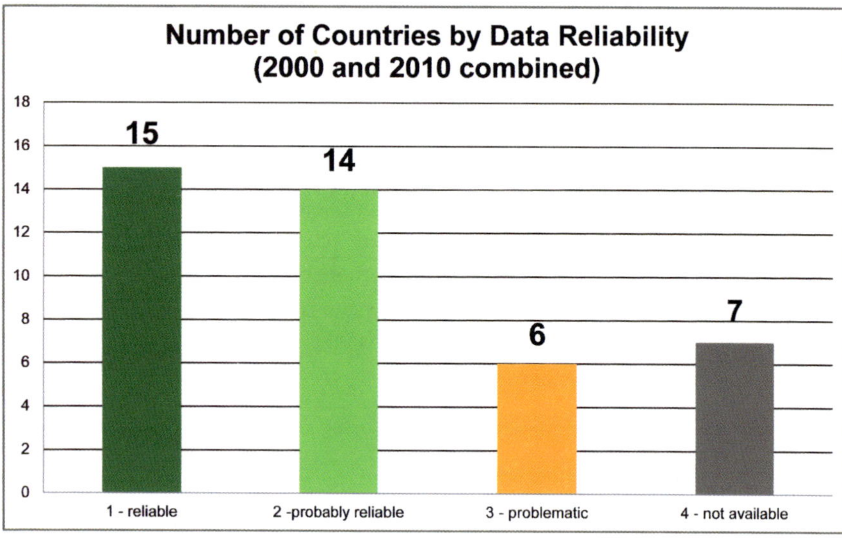

Quelle: SMRE-Datenbank, Stand 2014.

Insgesamt sind die verfügbaren Daten für immerhin 29 Länder verlässlich oder doch zumindest relativ verlässlich und damit in sich relativ konsistent. Zugleich ist aber die Datensicherheit für sieben (bzw. sechs) Länder so schlecht, dass sie im Rahmen des Projekts derzeit als «weiße Flecken» auf der Landkarte der Religionszugehörigkeit in Europa gelten müssen (Abb. 2). Die weißen Flecken auf der Karte sind im Osten Weißrussland und

40 Hier und im Folgenden sind die Ergebnisse der SMRE Phase I für die beiden Stichjahre zusammengefasst worden.

Lettland. Die Mehrzahl der Länder ohne verlässliche Daten liegt aber in Westeuropa: Belgien, Frankreich, Großbritannien und die Niederlande sind hier die weißen Flecken. Gemeinhin gelten gerade diese Länder als am stärksten säkularisiert. Der Bedeutungsverlust der Kirchen im Leben der Menschen ist für sie vielfach belegt.[41]

Abb. 2: Datenqualität im Kartenbild

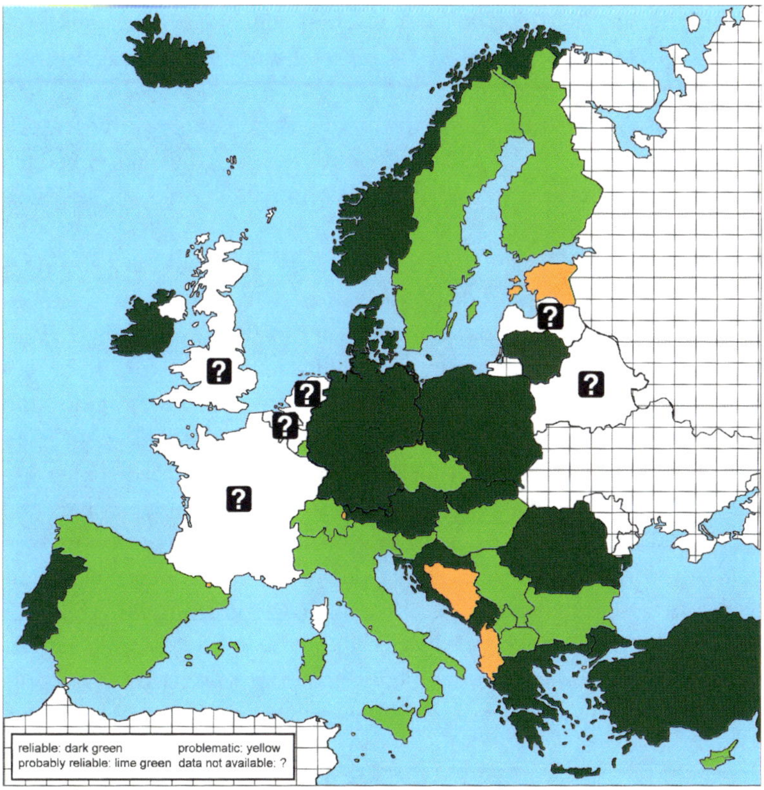

Reliability of data of the SMRE-countries; own figure based on SMRE-Data, origin of map: Omnia 2009.

Quelle: SMRE-Datenbank, Stand 2014.

41 Vgl. die instruktiven Zeitreihenanalysen in Norris/Inglehart, Religion, bes. 87.

Der Grad der religiösen Pluralisierung

Der Umfang der religiösen Pluralisierung in den Ländern Europas ist in der Forschung ein strittiges Thema.[42] Für all jene Länder, deren Datensicherheit als zumindest «problematisch» kategorisiert wurde und zu denen somit Aussagen möglich sind, lässt sich anhand der SMRE der Grad der religiösen Pluralisierung ihrer Bevölkerung nach der Religionszugehörigkeit ermitteln. Als *dominant* soll die Religionszugehörigkeitsstruktur in einem Land gelten, wenn die größte Religionsgemeinschaft einen Bevölkerungsanteil von über 60 Prozent aufweist. Als *pluralisiert* wird ein Land nach den Kriterien der SMRE eingestuft, wenn mindestens eine Religionsgemeinschaft einen Anteil zwischen 35 und 60 Prozent der Bevölkerung aufweist. Als *fragmentiert* gilt ein Land, wenn alle Religionsgemeinschaften einschließlich der größten nicht mehr als 35 Prozent der Wohnbevölkerung auf sich vereinen können.

Die Grenzwerte von 35 bzw. 60 Prozent wurden anhand der geschichtlichen Erfahrung Europas und hier speziell in gemischt-konfessionellen Staaten bzw. Gebieten festgesetzt. Hinter dieser im Kern qualitativen Eingruppierung der Länder steht die in der politischen Kulturforschung gewonnene Erkenntnis,[43] dass der gesellschaftliche Ort von Religion und speziell die politischen Konfliktlinien entlang von religiösen Zugehörigkeiten ganz erheblich durch die zahlenmäßige Stärke der verschiedenen religiösen Gruppen beeinflusst werden. Unter Mehrheitsbedingungen eines Bekenntnisses (>60%) geraten alle übrigen Religionsgemeinschaften in eine Minderheitenposition. Dies macht es den kleineren Religionsgemeinschaften schwer, sich gesellschaftlich zu etablieren. In religiös pluralisierten Gesellschaften wächst der Druck auf alle Religionen, sich miteinander zu arrangieren. Und in religiös fragmentierten Gesellschaften ist die Grundkonstellation so, dass keine Religionsgemeinschaft eine Dominanz

42 Vgl. Norris/Inglehart, Religion, 96–102; Pollack/Tucci/Ziebertz, Religiöser Pluralismus; Liedhegener, Pluralismus.

43 Vgl. grundlegend: Lipset/Rokkan, Cleavage Structures. – Unser im Kern qualitative Vorgehen vermeidet vorerst auch die exakte statistische Messung von religiöser Pluralisierung, wie sie üblicherweise mit dem Herfindahl-Index oder einem seiner Derivate vorgenommen wird. Abgesehen davon, dass die Anwendbarkeit des Indexes von einigen bestritten wird, hängt dieser Index in seinem Wert wie jede andere statistische Maßzahl auch von der Zuverlässigkeit der Grunddaten ab. Solange diese Qualität aber zweifelhaft ist und sich die Daten verschiedener Messungen widersprechen, können Indexzahlen also schnell in die Irre führen. Vgl. zur Diskussion um den Herfindahl-Index: Liedhegener, Pluralismus; Wolf, Konzepte.

ausüben kann. Religionsgemeinschaften werden vermutlich hier am ehesten in einer Art marktförmigen Konkurrenz zueinander stehen.

Das erste Ergebnis der SMRE zeigt, dass die Situation in vielen der untersuchten Länder durch die Dominanz einer Religionsgemeinschaft bestimmt wird (Abb. 3). In 30 Ländern und im östlichen Teil Deutschlands ist eine einzige religiöse Tradition bzw. Religionsgemeinschaft die dominierende Größe in der jeweiligen Bevölkerung. In diesen Ländern gehören jeweils mehr als 60 Prozent der Bevölkerung einer einzigen der acht Kategorien religiöser Zugehörigkeit an. Ungefähr drei Viertel aller untersuchten Länder fallen im Blick auf die Religionszugehörigkeit ihrer Bevölkerung in die Kategorie der Länder mit einer *dominanten religiösen Tradition bzw. Religionsgemeinschaft*.

Abb. 3: Pluralisierungsgrad nach Ländern

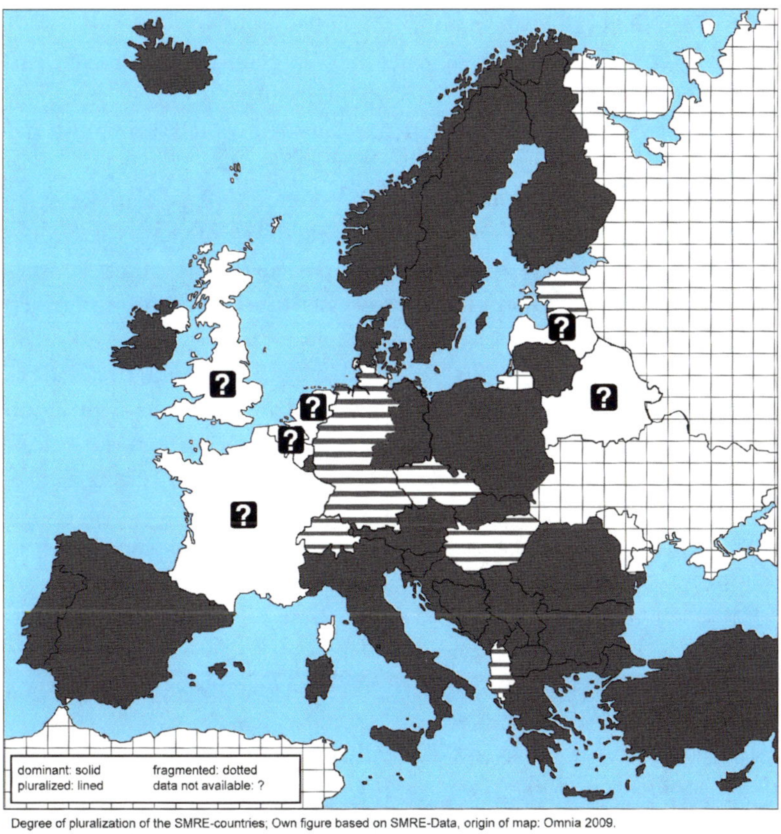

Quelle: SMRE-Datenbank, Stand 2014.

Nur fünf Länder und der westliche Teil der Bundesrepublik können als *pluralisiert* gelten. In diesen Ländern ist keine der acht Kategorien dominant, aber mindestens eine Religionsgemeinschaft bzw. Kategorie stellt in diesen Ländern einen Bevölkerungsanteil zwischen 35 und 60 Prozent. Überraschenderweise hat bislang kein einziges europäisches Land eine religiös *fragmentierte* Struktur. Für Deutschland als Ganzes und die Schweiz besteht aufgrund ihrer bi-konfessionellen Geschichte und seit geraumer Zeit starken Säkularisierungstendenzen allerdings eine große Wahrscheinlichkeit, dass sie in den kommenden Jahren als erste europäische Länder in diese Kategorie wechseln. Denn zuletzt übertraf in beiden Ländern die jeweils größte Religionsgemeinschaft laut den verfügbaren Daten nur knapp die 35-Prozentmarke.

Die größte Religionsgruppe nach dem Grad der religiösen Pluralisierung

Bleibt schließlich die Frage: Welche religiösen Traditionen dominieren bzw. prägen aktuell die Zusammensetzung der Bevölkerung in den Staaten Europas? Die Antwort darauf liefert die Kombination des Pluralisierungsgrades eines Landes mit der Information zur jeweils größten Kategorie der erfassten religiösen Traditionen bzw. Gruppen (Abb. 4).

Auf der Basis dieser Informationen wird erkennbar, dass Katholiken in 17 Staaten und im Westen der Bundesrepublik Deutschland die größte religiöse Gruppe innerhalb der Bevölkerung darstellen. Unter diesen insgesamt also 18 hauptsächlich katholischen Gebietseinheiten ist die katholisch Kirche in 15 Fällen durch einen Bevölkerungsanteil von jeweils über 60 Prozent die *dominante* religiöse Größe. In den verbleibenden drei Fällen, nämlich der Schweiz, Ungarn und Westdeutschland, handelt es sich um *pluralisiert-katholische* Staaten bzw. Gebiete, d.h., die Angehörigen der katholischen Kirche stellen hier zwar die größte Gruppe, sie übertreffen die 60-Prozentmarke aber nicht.

Sieben europäische Länder im Osten des Kontinents sind *dominant-orthodox*. Ein *pluralisiert-orthodoxes* Land gibt es nicht. Fünf Länder im Norden Europas sind *dominant-protestantisch*. Ein *pluralisiert-protestantisches* Land findet sich ebenfalls nicht. Muslime machen in vier Ländern Europas die größte religiöse Gruppe aus. Hierunter ist nur Albanien *pluralisiert-muslimisch*, alle übrigen sind *dominant-muslimisch*.

Die Tschechische Republik und Estland sind die einzigen europäischen Länder, die in die Kategorie *pluralisiert-ohne Religionszugehörigkeit* fallen. In ihnen stellen Personen ohne Religionszugehörigkeit den größten Bevölkerungsanteil, sie dominieren aber nicht die Bevölkerungsstruktur, d.h., ihr

Anteil liegt zwischen 35 und 60 Prozent. Nur im Osten Deutschlands sind alle Religionsgemeinschaft statistisch in einer klaren Minderheitenrolle, denn hier stellen Menschen ohne Religionszugehörigkeit mehr als 60 Prozent der Bevölkerung, d.h., sie dominieren in der Sozialstruktur. Innerhalb Europas ist der Osten Deutschlands nach den derzeit verfügbaren Daten also die einzige Region, die als *dominant-ohne Religionszugehörigkeit* einzustufen ist.

Abb. 4: Größte religiöse Kategorie und Pluralisierungsgrad nach Ländern

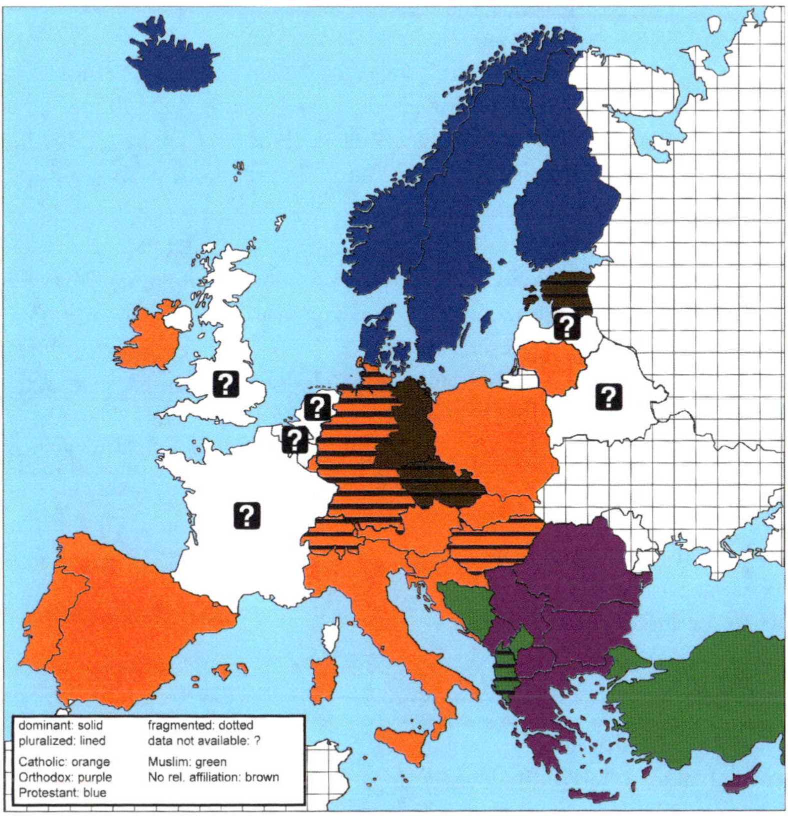

Classification of pluralisation and largest religous category of the SMRE-countries; Own figure based on SMRE-Data, origin of map: Omnia 2009.

Quelle: SMRE-Datenbank, Stand 2014.

5. Religionszugehörigkeit und religiöse Identität. Das Kernkonzept in der Diskussion

Die vorgestellten bisherigen Ergebnisse der SMRE beruhen auf einer qualitativen Bewertung der vorliegenden Länderdaten. Ziel muss es aber sein, zu verlässlicheren quantitativen Daten, d.h. einer methodisch abgesicherten Schätzung der Religionszugehörigkeit in Europa anhand der vorliegenden Datensätze zu gelangen. Die zu klärende Ausgangsfrage, um zu einer validen Schätzung zu gelungen, lautet: Woher stammen die illustrierten Differenzen in den Statistiken zur Religionszugehörigkeit in Europa? Die Antworten darauf liegen in zwei verschiedenen Bereichen.

Erstens ist auf eine ganze Reihe von technischen Problemen und Fehlern zu verweisen, die aber zumindest teilweise lösbar sind. Denn diese mehr oder weniger technischen Fehlerquellen sind zwar vielgestaltig und nicht immer schnell ersichtlich,[44] sie sind aber bis zu einem gewissen Grad nachvollziehbar und damit kontrollierbar.[45]

Zweitens spielen konzeptionelle Fragen eine ganz entscheidende Rolle. Letzteres scheint für jede weitere Verbesserung der Datenqualität entscheidend zu sein: Das Kernkonzept «Religionszugehörigkeit» ist in der Forschung aktuell teils unterbestimmt, teils strittig. Vor allem ist nicht zu übersehen, dass das Verständnis des Konzepts «Religionszugehörigkeit» je nach Studie variiert und dass diese Variationen mit der Frage nach der empirischen Erfassung von Religion und religiösem Wandel eng verknüpft ist. Daher wird im Folgenden das Begriffsverständnis von Religionszugehörigkeit problematisiert und ein Vorschlag unterbreitet, durch begriffliche Unterscheidungen und Abgrenzungen den Bedeutungsgehalt des Konzepts Religionszugehörigkeit im Rahmen der Grundbegriffe der empirischen Religionsforschung präziser zu fassen.

«Religious belonging» und «religiöse Identität»

Zahlreich sind die Studien, in denen Vertreter der Säkularisierungstheorie mit den Anhängern der Individualisierungsthese oder der Markttheorie der

44 Vgl. die Darstellung dieser im weitesten Sinne technischen Fehler in: Liedhegener/Odermatt, Religionszugehörigkeit, 127–131. Vgl. mit einer vergleichbaren Liste und Beispielen: Hackett, Things. Zu Messproblemen insbesondere in Repräsentativbefragungen zu Religion vgl. auch: Voas, Reflections.

45 Vgl. dazu den allgemeinen Total Error-Ansatz für die Umfrageforschung bei: Biemer, Latent Class.

Religion um die Frage streiten, ob Religion weiter an Bedeutung verliert oder ob es derzeit eine Rückkehr oder doch zumindest einen Wandel von Religion in Europa gibt.[46] Seit geraumer Zeit wird diskutiert, ob in Europa Religion ohne institutionelle Bindung, also ein «believing without belonging», auf dem Vormarsch ist.[47] Zahlen zur Religionszugehörigkeit werden dann als Messung der Reichweite der verschiedenen Kirchen und religiösen Institutionen verstanden. Unter dem Eindruck der zunehmenden politischen Wichtigkeit von Religion greifen gegenwärtig allerdings immer mehr Studien auf das Konzept der «religiösen Identität» zurück.[48] Dabei wird vor allem die letztlich *politische* Relevanz unterschiedlicher religiöser Identitäten hervorgehoben: Insbesondere die Konfliktlinie zwischen Anhängern starker religiöser Identitäten einerseits und starker säkularer oder atheistischer Identitäten andererseits wird für Europa als konfliktträchtig und politisch relevant behauptet. Zahlen zur Religionszugehörigkeit bzw. Religionslosigkeit werden dann als Ausdruck für die gesellschaftliche Stärke oder gar Macht der jeweiligen Gruppen herangezogen bzw. interpretiert.[49]

Die Messung des Konzepts «religiöse Identität» ist allerdings eine komplexe Aufgabe.[50] Religiöse Identität will sorgfältig definiert werden, um nicht verschiedene Dimensionen von Religion schon auf der konzeptionellen Ebene zu verwechseln oder gar miteinander zu vermengen. Der Versuch, hier Klärung zu schaffen, führt freilich an die Fragen rund um eine angemessene Definition von Religion und deren Operationalisierung heran, was hier nicht umfassend zu erörtern, sondern nur im Blick auf die Definition und Verwendung der Kernvariable Religionszugehörigkeit zu leisten ist.

In der Forschung zunächst weithin unstrittig ist, dass es sich bei Religion um ein kulturelles Phänomen menschlichen Zusammenlebens handelt, das sozialwissenschaftlich mehrdimensional zu erfassen ist. Die Zahl und Zusammensetzung der relevanten Dimensionen variiert je nach Ansatz.[51] Ein gewisser Konsens scheint gegenwärtig dahingehend zu bestehen, beim

46 Vgl. Knoblauch, Populäre Religion; Norris/Inglehart, Religion; Pickel/Müller, Church; Pollack/Müller/Pickel, Church; Pollack/Rosta, Religion.

47 Vgl. Davie, Believing (Neuauflage jetzt als Davie, Religion).

48 Vgl. Fox, Religion; Hackett, Things; Stolz et al., Religiosität.

49 Vgl. Fox, Religion, 213–215; Stolz et al., Religiosität, 216–217 sowie den Beitrag von Edmund Arens im vorliegenden Band.

50 Vgl. Hackett, Things, 396: «Measuring religious identity is complex.»

51 Vgl. zu einzelnen Positionen den kompakten Überblick dazu bei: Pollack/Rosta, Religion, 67–69.

Phänomen Religion zunächst einmal zwischen drei recht gut voneinander abgrenzbaren Dimensionen auszugehen. Diese sind Zugehörigkeit, Glaubensansichten und religiöse Praxis. In der englischsprachigen Forschung entspricht dies den *«three big Bs»* der Religionsforschung, nämlich *belonging*, *believing*, und *behaviour*.[52] Detlef Pollack und Gergely Rosta definieren ganz ähnlich drei Dimensionen von Religion: die Identifikations- oder Zugehörigkeitsdimension, die Dimension der religiösen Praxis sowie die religiöse Glaubens- und Erfahrungsdimension.[53] Die Dimension der Identifikation wird dadurch bestimmt, «wer sich überhaupt zu einer religiösen Gruppe oder Organisation zählt, mit einer Religion oder Konfession identifiziert, in eine religiöse Gemeinschaft eintritt oder aus ihr austritt und sich mir ihr verbunden fühlt.»[54]

Grundsätzlich gilt es, zunächst einmal die drei Dimensionen, die drei «B's» klar zu unterscheiden und präzise zu operationalisieren, wenn Religion sozialwissenschaftlich operationalisiert werden soll.[55] Sodann ist zu schauen, was die Mitgliedschafts- bzw. Identifikationsdimension von Religion genau meint bzw. umfasst. Die Dimension der Identifikation oder des *belonging*, die im Folgenden von besonderem Interesse ist, behandelt zuerst einmal Mitgliedschaftsbeziehungen. Der explizite Hinweis auf den Ein- und Austritt macht auf den im europäischen Kontext historisch bedingten und nach wie vor plausiblen starken Gruppenbezug aufmerksam. Religionszugehörigkeit bedeutet dann eine auch von außen überprüfbare, «objektive» Zugehörigkeit. Zugleich enthält die Dimension aber auch ein subjektives, über eine äußere oder formale Zugehörigkeit hinausgehendes Moment. Dieses schwingt schon in der Bezeichnung der Dimension als Identifikation mit, denn in der Bedeutung des Wortes ist ein stärkerer Bezug auf den Einzelnen und seine Deutungen enthalten. Diese stärker subjektive Komponente der Zugehörigkeit zu einer Gruppe wird durch die Hinzufügung des Gefühls der Verbundenheit zum Bedeutungsgehalt der ersten Dimension von Religion angesprochen und in entsprechenden Operationalisierungen durch die Frage nach dem Vertrauen in eine religiöse Gemeinschaft wie etwa bei Pollack und Rosta explizit gemacht.

Die Dimension des *religious belonging* bzw. der religiösen Zugehörigkeit enthält also mindestens zwei klar unterscheidbare Komponenten: Einerseits

52 Vgl. Guth/Kellstedt/Smidt, Role, 7–9.

53 Vgl. Pollack/Rosta, Religion, 68.

54 Pollack/Rosta, Religion, 68.

55 Vgl. Guth/Kellstedt/Smidt, Role.

die der Mitgliedschaft im äußeren, formalen Sinn, andererseits die der identitätsbestimmenden Mitgliedschaft. Die *formale Mitgliedschaft* ist hauptsächlich eine soziologische Tatsache in dem Sinne, dass sie gruppenkonstituierend wirkt, und zwar sowohl für die Selbstwahrnehmung von Individuen und Gruppen als auch über die Fremdwahrnehmung dieser Gruppe durch andere. Deshalb können schon diese formalen Mitgliedschaften zum Anknüpfungspunkt für soziale *Stereotype* und gesellschaftliche Diskriminierung werden – und das ganz unabhängig davon, ob die Betroffenen ihre soziale Identität selbst überhaupt so sehen.[56] Das entspricht einer der zentralen Erkenntnisse der *Social Identity Theory*.[57]

Die zweite Komponente von Mitgliedschaft ist die der individuellen *Identifikation*, d.h. einer vom Einzelnen bewusst wahrgenommenen und mehr oder weniger stark gefühlten Zugehörigkeit zu einer Religion bzw. religiösen Gemeinschaft. Da es sich hier, anders als bei (formalen) Mitgliedschaften, um eine bewusste Identifikation des Einzelnen handelt, ist der Bezug zur Identität direkt und daher mehr oder weniger stark. Diese *identitätsbestimmende Mitgliedschaft* ist eher eine psychologische Tatsache in dem Sinne, dass die Wirkmächtigkeit dieser Form der Zugehörigkeit über eine individuelle, d.h. subjektiv wahrgenommene Zugehörigkeit einer Person mit entsprechend starken Zugehörigkeitsgefühlen vermittelt wird. Dort wo diese identitätsbestimmende religiöse Mitgliedschaft stark ist, bestimmt sie das Selbstbild und die Handlungsebene einer Person in hohem Maße, ja sie kann diese sogar nahezu vollständig dominieren.[58]

Aus diesen Abklärungen ergibt sich, dass religiöse Identität nicht automatisch mit der Zugehörigkeit zu einer Religionsgemeinschaft gleichgesetzt werden darf. Genau das geschieht aber überraschend häufig, etwa prominent bei Samuel Huntington. Seine These vom Zusammenprall oder Kampf der Kulturen lebt davon, dass dieser Kampf im Kern ein Kampf

56 Per Definition ist «Identität» nicht auf das Selbstverständnis bzw. die Selbstwahrnehmung des Individuums (Identifikation) allein begrenzt, sondern umfasst auch kollektive Bezüge der Fremdzuschreibungen (soziale Identität). Vgl. Müller, Identitätsforschung. Gegenwärtig erleben wir, wie gerade die formale Religionszugehörigkeit zunehmend politisch relevant wird, etwa wenn es um die Frage der Aufnahme und Verteilung von überwiegend muslimischen Flüchtlingen in der EU geht. Vgl. zu den dahinter stehenden Einstellungsmustern und Stereotypen etwa: Pollack et al., Grenzen; Pickel, Bedrohungsszenarien.

57 Vgl. mit weiterer Literatur: Jenkins, Social Identity; Zick, Konflikttheorie.

58 Religiöser Extremismus ist beispielsweise ohne eine solche übersteigerte Identifikation mit einer Religion bzw. religiösen Gruppe nicht erklärbar.

zwischen den unterschiedlichen, die Kulturräume dieser Erde definierenden religiösen Identitäten ist.[59]

Auf der Basis quantitativer und qualitativer Daten für die Schweiz haben Jörg Stolz und andere überzeugend gezeigt, dass die *individuelle* Bedeutung, die Befragte ihrer Religionszugehörigkeit beimessen, sehr unterschiedlich ist.[60] Für viele ist ihre religiöse Zugehörigkeit lediglich eine schwache, rein *kategoriale* Identität, die im Alltagsleben für sie eine geringe Relevanz besitzt. In ihrer Wichtigkeit ist sie mit der Zugehörigkeit zu anderen kategorialen Identitäten wie «Fußgänger» oder «Geburtsjahrgang» vergleichbar. Religion nimmt in der Persönlichkeitsstruktur dieser Personen nur eine untergeordnete Rolle ein. Für andere Befragte ist die Religionszugehörigkeit hingegen eine ganz zentrale Größe in ihrem Selbstverständnis und in ihrer Lebensführung.[61] Bei ihnen nimmt Religion eine übergeordnete, äußerst wirkmächtige Rolle in der Persönlichkeitsstruktur ein. Neben dem Gefühl des *belonging* gehören zu einer solchen, starken religiösen Identität immer auch bestimmte Glaubenseinstellungen und religiöse Praktiken, die dieser religiösen Identität im Alltag Relevanz verleihen und sie dadurch wiederum abstützen. Dieser Zusammenhang tritt auch im von Stefan Huber entwickelten und im Religionsmonitor eingesetzten Messkonzept klar zutage. Für die Gruppe der «Hochreligiösen» ist die Religionszugehörigkeit eine bestimmende Größe im Selbstverständnis, welche die Persönlichkeit und die verschiedenen Lebensbereiche prägt.[62] Hier bestimmt Religion die Identität eines Menschen also stark.

Das Zwischenfazit lautet: Der Begriff «religiöse Identität» ist viel weiter gefasst als jener der Religionszugehörigkeit. Ersterer bezieht sich auf eine subjektive Identifikation und beinhaltet üblicherweise Elemente aus allen drei Dimensionen von Religion. Letzterer gehört in die Dimension der Identifikation. Da es aber beim *belonging* sowohl formale bzw. äußere als auch persönlichkeitsrelevante, innere Mitgliedschaftsformen gibt, ist die

59 Vgl. Huntington, Kampf; ders., Clash. «A civilization is thus the highest cultural grouping of people and the broadest level of cultural identity people have short of that which distinguishes humans from other species. It is defined both by common objective elements, such as language, history, religion, customs, institutions, and by the subjective self-identification of people.» (Huntington, Clash, 24) Im Folgenden bezeichnet der 2008 verstorbene US-amerikanische Politikwissenschaftler Religion in dieser Liste der bestimmenden Merkmale als «most important» (ebd., 25).

60 Vgl. Huber, Zentralität; Jörg Stolz, Ich-Gesellschaft, 80–84.

61 Vgl. dazu auch: Voas, Reflections, 121.

62 Vgl. Huber, Zentralität; BertelsmannStiftung, Religionsmonitor.

Angabe einer Religionszugehörigkeit nicht automatisch Ausdruck einer Identifikation mit einer Religionsgemeinschaft. Obschon formale und identitätsbestimmende Mitgliedschaften im Alltag zumindest teilweise miteinander verflochten sein werden,[63] dürfte es für die empirische Religionsforschung erkenntnisfördernd sein, diese beiden Komponenten religiöser Zugehörigkeit bzw. allgemeiner Zugehörigkeitsbeziehungen analytisch voneinander zu trennen. Eine solche Trennung dürfte auch hilfreich sein, um eventuelle Mehrfachzugehörigkeiten und sich überschneidende Loyalitäten und Identitäten empirisch ausmachen zu können.[64]

«Religionszugehörigkeit» als «objektive Form» des religious belonging

Vor dem Hintergrund dieser theoretischen Überlegungen wird verständlich, warum die Definition von «Religionszugehörigkeit» eine zentrale Herausforderung für eine erfolgreiche Messung mit den Mitteln der Sozialforschung ist.[65] Das soll im Folgenden illustriert werden.

Fast alle großen internationalen Umfragen enthalten einige Fragen zum *religious belonging*. Sie warten aber nicht zuletzt deshalb mit mehr oder weniger widersprüchlichen Zahlen auf, weil sie vielfach unterschiedliche und zudem häufig theoretisch auch nur unzureichend definierte Konzepte unterschiedlich messen.[66] Ein zentrales Problem der Daten zur Religionszugehörigkeit besteht nach den Erkenntnissen unseres Vergleichs zahlreicher Datensätze und der jeweils verwendeten Fragestellung zur Religionszugehörigkeit gerade darin, dass *de facto* zwei unterschiedliche Definitionen bzw. Operationalisierungen von Religionszugehörigkeit im Umlauf sind. In den repräsentativen Bevölkerungsumfragen, aber auch in Zensus-Formularen findet sich teils ein stärker «objektiv-formales» Verständnis von Religionszugehörigkeit, teils ein stärker «subjektiv-identifikatorisches» Verständnis. Das objektive Verständnis von Religionszugehörigkeit zielt darauf, die äußere institutionelle oder formale Zugehörigkeit bzw. Mitgliedschaft zu einer Religionsgemeinschaft zu erfassen. In vielen Ländern Europas wurzelt diese institutionelle Religionszugehörigkeit in den jahrhundertealten historischen Traditionen christlicher Kirchen, die eingangs hervorgehoben wurden.

63 Vgl. Schmidt, Problem, 2; Voas, Reflections, 121.

64 Vgl. Brady/Kaplan, Identity; und aus theologischer Perspektive den Beitrag von Wolfgang W. Müller im vorliegenden Band.

65 Baumann, Religionsgemeinschaften; Jödicke, Religionsgemeinschaft; Zieger, Religionsverzeichnis.

66 Voas, Reflections.

Vielfach ist diese Art der Zugehörigkeit zudem durch eine formale, oft sogar im staatlichen Recht definierte Mitgliedschaft institutionalisiert, was sich z.B. im Recht von Kirchen und Religionsgemeinschaften, ihre Mitglieder mit staatlicher Hilfe zu besteuern, oder in formalisierten Akten des Ein- und Austritts in bzw. aus einer Religionsgemeinschaft ausdrückt.

In den meisten Gegenden Europas basiert diese objektive Mitgliedschaft historisch auf einer Idee, die Familien zu trennen vermochte, und die in und zwischen Staaten oftmals blutigste Konflikte ausgelöst hat: «Religion» wurde und wird vielfach immer noch als eine Mitgliedschaftsrolle mit wechselseitig exkludierender Wirkung gegenüber anderen Religionen definiert.[67] Man kann im europäischen Kontext etwa bis heute *formal* nicht zwei Religionsgemeinschaften gleichzeitig angehören.[68] Bis auf den heutigen Tag wirkt hier die christliche Religionsgeschichte Europas und speziell die wirkmächtige Erfahrung des «*cuius regio, eius religio*»-Prinzips der Reformationszeit nach. Viele Wissenschaftler, die meisten Surveys und fast alle Volkszählungen stellen auf dieses «objektive» Verständnis der Mitgliedschaft in einer Religionsgemeinschaft oder religiösen Tradition ab.

Daneben gibt es andere Messkonzepte, die auf die «subjektive» oder identitätsbestimmende Dimension von Religionszugehörigkeit abheben. Einige internationale Surveys wie etwa der *European Social Survey (ESS)* bevorzugen diesen Ansatz. Sie verstehen unter Religionszugehörigkeit keine bloße Mitgliedschaftsrolle, sondern erfragen die subjektiv erklärte Identifikation eines Befragten mit seiner Religion, d.h., es geht hier um die psychologische Dimension von *religious belonging*. Die statistischen Daten zur Religionszugehörigkeit stehen dann nicht für ein ausschließlich formales Mitgliedschaftsverhältnis der Befragten, sondern vielmehr für deren persönliches Urteil zur Bedeutung einer bestimmten religiösen Tradition und der damit verbundenen Gefühle und Überzeugungen für sie selbst. Die konkrete Frage des ESS auf Deutsch lautet: «Unabhängig davon, ob Sie Mitglied oder Angehöriger einer Kirche oder Religionsgemeinschaft sind, fühlen Sie sich einer bestimmten Religion oder Konfession zugehörig?»[69]

67 Selbst in jenen gemischt-konfessionellen Gegenden, in denen Reformation und Glaubenskriege lokale Gemengelagen verschiedener christlicher Bekenntnisse hervorgebracht hatten, bedeutete der Gebrauch einer Kirche durch zwei oder mehr Gemeinden (das sogenannte «Simultaneum»), dass der Kirchenraum strikt geteilt wurde und als Ganzer noch gemeinsam von den Konfessionen genutzt wurde. Vgl. Liedhegener, Christentum.

68 In anderen Kulturkreisen verhält sich dies durchaus anders, vgl. zu Japan: Maoz/Henderson, World Religion Dataset, 276.

69 So der Text des Fragebogens des Surveys ESS 2012, 14.

Dieses Konzept der subjektiven Religionszugehörigkeit weist offenkundig hohe Überschneidungen mit übergeordneten, generelleren Konzepten der Religionsforschung wie dem genannten der religiösen Identität oder gar der Religiosität auf.[70] Daten, die mit einer solchen subjektiven Definition erhoben werden, werden daher immer dann von Statistiken, die auf einer objektiven Definition von Religionszugehörigkeit beruhen, erheblich abweichen, wenn ein nennenswerter Teil der Befragten zwischen ihrer formalen Zugehörigkeit und ihrem subjektiven Zugehörigkeitsgefühl einen Unterschied machen. Die Vermutung wäre, dass ein solcher Unterschied in stärker individualisierten oder säkularisierten Ländern ausgeprägter ist und daher hier besonders stark ins Gewicht fällt. Vermutlich gibt es daher einen direkten Zusammenhang zwischen dem Ausmaß der Säkularisierung eines Landes und der Schwierigkeit, die Religionszugehörigkeit statistisch zuverlässig zu erfassen.[71] Dies bedarf aber noch einer eingehenden Prüfung.

Die SMRE beinhaltet Datensätze sowohl für die objektive wie für die subjektive Form der Messung von Religionszugehörigkeit. Unsere eigenen Analysen und das dazu herangezogene Datenmaterial beruhen auf der Definition von Religionszugehörigkeit im dargelegten «objektiven» bzw. «formalen» Sinne. Die SMRE erfasst Religionszugehörigkeit als ein soziales Gruppenmerkmal und damit als eine Eigenschaft der Sozialstruktur einer Gesellschaft. Zunächst einmal mehr oder weniger unabhängig von einer möglichen tiefergehenden Identifikation des Einzelnen mit einer Glaubensgemeinschaft wird für religiöse Gemeinschaften gleichsam die maximale Reichweite und ihr potenzielles gesellschaftliches Gewicht erfasst.

70 Vgl. BertelsmannStiftung, Religionsmonitor; Stolz et al., Religiosität; Voas, Reflections. Dieses auf die «subjektive» Dimension abhebende Verständnis von Religionszugehörigkeit mag auch dann naheliegend sein, wenn man die Aufgabe der Sozialwissenschaften darin begreift, soziale Handlungen und deren Wirkungen durch die intentionalen Akte von als autonom vorgestellten Individuen zu erklären.

71 Vor allem in diesen Kontexten ist sogar mit der Möglichkeit zu rechnen, dass ältere religiöse Identitäten kulturell oder national neu aufgeladen werden, um als Mechanismus zur Abgrenzung gegen Außen oder gegen religiöse bzw. ethnisch-religiöse Minderheiten zu dienen. Vgl. dazu den beachtenswerten Befund von Pollack und Rosta zur deutlichen Zunahme derjenigen in Russland, die sich selbst als russisch-orthodox bezeichnen, ohne dass sie einen Bezug zur russisch-orthodoxen Kirche bzw. zum russisch-orthodoxen Glauben herstellen. Vgl. Pollack/Rosta, Religion, 273.

6. Bilanz und Perspektiven

Die Messung der Religionszugehörigkeit in Europa erweist sich als deutlich schwieriger, als es auf den ersten Blick erscheinen mag. Diese Schwierigkeiten liegen teils in definitorischen bzw. konzeptionellen Fragen, teils in den verfügbaren Messinstrumenten und Daten. Insgesamt ist festzuhalten, dass der gegenwärtige Kenntnisstand verbesserungswürdig ist.[72] Die bisherigen Ergebnisse des SMRE zeigen dies, und es ist zu hoffen, dass durch eine verstärkte internationale Kooperation in den nächsten zwei bis drei Jahren ein Durchbruch erzielt wird, der es dann erlaubt, Land für Land konkrete, überprüfbare Zahlen zur Religionszugehörigkeit in ihrem «objektiven» Verständnis vorzulegen. Mit der internetbasierten Datenbank der SMRE sind die Voraussetzungen dafür geschaffen (www.smre-data.ch).

Geht man von den bisherigen Befunden aus, so ist die religiöse Pluralisierung bezogen auf das sozialstrukturelle Merkmal «Religionszugehörigkeit» in den meisten europäischen Ländern nicht sehr weit fortgeschritten. In rund drei Viertel aller Länder mit im Sinne der SMRE verfügbaren Daten dominiert nach wie vor ein einziges Religionsbekenntnis innerhalb der Bevölkerung. Und in fast drei Viertel aller Länder ist eine jener christlichen Kirchen oder Traditionen, die in der europäischen Religionsgeschichte bestimmend waren, auch heute noch die größte religiöse Gruppierung. Menschen ohne Religionszugehörigkeit stellen nur im Osten Deutschlands und in Tschechien und Estland eine Bevölkerungsmehrheit. Der lange Schatten der europäischen Religionsgeschichte bestimmt die Grundstrukturen der institutionellen Religionszugehörigkeit über die Brüche des 20. Jahrhunderts hinweg noch bis in unsere Gegenwart.

Es gilt aber zugleich daran zu erinnern, dass große und wichtige Länder insbesondere in Westeuropa gegenwärtig «weiße Flecken» auf der Landkarte der Religionszugehörigkeit in Europa sind. Für diese weißen Flecken besitzen wir bislang keinen sicheren statistischen Anhaltspunkt über die heutige Verteilung der acht religiösen Kategorien in der Bevölkerung. Hier könnte die Instabilität sozialwissenschaftlicher Messungen ein starkes Indiz dafür sein, dass sich die Befragten bei ihrer Antwort auf die Frage nach der

72 Die Notwendigkeit, kritischer mit den verfügbaren Datensätzen und den daraus abgeleiteten Indices und Kennzahlen umzugehen, ist auch für andere Bereiche der komparativen, ländervergleichenden Sozialforschung erkannt worden und führt dort ebenfalls zu Konzept- und Datenvergleichen. Vgl. Müller/Pickel, Demokratie; Traunmüller, Messung.

Religionszugehörigkeit selbst nicht mehr sicher sind oder dass das Verständnis der Frage nach der Religionszugehörigkeit mehrdeutig geworden ist, sodass auf dieselbe Frage teils mit einer Antwort zur formalen Zugehörigkeit, teils mit einer Antwort zur persönlichen Identifikation mit einer Religionsgemeinschaft zu rechnen ist. Die Vermutung liegt nahe, dass sich in einer solchen Situation religiöse Identitäten im Umbruch befinden und neue Kombinationen ausprobiert werden.[73]

Darüber hinaus ist die Kategorie der Religionszugehörigkeit, verstanden als statistische Erfassung eines formalen Mitgliedschafts- und Zugehörigkeitsverhältnisses, nur eines unter anderen Konzepten zur Beschreibung jenes vielschichtigen Phänomens, das Religion in komplexen modernen Gesellschaften darstellt. Die zutreffende Bestimmung und Erfassung der Religionszugehörigkeit ist aber auch für andere Konzepte wie *religious belonging* oder religiöse Identität eine zentrale Voraussetzung. Und daher wird man genau zu dieser Frage der religiösen Zugehörigkeit fundiertes sozialwissenschaftliches Wissen brauchen, um die im Zuge der Globalisierung auftretenden Verschiebungen in der religiösen Sozialstruktur und in der politischen Kultur europäischer Gesellschaften adäquat erfassen und erklären zu können. Und nicht zuletzt liefern verlässliche Daten zur Religionszugehörigkeit einen wesentlichen Beitrag zu allen Debatten über die Bedeutung von Religion und religiösen Zugehörigkeiten für die Aufgabe der Integration pluraler, religiös und weltanschaulich differenzierter Gesellschaften.

Die Verbesserung der Datenlage scheint daher nicht nur wissenschaftlich wünschenswert, sondern auch gesellschaftspolitisch geboten. Denn die kontroverse Bewertung religiöser Pluralität und der umstrittene politische Umgang mit religiöser Vielfalt in Europas Demokratien sind mit der Frage der Religionszugehörigkeit auf das Engste verknüpft. Religionsbezeichnungen und Religionsstatistiken sind Instrumente, ja manchmal sogar Waffen im Ringen um den Umgang mit Minderheiten und um die tatsächliche oder vermeintliche Identität von Nationalstaaten, aber auch der Europäischen Union als supra-nationaler politischer Einheit. Insbesondere der prozentuale Anteil der muslimischen Bevölkerung ist bekanntlich zu einer politisch sehr umstrittenen Größe geworden. Verlässlichere Daten zur Religionszugehörigkeit sollten eine Hilfe sein, Debatten zur Rolle von Religion und religiösen Identitäten im Blick auf die Herausforderungen einer erfolgrei-

73 Vgl. dazu den Beitrag von Wolfgang W. Müller in diesem Band, der solche Entwicklungen aus der Perspektive des katholischen Christentums vorzudenken sucht.

chen Integration pluraler Gegenwartsgesellschaften zu strukturieren, zu versachlichen und damit deren Gestaltungsfähigkeit und Zusammenhalt zu fördern.

Literatur

Barro, Robert/MacCleary, Rachel, Which Countries Have State Religions?, in: The Quarterly Journal of Economics 120(2005), 1331–1370.

Baumann, Martin, Religionsgemeinschaften im Wandel. Strukturen, Identitäten, Interreligiöse Beziehungen, in: Bochinger, Christoph, Hg., Religionen, Staat und Gesellschaft. Die Schweiz zwischen Säkularisierung und religiöser Vielfalt, Zürich 2012, 21–26.

BertelsmannStiftung, Hg., Religionsmonitor 2008, Gütersloh 2007.

Biemer, Paul P., Latent Class Analysis of Survey Error, New York, NY 2011.

Bilska-Wodecka, Elzbieta, Czlowiek religijny i zwiazki wyznaniowe w przestrzeni miasta w XX i na poczatku XXI wieku (mit einer englischen Zusammenfassung und Daten-CD), Kraków 2012.

Brady, Henry E./Kaplan, Cynthia S., Conceptualizing and Measuring Ethnic Identity, in: Abdelal, Rawi et al., Hg., Measuring Identity. A Guide for Social Scientists, Cambridge et al. 2009, 33–71.

Brown, Mark, Quantifying the Muslim Population in Europe: Conceptual and Data Issues, in: International Journal of Social Research Methodology 3(2000) H. 2, 87–101.

Cipriani, Roberto, Religion and Churches, in: Immerfall, Stefan/Therborn, Göran, Hg., Handbook of European Societies. Social Transformation in the 21st Century, New York 2010, 439–463.

Davie, Grace, Religion in Britain since 1945. Believing without Belonging, Oxford 1994.

Davie, Grace, Religion in Britain. A Persistent Paradox, Chichester ^{2}2015.

Doktór, Tadeusz, Religious Pluralism and Dimensions of Religiosity: Evidence from the Project Religious and Moral Pluralism (RAMP), in: Pickel, Gert/Müller, Olaf, Hg., Church and religion in Contemporary Europe: Results from empirical and comparative research, Wiesbaden 2009, 25–34.

Fox, Jonathan, An Introduction to Religion and Politics. Theory and Practice, Oxon/New York 2013.

Freitag, Werner, Hg., Die Pfarre in der Stadt. Siedlungskern – Bürgerkirche – Urbanes Zentrum, Köln 2011.

Gabriel, Karl/Gärtner, Christel/Pollack, Detlef, Hg., Umstrittene Säkularisierung. Soziologische und historische Analysen zur Differenzierung von Religion und Politik, Berlin [2]2014.

Gatz, Erwin, Hg., Die Bistümer und ihre Pfarreien. Mit einem Geleitwort von Bischof Karl Lehmann, Freiburg i. Br. 1991.

Gerhards, Jürgen, Culture, in: Immerfall, Stefan/Therborn, Göran, Hg., Handbook of European Societies. Social Transformation in the 21st Century, New York 2010, 157–215.

Gerhards, Jürgen, Kulturelle Unterschiede in der Europäischen Union. Ein Vergleich zwischen Mitgliedsländern, Beitrittskandidaten und der Türkei, Wiesbaden [2]2006.

Guth, James/Kellstedt, Lyman/Smidt, Corwin, The Role of Religion in American Politics: Explanatory Theories and Associated Analytical and Measurement Issues, in: Dies., Hg., The Oxford Handbook of Religion and American Politics, Oxford 2009, 3–42.

Hackett, Conrad, Seven Things to Consider When Measuring Religious Identity, in: Religion 44(2014) H. 3, 396–413.

Hamplová, Dana/Nešpor, Zdeněk R., Invisible Religion in a «Non-believing Country»: The Case of the Czech Republic, in: Social Compass 56(2009), 581–597.

Henkel, Reinhard, Atlas der Kirchen und anderen Religionsgemeinschaften in Deutschland. Eine Religionsgeographie, Stuttgart 2001.

Henkel, Reinhard, Religiöse Vielfalt in Europa, in: Gebhardt, Hans, Hg., Europa – eine Geographie, Berlin/Heidelberg 2012, 170–172.

Henkel, Reinhard/Knippenberg, Hans, Secularisation and the Rise of Religious Pluralism: Main Features of the Changing Religious Landscape of Europe, in: Knippenberg, Hans, Hg., The Changing Religious Landscape of Europe, Amsterdam 2005, 1–13.

Hero, Markus/Krech, Volkhard/Zander, Helmut, Hg., Religiöse Vielfalt in Nordrhein-Westfalen. Empirische Befunde, Entwicklungen und Perspektiven der Globalisierung vor Ort, Paderborn 2008.

Hoffmeyer-Zlotnik, Jürgen H. P./Wolf, Christof, Advances in cross-national comparison. A European working book for demographic and socio-economic variables, New York 2003.

Hsu, Becky et al., Estimating the Religious Composition of All Nations: An Empirical Assessment of the World Christian Databas, in: Journal for the Scientific Study of Religion 47(2008) H. 4, 678–693.

Huber, Stefan, Zentralität und Inhalt. Ein neues multidimensionales Messmodell der Religiosität, Wiesbaden 2003.

Huntington, Samuel P., Kampf der Kulturen. Die Neugestaltung der Weltpolitik im 21. Jahrhundert, aus dem Amerikanischen von Holger Fliessbach, München/Wien 1996.

Huntington, Samuel P., The Clash of Civilizations?, in: Foreign Affairs 72(1993) H. 3, 22–49.

Jödicke, Ansgar, Die «Religionsgemeinschaft». Religionspolitik als Stimulus für religionssoziologische und religionswissenschaftliche Begriffsbildung, in: Baumann, Martin/Neubert, Frank, Hg., Religionspolitik – Öffentlichkeit – Wissenschaft: Studien zur Neuformierung von Religion in der Gegenwart (=CULTuREL, Bd. 1), Zürich 2011, 37–58.

Kallscheuer, Otto, European Integration – Christian Identity – Religious Pluralism, in: Gebhardt, Jürgen, Hg., Religious Cultures – Communities of Belief, Heidelberg 2009, 57–73.

Knippenberg, Hans, The Changing Religious Landscape of Europe, Amsterdam 2005.

Knoblauch, Hubert, Populäre Religion. Auf dem Weg in eine spirituelle Gesellschaft, Frankfurt a. M. 2009.

Krose, Hermann A. SJ, Statistik der Religionsgemeinschaften im Deutschen Reich, in den Ländern und Verwaltungsbezirken, Köln 1937.

Le Bras, Gabriel, Maßstäbe für die soziale Vitalität des Katholizismus in Frankreich, in: Fürstenberg; Friedrich, Hg., Religionssoziologie, Neuwied 1964, 184–192.

Leustean, Lucien/Madeley, John, Hg., Religion, Politics and Law in the European Union, London 2010.

Liedhegener, Antonius, Politik und Religion in der Vergleichenden Politikwissenschaft, in: Lauth, Hans-Joachim/Kneuer, Marianne/Pickel, Gert, Hg., Handbuch Vergleichende Politikwissenschaft, Wiesbaden 2016, 747–766.

Liedhegener, Antonius, Christentum und Urbanisierung. Katholiken und Protestanten in Münster und Bochum 1830–1933 (=Veröffentlichungen der Kommission für Zeitgeschichte, Reihe B, Bd. 77), Paderborn et al. 1997.

Liedhegener, Antonius, Pluralisierung, in: Krech, Volkhard/Pollack, Detlef/Hero, Markus/Müller, Olaf, Hg., Handbuch Religionssoziologie, Wiesbaden 2016 (im Druck).

Liedhegener, Antonius, Säkularisierung als Entkirchlichung. Trends und Konjunkturen in Deutschland von der Mitte des 19. Jahrhunderts bis zur Gegenwart, in: Gabriel, Karl/Gärtner, Christel/Pollack, Detlef, Hg., Umstrittene Säkularisierung. Soziologische und historische Analysen zur Differenzierung von Religion und Politik, Berlin ^{2}2014, 481–531.

Liedhegener, Antonius/Gerstenhauer, Daniel, Auf dem Weg zu einem kooperativen Verhältnis. Religion und die Vertiefung der Europäischen Union, in: Olaf Leisse, Hg., Die Europäische Union nach dem Vertrag von Lissabon. Wiesbaden 2010, 160–175.

Liedhegener, Antonius/Odermatt, Anastas, Religionszugehörigkeit in Europa – empirisch. Die «Swiss Metadatabase of Religious Affiliation in Europe (SMRE)», in: Appel, Kurt/Guanzini, Isabella/Walser, Angelika, Hg., Europa mit oder ohne Religion? Beiträge der Religionen zum gegenwärtigen und künftigen Europa, Wien 2014, 121–169.

Liedhegener, Antonius/Werkner, Ines-Jaqueline, Hg., Europäische Religionspolitik. Religiöse Identitätsbezüge, rechtliche Regelungen und politische Ausgestaltung, Wiesbaden 2013.

Lipset, Seymour Martin/Rokkan, Stein, Cleavage Structures, Party Systems, and Voter Alignments: An Introduction, in: Dies., Hg., Party Systems and Voter Alignments. Cross-National Perspectives, New York 1967, 1–64.

Maoz, Zeev/Henderson, Errol A., The World Religion Dataset, 1945–2010: Logic, Estimates, and Trends, in: International Interactions 39(2013) H. 3, 265–291.

Minkenberg, Michael, Church, State and the Politics of Citizenship. A Comparative Study of 19 Western Democracies, in: Haynes, Jeffrey, Hg., Religion and Politics in Europe, the Middle East and North Africa, London: Routledge 2010, 23–50.

Minkenberg, Michael, Religious Legacies and the Politics of Multiculturalism: A Comparative Analysis of Integration Policies in Western Democracies, Ford Institute for Human Security's working group on «Immigration, Integration and Security: Europe and America in Comparative Perspective», Pittsburgh 2007.

Müller, Bernadette, Empirische Identitätsforschung. Personale, soziale und kulturelle Dimensionen der Selbstverortung, Wiesbaden 2011.

Müller, Thomas/Pickel, Susanne, Wie lässt sich Demokratie am besten messen? Zur Konzeptqualität von Demokratie-Indizes, in: Politische Vierteljahresschrift 48(2007), 511–539.

Norris, Pippa/Inglehart, Ronald, Sacred and Secular: Religion and Politics Worldwide, Cambridge 2004.

Office for National Statistics, Focus on Religion, London 2004.

Peach, Ceri, Muslim Population of Europe: A Brief Overview of Demographic Trends and Socioeconomic Integration, with Particular Reference to Britain, in: Angenendt, Steffen, Hg., Muslim integration. Challenging Conventional Wisdom in Europe and the United States, Washington, D.C 2007, 7–31.

Pew Research Center, The Future of World Religions: Population Growth Projections, 2010–2050, Washington, D.C. 2015. Verfügbar unter: http://www.pewforum.org/2015/04/02/religious-projections-2010-2050/ (Zugriff 24.6.2015).

Pew Research Center, The Global Religious Landscape, Washington, D.C. 2012. Verfügbar unter: http://www.pewforum.org/uploadedFiles/Topics/Religious_Affiliation/globalReligion-full.pdf (Zugriff 7.2.2013).

Pickel, Gert, Religiöse Pluralisierung als Bedrohungszenario? Stereotypen, Ängste und die Wirkung von Kontakten auf die Integration von Menschen anderer Religion, in: Amipur, Katajun/Weiße, Wolfram, Hg., Religionen. Dialog. Gesellschaft. Analysen zur gegenwärtigen Situation und Impulse für eine dialogische Theologie, Münster 2015, 19–56.

Pickel, Gert, Religionsmonitor. Verstehen was verbindet. Religiosität im internationalen Vergleich, hg. von BertelsmannStiftung, Gütersloh 2013.

Pickel, Gert, Demokratie, Staat und Religionen. Vergleichende Politikwissenschaft, in: Liedhegener, Antonius/Tunger-Zanetti, Andreas/Wirz, Stephan, Hg., Religion – Wirtschaft – Politik. Forschungszugänge zu einem aktuellen transdisziplinären Feld, Baden-Baden/Zürich 2011, 275–303.

Pickel, Gert/Müller, Olaf, Hg., Church and Religion in Contemporary Europe. Results from Empirical and Comparative Research, Wiesbaden 2009.

Pollack, Detlef et al., Hg., Grenzen der Toleranz. Wahrnehmung und Akzeptanz religiöser Vielfalt in Europa, Wiesbaden 2014.

Pollack, Detlef/Rosta, Gergely, Religion in der Moderne. Ein internationaler Vergleich, Frankfurt a. M./New York 2015.

Pollack, Detlef et al., Hg., The Social Significance of Religion in the Enlarged Europe. Secularization, Individualization, and Pluralization, Farnham 2012.

Pollack, Detlef/Müller, Olaf/Pickel, Gert, Church and Religion in the Enlarged Europe: Analyses of the Social Significance of Religion in East and West, in: Pollack, Detlef et al., Hg., The Social Significance of Religion in the Enlarged Europe. Secularization, Individualization, and Pluralization, Farnham 2012, 1–26.

Pollack, Detlef/Tucci, Ingrid/Ziebertz, Hans-Georg, Hg., Religiöser Pluralismus im Fokus quantitativer Religionsforschung, Wiesbaden 2012.

Robbers, Gerhard, Staat und Kirche in der Europäischen Union, in: ders., Hg., Staat und Kirche in der Europäischen Union, Baden-Baden [2]2005, 629–641.

Robbers, Gerhard, Status und Stellung von Religionsgemeinschaften in der Europäischen Union, in: Minkenberg, Michael/Willems, Ulrich, Hg., Politik und Religion, Wiesbaden 2003, 139–63.

Robbers, Gerhard, Staat und Kirche in der Europäischen Union, in: Robbers, Gerhard, Hg., Staat und Kirche in der Europäischen Union, Baden-Baden 1995, 351–361.

Schilling, Heinz, Das konfessionelle Europa, in: Kippenberg, Hans G./Rüpke, Jörg/Stuckrad, Kocku von, Hg., Europäische Religionsgeschichte. Ein mehrfacher Pluralismus, Bd. 2, Göttingen 2009, 289–338.

Schmidt, Bettina, The Problem with Numbers in Study of Religion: Introduction, in: Diskus 16(2014) H. 2, 1–4.

Stolz, Jörg et al., Religion und Spiritualität in der Ich-Gesellschaft. Vier Gestalten des (Un-)Glaubens, Zürich 2014.

Stolz, Jörg et al., Religiosität in der modernen Welt. Bedingungen, Konstruktionen und sozialer Wandel, Lausanne 2011.

Traunmüller, Richard, Zur Messung von Staat-Kirche-Beziehungen: Eine vergleichende Analyse neuerer Indizes, in: Zeitschrift für Vergleichende Politikwissenschaft 6(2012) H. 1, 207–231. DOI: 10.1007/s12286 012 0127 4.

Traunmüller, Richard, Religion und Sozialintegration. Eine empirische Analyse der religiösen Grundlagen sozialen Kapitals, in: Berliner Journal für Soziologie 19(2009) H. 3, 435–468.

Traunmüller, Richard, Religion und Sozialkapital. Ein doppelter Kulturvergleich, Wiesbaden 2012.

Voas, David, Afterword: Some Reflections on Numbers in the Study of Religion, in: Diskus 16(2014) H. 2, 116–124.

Voas, David/Bruce, Steve, Research Note. The 2001 Census and Christian Identification in Britain, in: Journal of Contemporary Religion 19(2004) H. 1, 23–28.

Werkner, Ines-Jacqueline/Hidalgo, Oliver, Hg., Religiöse Identitäten in politischen Konflikten, Wiesbaden 2016.

Wolf, Christof, Konzepte zur Messung religiöser Pluralität, in: Pollack, Detlef/Tucci, Ingrid/Ziebertz, Hans-Georg, Hg., Religiöser Pluralismus im Fokus quantitativer Religionsforschung, Wiesbaden 2012, 17–37.

Zick, Andreas, Die Konflikttheorie der Theorie sozialer Identität, in: Bonacker, Thorsten, Hg., Sozialwissenschaftliche Konflikttheorien. Eine Einführung, Opladen 2002, 409–427.

Zieger, Paul, Das Religionsverzeichnis als Grundlage der Konfessionsstatistik, in: Kirchliches Jahrbuch 85(1958), 422–436.

Identität und Integration in Migrationskontexten

Martin Baumann

Religiös selbstbestimmt, reflektiert und integriert. Analyse religiöser Neuinterpretationen bei jungen Erwachsenen mit Migrationshintergrund

1. Migration, Religion und die zweite Generation

Religiöse Identitäten und gesellschaftliche Integration stehen beim Thema Migration in einem Spannungsverhältnis, wenn nicht Gegensatz, so die Auffassung bürgerlicher und konservativer Stimmen und Parteien in europäischen Ländern. Gerade die religiöse Orientierung würde eine Anpassung an vorbefindliche Werte und Anschauungen und damit eine so verstandene Integration behindern. In den medialen Darstellungen und politischen Diskussionen fungieren Muslime und «der Islam» seit der Jahrtausendwende als Paradebeispiel der beklagten Integrationsbehinderung, während andere Religionen nur wenig und wenn, dann im Exotisierungsdiskurs in den Aufmerksamkeitsfokus von Medien und Politik geraten.[1] Die mediale Entdeckung von Religion und deren Dramatisierung im Zuge islamistisch-terroristischer Anschläge führte dazu, dass sich in den Ländern Europas um die Themen von Religion und Migration ein gesellschaftlicher Diskurs der Gefährdung und Angst entwickelte.[2] Dieser dominante Diskurs verunmöglicht weitgehend, mit wissenschaftlichen Studien ein sach- und faktengerechtes Verständnis der Verhältnisse und gesellschaftlichen Wichtigkeit von Religion und Migration für gesellschaftliche Integrationsprozesse zu vermitteln.[3]

Im Schatten des pejorativen Diskurses um Migration und «fremde» Religion ist in den vergangenen zwei bzw. drei Jahrzehnten in den Ländern Europas eine zweite, teils dritte Generation von Jugendlichen und jungen Erwachsenen mit Migrationshintergrund herangewachsen. Diese Jugendli-

1 George et al., Das Bild des Islam; Namin, Die Darstellung des Islam; Behloul, Islam-Diskurs.

2 Casanova, Europas Angst; Budde, Gesellschaft der Angst.

3 Baumann, Religion; Baumann, Migrantenreligionen; Baumann/Stolz, Vielfalt der Religionen; Bochinger, Religionen, Staat; Nagel, Religiöse Netzwerke.

chen und jungen Erwachsenen sind in den Ländern, in die ihre Eltern und Großeltern einst emigrierten, sozialisiert, haben teils erfolgreich das Schul- und Bildungssystem durchlaufen und besitzen oft die Staatsbürgerschaft des Landes. Im Zuge der neuen Beachtung von Religion fragten Untersuchungen danach, inwiefern und -weit religiöse Orientierungen, Praxen und kollektive Partizipation von der ersten zur zweiten Generation fortgesetzt würden. Studien hoben insbesondere Aspekte von individualisierter, bewusst ausgeübter Religion, der Verbindung von Religion und Jugendkultur sowie eigenbestimmter Gruppenbildung hervor.[4] Die europäische TIES-Forschergruppe verwies in ihrer umfangreichen Studie zu jungen Erwachsenen aus Marokko und Ex-Jugoslawien auf den hohen Grad religiöser Kontinuität von den muslimischen Eltern zu ihren Kindern.[5]

Der Beitrag baut auf diese Forschungen auf und setzt zwei kontrastierende Fallgruppen von Immigranten und ihren im Aufnahmeland heranwachsenden Jugendlichen in einen doppelten theoretisch-analytischen Rahmen. Zielsetzung der theoretischen Einbettung und damit des Beitrages ist es, die Ausprägungen von individueller und kollektiver Religiosität von der Immigrantengeneration der Eltern zur Zweitgeneration der jungen Heranwachsenden systematisch zu analysieren und Veränderungen aufzuzeigen.

Der Beitrag gliedert sich in fünf Abschnitte: Der nachfolgende Teil differenziert einerseits den Identitätsbegriff anhand alternativer Begriffsgruppen und stellt andererseits ein theoretisches Modell zur vergleichenden Analyse von Religiositätsausprägungen von Immigrantengemeinschaften komprimiert vor. Diese miteinander kombinierten zwei Ansätze dienen dazu, um in Teil drei die Ausprägungen sowohl individueller als auch kollektiver Religiosität der Erst- und Zweitgenerationen an Fallgruppen zu analysieren. Die Analyse weist auf eine deutliche Verschiebung der Religiositätsausprägungen der Zweitgenerationen zu einer individuell gedeuteten und gelebten Religiosität hin, sodass Teil vier Gründe und Faktoren der Veränderung benennt. Der Schluss rekapituliert den Argumentationsgang, benennt Begrenzungen der Modellanwendung und zeigt den Mehrwert des Vorgehens auf.

4 Siehe: Jackson/Nesbitt, Hindu Children; Nökel, Töchter der Gastarbeiter; Gerlach, Zwischen Pop und Dschihad; Singh, Keeping the Faith; Herding, Inventing the Muslim Cool; Endres et al., Jung, muslimisch, schweizerisch.

5 Phalet et al., Ways of «Being Muslim», siehe 352–354 und 364.

Der Beitrag argumentiert, dass religiöse Identitäten und Praxen der Erstgeneration von Immigranten bei der Zweitgeneration Jugendlicher und junger Erwachsener nachdrückliche Veränderungen erfahren. Dabei sind, so die These, für die Neuinterpretation religiöser Identität auf gesellschaftlicher Ebene Individualisierungsprozesse, Sozialisation im Schweizer Bildungssystem und das allgemeine Verständnis von Religion als individualisiert und privatisiert ausschlaggebend.

2. Theoretische Rahmung: Identität und Modell von Religiositätsausprägung

Im Folgenden werden möglichst komprimiert zwei theoretisch-analytische Ansätze dargestellt, um mit dem Vokabular und Modell die zwei Fallbeispiele zu analysieren.

2.1. Identität differenziert

Der Begriff der Identität ist in wissenschaftlichen Studien unterschiedlich gefasst und diskutiert worden. Die Einleitung und die Beiträge von Edmund Arens und Wolfgang W. Müller stellen die Vielschichtigkeit und unterschiedliche Bestimmung des Identitätsbegriffs im Detail vor. Hier wird jedoch in Anknüpfung an Roger Brubaker und Frederick Cooper ein anderer Weg beschritten. Die zwei Autoren kritisieren den Begriff der Identität als mehrdeutig und überladen, er trage «eine multivalente, ja widersprüchliche theoretische Bürde»; als analytische Kategorie sei der Begriff unbrauchbar.[6] Statt einen einzelnen Begriff für die unterschiedlichen Verwendungen zu nehmen, plädieren sie für Alternativbegriffe, systematisiert in drei Begriffsgruppen.

Die erste Begriffsgruppe *Identifikation und Kategorisierung* beschreibt, womit sich ein Individuum identifiziert, etwa mit einer Idee oder Gruppe, und wie andere es kategorisieren. Der Selbstkategorisierung steht dabei ebenso die Fremdkategorisierung gegenüber, wobei nach Brubaker und Cooper der moderne Staat «die Macht [hat] zu nennen, zu identifizieren, zu kategorisieren, zu erklären, was was und wer wer ist» (z.B. mittels Pass, Klassifikationen).[7] Die zweite Begriffsgruppe *Selbstverständnis und soziale Verortung* bezieht sich auf individuelles und kollektives Handeln, das «durch ein partikulares

6 Brubaker/Cooper, Jenseits der «Identität», 59.
7 Ebd., 69.

Verständnis des Selbst und seiner sozialen Verortung geleitet werden kann statt durch vermeintlich universelle, strukturell vorgegebene Interessen».[8] Im Blick ist ein «praktisches Verständnis», das «Personen von sich selbst und ihrer gesellschaftlichen Welt haben», kurz die «situative Subjektivität».[9] Die dritte Begriffsgruppe schließlich, *Gemeinsamkeit*, *Verbundenheit*, *Gruppengefühl*, bezieht sich auf den Komplex kollektiver Identitäten wie Nation, Rasse, Ethnizität und Gemeinschaft. Der Begriff der Gemeinsamkeit (*commonality*) zielt auf den Aspekt des Teilens eines gemeinsamen Attributs wie z.B. Kleidung, Hundebesitzer-Sein oder Aussehen ab, während Verbundenheit (*connectedness*) auf den Aspekt der Beziehung von Personen miteinander verweist. Gruppengefühl (*groupness*) als Drittes beinhaltet die emotionale Komponente des Gefühls, zusammenzugehören, Teil einer bestimmten abgegrenzten Solidaritätsgruppe zu sein. Damit kann je nach Stärke der Verbundenheit und des Gruppengefühls eine Abgrenzung gegenüber anderen Gruppen einhergehen.

Diese skizzierten Alternativbegriffe zu Identität sollen bei der Darstellung der zwei kontrastierenden Fallgruppen herangezogen werden, um die unterschiedlichen Vorgänge von Selbstidentifizierung, Fremdkategorisierung, situativer Verortung und Vergemeinschaftung zu benennen. Der Beitrag legt zur Analyse der zwei Fallgruppen ein heuristisches Modell zur Verortung jeweiliger Religiositätsausprägungen zugrunde, das nachfolgend vorgestellt wird.

2.2. *Modell zur vergleichenden Analyse von Religiositätsausprägungen*

Das von den US-amerikanischen Religionsforschern Fred Kniss und Paul Numrich entwickelte heuristische Modell erlaubt es, anhand von zwei Merkmalsausprägungen von Religiosität jeweilige Besonderheiten unterschiedlicher religiöser Gruppen und Gemeinschaften zu analysieren. Anders als die in der Religionssoziologie viel benutzten funktionalen Ansätze, die nach den Leistungen von Religion und Religionsgemeinschaften fragen, jedoch religiöse Unterschiede und Besonderheiten außer Acht lassen, betont dieses Analysemodell gerade verschiedene Inhalte, Ausprägungen und Präferenzen kollektiver Religiosität. Das Modell der Religiositätsausprägung

8 Ebd., 71.

9 Ebd.

verwendeten die zwei Forscher, um religiöse Immigrantengemeinschaften im Großraum Chicago strukturiert zu analysieren.[10]

Das Modell basiert auf drei Dimensionen der Unterscheidung: dem Ort religiöser Autorität, der Zielsetzung religiösen Handelns und dem Grad religiöser Sonderentwicklung. Die letztgenannte Dimension, die religiöse Eigeninterpretation in Doktrin, Praxis und Vergemeinschaftung einer Gruppe beinhaltet und damit in Spannung zur umfassenderen religiösen Tradition und ggf. gesellschaftlichen Umwelt steht, soll für den vorliegenden Beitrag unberücksichtigt bleiben.[11] Die zwei erstgenannten Dimensionen überführen Kniss und Numrich in ein heuristisches, grafisches Modell und stellen die Dimensionen mittels einer horizontalen und einer vertikalen Linie dar.

Die horizontale Linie bezieht sich auf den Ort, den Schwerpunkt von religiöser Autorität. Diese spannt sich auf einem Spektrum mit den Endausprägungen von kollektiver Autorität, der religiösen Gemeinschaft, bis hin zur individuellen Autorität, dem Individuum. Ist beispielsweise die religiöse Autorität bei einer Gruppe beim Individuum verortet, so bedeutet dies, dass das Individuum seine religiösen Wertungen und Entscheidungen auf der Grundlage eigener Überlegungen und Erfahrungen fällt. «Thus, the individualist conception of moral authority tends to downplay notions of traditional transcendent absolute authority».[12] Es wird nach Begründungen der religiösen Ansicht gefragt, Erklärungen werden gesucht und vorgefertigte Auffassungen hinterfragt. Beispiele von individualistisch strukturierter religiöser Autorität sind etwa Mitglieder in protestantischen Gemeinden mit ihrer Betonung von freiem und eigenverantwortlichem Handeln ebenso Personen im Spektrum alternativer Spiritualität mit ihrer selbstbestimmten Wahl religiöser Praktiken und Inhalte. Auch viele junge Muslime und Musliminnen der zweiten Generation sind hier zu verorten, wie Teil 3.3. aufzeigen wird.[13]

Im Gegensatz zu diesem Verständnis steht eine Religiositätsausprägung, in der die oder der Einzelne die religiöse Autorität vornehmlich durch eine kollektive religiöse Tradition gedeutet und bestimmt versteht. Werte, Hand-

10 Kniss/Numrich, Sacred Assemblies.

11 Siehe im Detail: ebd., 19–36.

12 Ebd., 38.

13 Im Detail: ebd., 40–44. Zur eigenen Wahl religiöser Optionen bei protestantischen Gemeindemitgliedern siehe instruktiv: Gebhardt et al., Die Selbstermächtigung; zu jungen Musliminnen in Deutschland siehe: Nökel, Die Töchter der Gastarbeiter.

lungen und Anschauungen werden durch die religiöse Gruppe bzw. Gemeinschaft und dortige Leistungspersonen wie Priester, Imame und Mönche bestimmt. Von den Mitgliedern in dieser Gemeinschaft wird ein Befolgen und Bewahren der religiösen Vorgaben erwartet; eigene religiöse Entscheidungen erfolgen selten und wenn, dann in Übereinstimmung mit dem autoritativen Kollektiv. Beispiele dieser kollektiv basierten Autorität sind nach Kniss und Numrich etwa christlich-orthodoxe Kirchen und orthodoxes Judentum.[14]

Das Ziel religiösen Strebens und Handelns einer Gemeinschaft stellen Kniss und Numrich durch eine vertikale Line mit dem Spektrum individueller bis hin zu sozialer, gesellschaftlicher Ausrichtung grafisch dar. Die Autoren sprechen von «moral project» und der Frage, «where moral action or influences should be targeted».[15] Die Ausrichtung religiösen Handelns einer Gruppe kann dabei stärker auf das Individuum gerichtet sein oder sich stärker auf das Allgemeingut und der Verbesserung sozialer Situationen beziehen.

Der individuelle Pol des Spektrums bildet die Ausrichtung religiösen Handelns von Gruppen ab, in denen die einzelne Person und deren religiöse und moralische Verbesserung im Zentrum steht. Es geht in den religiösen Gruppen und Zusammenkünften darum, dass der oder die Einzelne die eigene religiöse Erfahrung, Vervollkommnung, Erleuchtung oder Wohlbefinden erfährt. Beispiele solcher Gruppen sind beispielsweise Zen-Meditationsgruppen und spirituelle Zirkel mit der Zielsetzung religiöser Erfahrung des Einzelnen.[16] Auch protestantische Freikirchen wie etwa die International Christian Fellowship (ICF), in der die oder der Einzelne «Gott persönlich begegnen und kennenlernen» kann, ist hier zu nennen.[17] Nach Kniss und Numrich fallen ebenso hinduistische und buddhistische Gruppen hierunter, da sie mit dem Fokus auf das Individuum und den Fragen guter und schlechter Taten des Einzelnen letztendlich am Streben nach dem Austritt aus dem Geburtenlauf orientiert sind.[18]

14 Kniss/Numrich, Sacred Assemblies, 44–45.

15 Ebd., 56.

16 Siehe dazu: Stolz et al., Religion und Spiritualität, 71–74, 100–105, als Typus religiös Alternative bezeichnet.

17 Zitat von der Webseite der ICF, www.icf.ch/willkommen/ (Zugriff 19.9.2016); siehe auch: Walthert, Ritual, Individuum.

18 Kniss/Numrich, Sacred Assemblies, 57.

Dem individuellen Pol entgegengesetzt ist jener, bei dem religiöse Gruppen und Gemeinschaften sich für soziale und gesellschaftliche Themen einsetzen. Es geht hier nicht um die einzelne Person, sondern darum, die gesellschaftlichen Bedingungen mitzugestalten und sich für soziale Gerechtigkeit einzusetzen.[19] Beispielsweise erheben Vertreter dieser religiösen Gruppen die Stimme gegen Ungerechtigkeit, setzen sich für Benachteiligte ein und wollen das Allgemeingut sowie tolerierende Zusammenleben fördern. Kniss und Numrich verorten in römisch-katholischen und muslimischen Gruppen diesen Einsatz für Dritte und eine gerechte Gesellschaft. Die Überlegungen in eine grafische Darstellung übertragen, ergibt sich nach Kniss und Numrich folgende Grafik 1.

Grafik 1: Heuristisches Modell der Religiositätsausprägung nach Kniss und Numrich

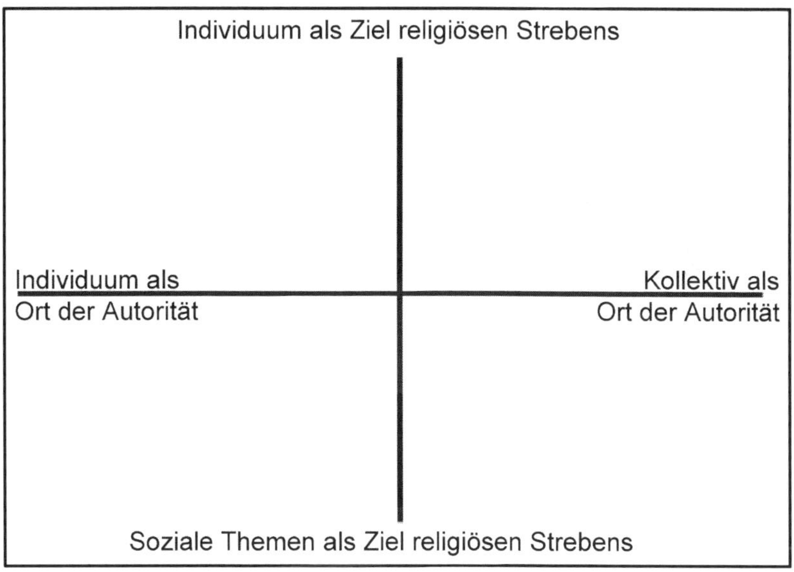

19 Ebd., 56. Siehe dazu den Beitrag von Edmund Arens in diesem Band, dort der Typus religiöser Identität in Solidarität.

Dieser analytische Ansatz soll Teil drei zugrunde gelegt werden, um ihn auf der Grundlage neuerer empirischer Forschungen auf ausgewählte religiöse Gemeinschaften und Gruppen anzuwenden. Über die Konzipierung von Kniss und Numrich hinaus soll der Ansatz dahingehend erweitert werden, nicht nur Gruppen und Gemeinschaften, sondern auch die Religiositätsausprägungen von Personen am Beispiel der Erstgeneration der Immigranten und ihrer Kinder, der zweiten Generation, zu verorten. Die hier vorgeschlagene Platzierung von Gemeinschaften und Personen unterschiedlicher Generationen auf der Matrix erlaubt es, Verschiebungen und Neuerungen in der Generationsübertragung von Religion grafisch anhand der analytischen Systematik darzustellen.

3. Analyse der Religiositätsausprägungen zweier kontrastierender Fallgruppen

Wie in der Einleitung erwähnt, weisen aktuelle Studien darauf hin, dass die Religionsaneignung junger Erwachsener mit Migrationshintergrund mit einer Um- und Neuinterpretation von Religion einhergeht. Die Neuinterpretation ist jedoch nicht spezifisch an Migration gebunden. In differenzierten Dienstleistungsgesellschaften ist der Primat des Individuums, seiner Wahl- und Konsumoptionen dominant geworden. Bezogen auf religiöse Orientierungen und Verbundenheit bedeutet dies, dass Personen selbst entscheiden, inwiefern sie sich mit einer religiösen Idee und Praxis identifizieren und ein Gefühl der Zusammengehörigkeit und Verbundenheit zu einer religiösen Gruppe bzw. Gemeinschaft teilen oder nicht teilen. Studien von Peter Beyer, Christel Gärtner, Christoph Morgenthaler und anderen zeigen auf, dass ein Trend bei jungen Menschen mit und ohne Migrationshintergrund besteht, sich von religiösen Institutionen zu entfernen und Religion individuell anzueignen.[20] Zudem konstatiert Gert Pickel einen «Abbruchprozess des Religiösen» mit jedem Generationswechsel insofern als «die Gruppe der jungen Erwachsenen unter 29 Jahren […] in der Regel weniger Religiöse und Hochreligiöse auf[weist] als die Altersgruppe der 30- bis 45-Jährigen oder gar über 45-Jährigen».[21]

20 Beyer, Differential Reconstruction; Gärtner, Religiöse Identität; Käppler/Morgenthaler, Werteorientierung. Zu religiösen Wahloptionen siehe auch den Beitrag von Wolfgang W. Müller in diesem Band.

21 Bertelsmann Stiftung, Religionsmonitor, 24. Zum gleichen Befund kommt: Stolz, Religion und Individuum, 90–96.

Anders als junge Erwachsene der Mehrheitsgesellschaft werden Heranwachsende mit Migrationshintergrund jedoch in zwei verschiedenen Bezugssystemen sozialisiert: Einerseits sind sie zumeist eng in die religiös-kulturelle Sinnwelt der Eltern und kultureller Gemeinschaften eingebunden. Forschungen weisen darauf hin, dass «Mitglieder einer ‹Migrationsreligion› durchschnittlich religiöser sind als Personen ohne einen solchen Hintergrund», da die Herkunftsgesellschaften oft religiöser geprägt sind und gerade religiöse Gemeinschaften im Aufnahmeland oft erste Anlauf und Kontaktstellen sowie Orte informeller sozialer Dienstleistungen sind.[22] Andererseits gilt es für die Heranwachsenden, den Anforderungen der Mehrheitsgesellschaft in der Ausbildung und im Arbeitsleben sowie Freizeitgestaltung gerecht zu werden. Erfahrungen von Ausschluss, Diskriminierung und verweigerter Zugehörigkeit etwa aufgrund von ausländischer Herkunft, Aussehen, Schulleistungen und Tragen eines Kopftuches sind dabei oft prägender Teil der Schulzeit, Freizeitbeschäftigung und Übergang in die nachobligatorische Ausbildung.[23]

3.1. Zur Auswahl der Fallgruppen

Diese religionssoziologischen Befunde sollen im Folgenden anhand von zwei kontrastierenden Fallbeispielen im Detail dargestellt und analysiert werden. Zur Untersuchung von kollektiver und individueller Religiosität, wie sie sich bei der Generation der Einwanderer und jener ihrer Töchter und Söhne zeigt, sollen zwei Zuwandererpopulationen herangezogen werden, die sich in punkto öffentlicher Wahrnehmung durch einen Exotisierungs- versus Gefährdungsdiskurs unterscheiden und ebenso in Bezug auf die Aufnahme der Zuwanderergruppe (willkommen versus unerwünscht) und zur Verfügung stehender Voraussetzungen für Bildungserwerb (Sozialkapitalien der Eltern bzw. Erziehungsberechtigten) differieren. Dies ermöglicht, Unterschiede als auch gerade mögliche Konvergenzen der Religiositätsausprägung junger Erwachsener mit Migrationshintergrund zu analysieren. Geografischer Untersuchungsraum soll die Schweiz sein, wobei Beobachtungen und Resultate grosso modo auf andere europäische Länder ubertragbar sind.

22 Ebd., 97; ebenso: Baumann, Religion; Baumann, Migrantenreligionen; Nagel, Religiöse Netzwerke. Siehe auch den Beitrag von Alexander-Kenneth Nagel in diesem Band.

23 Siehe im Detail: Juhasz/Mey, Die zweite Generation, 300–307.

Es werden einerseits tibetische Buddhisten der ersten und zweiten Generation als eine Auswahlgruppe herangezogen. Tibeter und Tibeterinnen in der Schweiz sowie generell in westlichen Gesellschaften unterliegen einem starken Exotisierungsdiskurs mit Fremdzuschreibungen als friedlich-gewaltfrei, offen-tolerant, spirituell und nicht materiell interessiert, verkörpert nachgerade durch den als «Popstar gelebter Friedfertigkeit» gefeierten 14. Dalai Lama.[24] Als zweite Fallgruppe sollen andererseits Muslime vornehmlich aus Bosnien, Albanien, der Türkei und Pakistan der ersten und zweiten Generation dienen. Ihre öffentliche Wahrnehmung steht diametral der derjenigen von (tibetischen) Buddhisten entgegen. Islam und Muslime werden in den Medien u.a. als bedrohlich, gefährlich, gewaltbereit, intolerant und dogmatisch kategorisiert.[25]

Auch die Migrationsgeschichten und die Aufnahme der zwei Fallgruppen sind unterschiedlich, teils geradezu gegensätzlich verlaufen. Während Tibeter und tibetische Waisenkinder in den 1960er-Jahren im Kontext von Kaltem Krieg und beginnender ökonomischer Prosperität mit offenen Armen in der Schweiz aufgenommen wurden, waren Arbeitnehmer aus der Türkei und dem damaligen Jugoslawien in den 1960er-Jahren im Zuge von Anwerbeabkommen für eine vorerst begrenzte Dauer herbeigeholt worden. Erhielten die Tibeter eine breite Unterstützung vom Roten Kreuz, Schweizer Familien und den Industriellen Henri und Jacques Kuhn für den Bau eines tibetisch-buddhistischen Klosters, so waren die Arbeiter mit muslimischem Hintergrund in den Fabriken weitgehend unsichtbar und konnten allenfalls behelfsmäßige Gebetsräume einrichten. Dies änderte sich mit der Zuwanderung von politisch Verfolgten und Flüchtlingen aus dem auseinanderbrechenden Jugoslawien in den 1990er-Jahren, als in Eigenarbeit erste Moscheen und Gebetsräume in umgewandelten Werkshallen eingerichtet wurden.[26]

Mit der starken Unterstützung von Schweizer Seite waren zahlreiche Sozialkapitalien für die tibetischen Flüchtlinge in Form von Bildungserwerb und Unterstützungsformen mit Tibeterschulen und Klösterlichem Tibet-Institut Rikon zum Erhalt der kulturell-religiösen Tradition verbunden.

24 Zitat aus: Kolmar-Paulenz/Funk, Die Rezeption des tibetischen Buddhismus, 5; zum Exotisierungsdiskurs siehe: ebd., 7–8; ebenso: Brauen et al., Traumwelt Tibet.

25 Siehe u.a.: Behloul, Islam-Diskurs; Bertelsmann Stiftung, Religionsmonitor, 28–36.

26 Zur Aufnahme von Tibetern und der breiten Unterstützung siehe: Lindegger, 20 Jahre Klösterliches Tibet-Institut Rikon, 11–18; zur Ankunft von Arbeitnehmern und Flüchtlingen muslimischen Glaubens siehe: Behloul/Lathion, Muslime und Islam, 198–199.

Dementgegen mussten türkische, bosnische und albanische Arbeiter mit muslimischem Glauben, die große Mehrheit lediglich mit geringer Schulbildung, selbst für eine religiöse Infrastruktur besorgt sein. Die Sozialkapitalien in Bezug auf deutsche bzw. französische Sprachkenntnisse, Bildungsniveau und unterstützende Kontakte in die Schweizer Gesellschaft waren entsprechend gering. Für die jeweilige zweite Generation, die in der Schweiz aufgrund der Immigration ihrer Eltern geboren oder größtenteils sozialisiert wurde, war die Startvoraussetzung damit sehr unterschiedlich.

Die zwei Fallbeispiele sollen im Folgenden anhand der jeweiligen Religiositätsausprägungen der Erst- und der Zweitgeneration hinsichtlich ihrer kollektiven und individuellen Ausprägungen auf der Analysematrix verortet werden. Die Begriffswahl «Generation» ist dabei als unscharfe Altersgruppe konzipiert und soll keine Homogenität implizieren, wenn auch Gemeinsamkeiten in den Lebenslagen vorhanden sind. Mitgedacht sind die je unterschiedlichen Erfahrungen, Biografien und stärkeren oder schwächeren Ausprägungen von Religiosität der Erst- und Zweitgenerationen, die die grafische Abbildung in der Matrix zu berücksichtigen versucht.[27]

3.2. *Tibeter und Tibeterinnen in der Schweiz: Religiosität bei den Erst- und Zweitgenerationen*

In der Schweiz leben gegenwärtig etwa 4000 tibetische Buddhisten und Buddhistinnen. Tibeter und Tibeterinnen kamen in den 1960er-Jahren als Flüchtlinge in die Schweiz. Sie waren 1959 vor der chinesischen Besetzung Tibets geflohen und die Schweiz war das erste europäische Land, das tibetische Flüchtlinge mithilfe des Roten Kreuzes in größerer Zahl aufnahm. Für die kulturelle und religiöse Betreuung entstand 1968 das Klösterliche Tibet-Institut Rikon bei Winterthur. Seit der Eröffnung des Klosters sind mehr als 40 Jahre vergangen und eine zweite, teils dritte Generation Tibeter und Tibeterinnen ist herangewachsen.[28]

Die Erstgeneration, die Eltern und Großeltern der heutigen jungen Generation, bringen von ihrem religiösen Selbstverständnis her den tibetischen Mönchen im Kloster Rikon großen Respekt und Verehrung entgegen. Die Autorität der Interpretation religiöser Inhalte und Praktiken liegt eindeutig bei den Mönchen und das Kloster bildete für die Älteren neben

27 Siehe: Juhasz/Mey, Die zweite Generation, 18–19; Schlieter et al., Die zweite Generation, 22.

28 Zur Ankunft und Geschichte siehe: Lindegger, 20 Jahre; Schlieter et al., Die zweite Generation.

dem heimischen Schrein den zentralen Ort religiöser Handlung. Gerade in der Fremde, fern von Tibet, bildet das Kloster einen herausragenden Ort der Verbundenheit unter tibetischen Buddhisten und Buddhistinnen. Es stärkt das Gefühl von Zusammengehörigkeit und war und ist für diese Generation der Garant der Bewahrung tibetisch-buddhistischer Tradition. Die Mönche und das Kloster betreuen die Familien und Einzelne mit religiösen Belehrungen, Ritualhandlungen und individuellem Rat. Ein darüber hinausgehendes gesellschaftliches Wirken zur Änderung sozialer Situationen ist demgegenüber zweitrangig. Das Kloster kann daher in der heuristischen Grafik von Kniss und Numrich annäherungsweise in Richtung kollektiver Autorität mit Dienstleistungen für individuelles religiöses Streben verortet werden (siehe Grafik 2).

Grafik 2: Verorten der ersten Generation tibetischer Buddhisten und Buddhistinnen und des Klösterlichen Tibet-Instituts Rikon

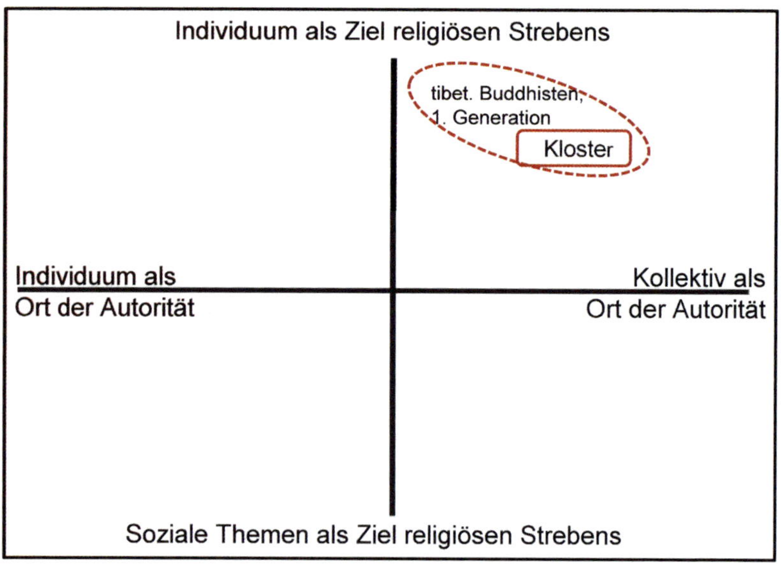

Die ältere Generation wird von den jungen Erwachsenen als sehr religiös bezeichnet. Die Eltern und Großeltern rezitieren am heimischen Altar Gebete, drehen die Gebetsmühle, führen Niederwerfungen durch und besuchen nach Möglichkeit regelmäßig das Kloster. Ihre soziale Selbstverortung ist nicht so sehr an gesellschaftlichen Bezügen orientiert, als vielmehr am

Wohl der eigenen Familie und dem eigenen religiösen Streben. Die Mönche und das Kloster sind für viele die religiöse Autorität, sodass das religiöse Selbstverständnis der ersten Tibetergeneration in der Schweiz in der heuristischen Grafik tentativ mit einer Ellipse im zweiten Quadranten verortet werden kann. Die Ellipse verweist auf die unterschiedlichen religiösen Ausprägungen und Biografien der Erstgeneration.[29]

Die Zweit-, teils Drittgeneration unterscheidet sich trotz differenter Biografien von diesem religiösen Verständnis nachdrücklich. In der Schweiz aufgewachsen und im Schul- und Ausbildungssystem sozialisiert hinterfragen viele junge Tibeter und Tibeterinnen religiöse Vorstellungen der Eltern. Sie fragen nach Begründungen für religiöse Auffassungen und Handlungen. So erklärt die junge Tibeterin Migmar Dhakyal:

> Tibeter sind oft abergläubisch, was ich bei meiner Mutter und meinen Grosseltern sehe. Wenn sie von einem Suizidversuch hören, sagen sie: «Ein Dämon ist in die Seele dieses Menschen gedrungen». Solche Aussagen sind allerdings ziemlich befremdlich, da ich hier in der Schweiz geboren wurde und mir während meiner Schulzeit immer das kritische Denken und die demokratischen Werte vermittelt wurden. Ich wage es daher, gewisse Ansichten zu hinterfragen.[30]

Die Tibeterin Dhakyal setzt sich in Distanz zu ihrer Mutter und ihren Großeltern und bezeichnet deren religiöse Auffassungen abwertend als «abergläubisch». Zugleich betont sie, dass sie aufgrund ihrer Schulbildung Ansichten hinterfragt, da der Glaube an Dämonen nicht mit ihrem kritisch eigenständigen Denken vereinbar sei. Der Aussage der jungen Tibeterin ist sowohl ein aufklärerischer Moment – Kritik des «Abergläubischen» – als auch ein demokratischer Zug – Gleichwertigkeit der Argumente von Eltern und Heranwachsenden – inne. In ähnlicher Weise ist bei vielen jungen Tibetern und Tibeterinnen die religiöse Selbstverortung durch die Distanzierung zu den religiös-kulturellen Auffassungen der Eltern einerseits und das Aufwachsen in einer individuell-säkular geprägten Gesellschaft andererseits geprägt. Ihr «praktisches Verständnis»[31] als Buddhist und Buddhistin drückt

29 Kind, «Bin ich Buddhist?», 181 und 195–196, 205. Methodisch besteht der Engpass, dass zur Religiosität der Erstgeneration, der heute ca. 50- bis 60-Jährigen, keine aktuelle Studie existiert und es die jungen Tibeter und Tibeterinnen sind, die die Religiosität ihrer Eltern beschreiben.

30 Dhakyal, Zwei Kulturen, zwei Denkweisen, 193.

31 Brubaker/Cooper, Jenseits der «Identität», 71.

sich weniger in tradierten Vorstellungen, Ritualen und Besuchen des Klosters aus, als vielmehr in auf Anwendung bezogenen Einstellungen. Die Tibeterin Sagmo erklärt:

> Buddhismus ist für mich extrem einfach die Lebenseinstellung. Wie man im Alltag umgeht mit Situationen. Es ist für mich nicht hinsetzen, beten und alle buddhistischen Schriften auswendig kennen. [...] Buddhismus ist für mich auch, wenn ich einem Menschen helfe.[32]

Nicht so sehr traditionelle Praktiken, sondern Buddhismus als ethische Richtschnur für das eigene Handeln im alltäglichen Leben drücken die Selbstkategorisierung als Buddhistin aus. Viele betonen Werte und Handlungsmuster, wie Mitgefühl praktizieren, gewaltlos im Denken und Handeln sein, anderen helfen sowie ehrlich, genügsam und friedfertig sein.[33] Die Bücher des 14. Dalai Lama sind vielen eine wichtige Inspiration und Quelle zur Identifikation. Zugleich klagen junge Tibeter jedoch über Kategorisierungen, wie alle Tibeter seien kleine Buddhas. Statt religiöser Rituale und Gruppengefühl bei Anlässen im Kloster interpretieren viele junge Tibeter Buddhismus wesentlich stärker als individuelle Lebensphilosophie, lebenspraktische Anleitung, Erkenntnislehre und Philosophie des Alltags.[34] Die Forscherin Mariette Kind fasst die Befunde prägnant zusammen:

> Diese tendenzielle Abgrenzung von einer traditionellen Religiosität der Eltern geht mit einer zunehmenden Intellektualisierung der eigenen Religiosität einher, gekennzeichnet durch einen Abstand zur Ausübung ritueller Handlungen bei gleichzeitiger Verlagerung zur philosophischen Weltanschauung des Buddhismus.[35]

Kurz gesagt, Buddhismus ist bei der Zweitgeneration durch eine Ethisierung und Intellektualisierung geprägt und drückt sich in individuellen, selbst verantworteten Werteinstellungen aus. Besuche im Kloster, Belehrungen durch Mönche und Aspekte kollektiver Verbundenheit sind abgesehen von der Teilnahme an hohen Festtagen selten. Auf die Analysematrix übertragen, ist die Religiositätsausrichtung junger Tibeter und Tibeterinnen deutlich beim Pol individueller religiöser Autorität zu verorten. Bei der religiösen Zielsetzung zeigt sich ein Spektrum, das sich zwischen individueller bis

32 Kind, «Bin ich Buddhist?», 179.
33 Ebd., 183, 201.
34 Ebd., 201.
35 Ebd., 198.

sozialer Ausrichtung spannt. Es ist hier eine deutliche Verschiebung hin zu einem eigenverantwortlichen Verständnis von Religiosität festzuhalten, bei nicht wenigen verbunden mit gesellschaftspolitisch aktivem Handeln (siehe Grafik 3).

Grafik 3: Verorten der zweiten Generation tibetischer Buddhisten und Buddhistinnen und des Vereins Tibeter Jugend in Europa

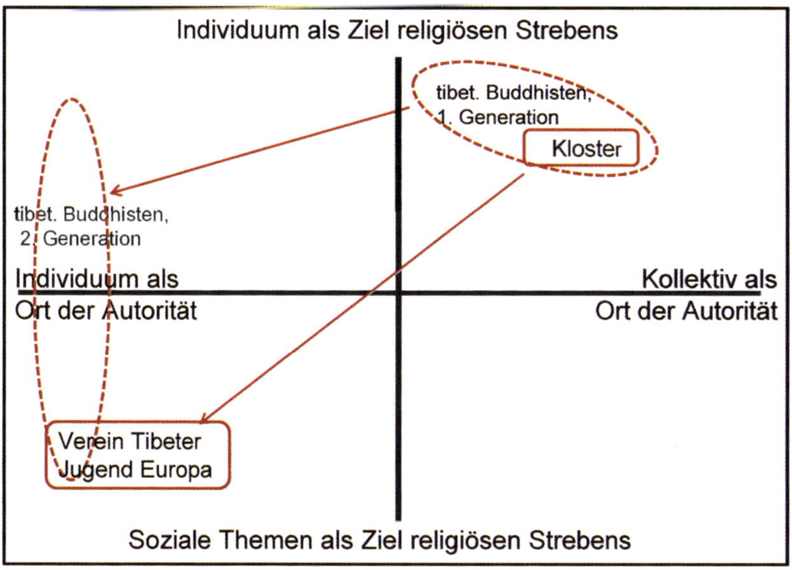

Auf der kollektiven Ebene von Gemeinsamkeit, Verbundenheit und Gruppengefühl kristallisiert sich das gesellschaftspolitische Engagement exemplarisch im Verein Tibeter Jugend in Europa. Dieser Verein, 1970 gegründet und mit Sitz in Zürich,[36] versammelt junge Tibeter und Tibeterinnen, um die Kultur und Religion Tibets bei der zweiten und dritten Generation zu stärken und für die Unabhängigkeit Tibets mit politischen Mitteln einzutreten. Ihr Tibeter-Sein ist ein zentraler Aspekt der Gemeinsamkeit und Verbundenheit. Mit Tibet und den dort lebenden ethnischen Tibetern und Tibeterinnen und ihrer bedrückenden sozialpolitischen Situation fühlen sie sich stark verbunden. Der Verein stärkt die Selbstidentifikation als Tibeter und setzt sich beispielsweise durch Demonstrationen und Medienauftritte

36 Kind/Lauer, Die zweite Generation, 104–118.

aktiv für Freiheit und Menschenrechte in Tibet ein.[37] Der Verein ist damit auf der Analysematrix deutlich gesellschaftspolitischer als das Kloster Rikon zu positionieren, getragen von jungen Tibeterinnen und Tibetern mit einem ethisierten, verantwortlich handelndem Buddhismusverständnis. Grafik 3 stellt die Verschiebungen von der ersten zur zweiten Generation auf der individuellen und kollektiven Ebene grafisch dar.

Insgesamt ist eine Neuinterpretation des religiösen Selbstverständnisses bei jungen Tibetern und Tibeterinnen insofern festzuhalten, als buddhistische Religiosität weit weniger an die klösterliche Institution gebunden ist und stärker an individuellen Einstellungen, die Anschauungen und religiöse Handlungsweisen verstehen will. Zudem ist die Jugendorganisation Verein Tibeter Jugend Europa gesellschaftspolitisch stärker aktiv als das Kloster, insbesondere mit Blick auf eine gesellschaftliche Sensibilisierung für die Sache Tibets. Die jungen Tibeterinnen und Tibeter haben teil an Bildungschancen und sozialer Aufwärtsmobilität und sind in Ausbildungswegen und Beruf sowie durch interethnische Ehen bestens integriert.

3.3. Muslime und Musliminnen in der Schweiz: Religiosität bei den Erst- und Zweitgenerationen

Die Verortung von Muslimen und Musliminnen sowie Gebetsräumen und Moscheen auf der Grafik von Religiositätsausprägungen kann nur annäherungsweise erfolgen. Muslime und Musliminnen sowie Moscheevereine und Jugendgruppen unterscheiden sich nach Herkunftskulturen, religiösen Profilen und Frömmigkeitsmilieus. Muslime kamen seit den 1960er-Jahren als sogenannte «Gastarbeiter», seit den 1990er-Jahren verstärkt als Flüchtlinge und Asylsuchende. Schätzungen gehen von derzeit etwa 450 000 Personen muslimischen Glaubens und etwa 240 Gebetsräumen und Moscheen in der Schweiz aus.[38] Wichtig ist der Hinweis, dass nur eine Minderheit von Muslimen und Musliminnen die Religion auch praktiziert: Lediglich 17 Prozent Männer und fünf Prozent Frauen nehmen regelmäßig am Freitagsgebet in der Moschee teil; der Selbsteinschätzung als religiöse Person stimmen 24

37 Ebd., 111.

38 Zahlen nach: Tunger-Zanetti/Schneuwly Purdie, Switzerland. Zu Muslimen in der Schweiz siehe: Allenbach/Sökefeld, Muslime in der Schweiz; Gianni, Muslime in der Schweiz; Monnot, La Suisse des mosquées.

Prozent mit «ja sicher» und 39 Prozent mit «eher ja» zu.[39] Die Mehrheit der Muslime und Musliminnen verstehen sich damit religiöser als römisch-katholische und reformierte Christen und Christinnen in der Schweiz; auch beim Indikator «Teilnahme an Gottesdiensten» liegt der Prozentanteil muslimischer Männer etwas höher.[40] Trotz der großen Heterogenität und Unterschiedlichkeit erlaubt es die Zugrundelegung der Analysematrix und die Differenzierung des Identitätsbegriffs, auch hier feststellbare Verschiebungen religiöser Ausprägungen und Schwerpunktsetzungen von der ersten zur zweiten Generation darzustellen.

Religiös praktizierende Muslime nehmen in der Regel am gemeinsamen Freitagsgebet teil, nutzen, je nach räumlicher Lage, in der gleichen oder einer anderen Moschee, die sozial-kulturellen Angebote und engagieren sich ehrenamtlich ggf. in einer dritten Moschee. Die Moschee bzw. die Gebetsräumlichkeiten orientieren sich zumeist an einer bestimmten nationalen und sprachlich-kulturellen Tradition. In der Fremde, der Diaspora, hat die Moschee oft weit mehr Funktionen als im Herkunftsland und ist zu einem multifunktionalen Dienstleistungszentrum mit zahlreichen Angeboten im Kultur-, Freizeit-, Sport- und Sozialbereich geworden. Kinder erhalten Nachhilfeunterricht und Ratsuchende Unterstützung, es gibt oft Frauen- und Jugendtreffs und vieles mehr.[41] Der Imam ist für viele die religiöse Autorität und der Gemeinschaftsgedanke wie auch der Sozialgedanke mit Unterstützung Bedürftiger ist stark. Die zahlreichen Moscheen und Gebetsräume können in der Analysematrix annäherungsweise in Richtung kollektiver Autorität und mit mehr bzw. weniger gesellschaftlicher Ausrichtung platziert werden (siehe Grafik 4).

In Bezug auf Muslime und Musliminnen der ersten Generation betont der Politikwissenschaftler Matteo Gianni, dass keineswegs von einer «homogenen Bevölkerungsgruppe» ausgegangen werden darf. Vielmehr bestehen «sehr unterschiedliche Einstellungen gegenüber dem Islam, den religiö-

39 Bundesamt für Statistik, Religiöse und spirituelle Praktiken, 9, 13. Gefragt wurde nach der «Teilnahme an Gottesdiensten», nicht nach der Teilnahme am gemeinschaftlichen Gebet am Freitagmittag. Letzteres fordern islamische Normen von den in einem Bezirk wohnenden Männern, nicht von den Frauen.

40 Ebd., 9. Zur Religiosität von Christinnen und Christen siehe auch: Stolz et al., Religion und Spiritualität, 75–77.

41 Behloul/Lathion, Muslime und Islam, 201; Hehli, Willst Du später Knöpfe. Siehe auch den Beitrag von Alexander-Kenneth Nagel zur Systematisierung von Angeboten und Dienstleistungen.

sen Praktiken und der säkularen schweizerischen Gesellschaft».[42] Nach Gianni «zeigt sich eine grosse Palette individueller Auslegungen von Vorschriften aus Koran und überlieferten Texten», sodass von einer «Individualisierung des Glaubens» gesprochen werden kann.[43] In den Begrifflichkeiten der Matrix von Religiositätsausprägung kann von einem Spektrum ausgegangen werden, das von einem individuellen Islamverständnis bis hin zu einer kollektiven, sozial ausgerichteten Verortung reicht. Auf der Analysematrix soll dieses sehr unterschiedliche Islam- und Religiositätsverständnis annäherungsweise durch eine gestreckte Ellipse mit gestrichelter Linie mit Tendenz zum kollektiven Autoritätspol dargestellt werden.

Grafik 4: Verortung der ersten Generation Muslime und Musliminnen und von Gebetsräumen und Moscheen

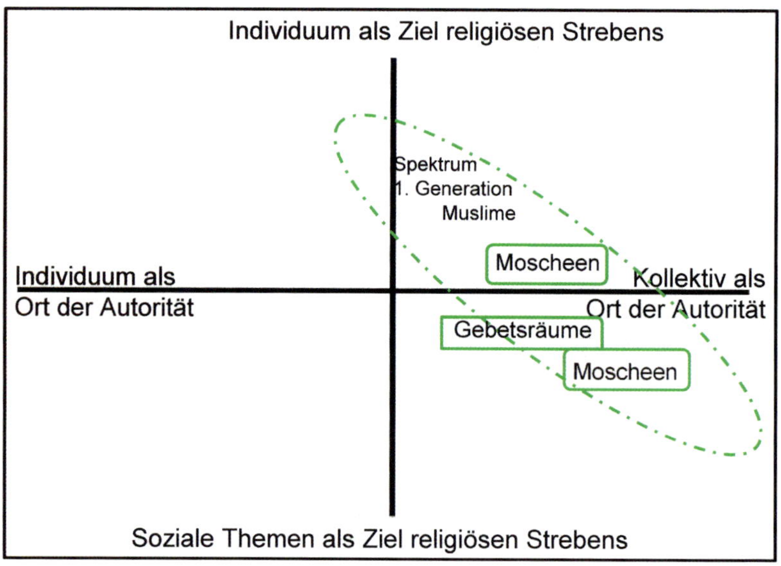

Wie sieht es bei der zweiten Generation junger Musliminnen und Muslime aus? Erstaunlicherweise fehlten bisher umfassende Studien, obwohl die Anzahl junger Muslime im Alter von 15 bis 29 Jahren mehr als 100 000 Personen beträgt. Ergebnisse verschiedener jüngerer Forschungsprojekte

42 Gianni, Muslime in der Schweiz, 15.

43 Ebd., 11. Siehe dazu: Schneuwly Purdie, Peut-on intégrer l'islam.

verweisen darauf, dass junge Muslime im Durchschnitt nicht viel religiöser als Nichtmuslime sind. Anders als die Eltern interpretieren jüngere Muslime ihre Religiosität, wenn sie religiös sind, zumeist individueller und teils in Kritik am «Kulturislam» der Eltern.[44] Ebenso wie schon bei der Erstgeneration der Muslime und Musliminnen zeigt sich auch bei der Zweitgeneration ein großes Spektrum mehr oder weniger religiöser Selbstverortungen, wie das jüngst abgeschlossene Forschungsprojekt zu jungen Muslimen und Musliminnen und islamischen Autoritäten instruktiv aufzeigt.[45] So betont Noemi (25 Jahre, ostafrikanischer Herkunft) sehr stark das Individuum als Ort religiöser Autorität:

> Ich finde Religion fängt eben nicht bei der Religion an, sondern es fängt mit/ beim/ mit einem Verständnis von sich selber oder Einordnung von sich selber in einem Ganzen oder Orientierung von einem in der Welt oder Reflexionsfähigkeit.[46]

Während die vom Elternhaus her privilegierte Noemi sehr reflektiert und kognitiv islamische Religion interpretiert, verbindet der früh straffällig gewordene Pajtim (16 Jahre, albanisch-kosovarischer Herkunft) einen von der Familie herkommenden, wenig praktizierten Islam mit starkem Vertrauen zu einem mit der Familie befreundeten Imam:

> Ich glaube nicht sehr viel so an Internetzeugs. Lieber eine Persönlichkeit, wo man Vertrauen hat und die vom Islam wirklich etwas versteht […]. Aber wenn es halt so um Sachen geht, die mein Leben halt betreffen und mich oder meine Zukunft, dann kann ich ihn [den befreundeten Imam einer 30 km entfernten Moschee] für alles anrufen, dann ist egal was. Ich rufe ihn auch an, das ist / ich schäme mich nicht oder so über meine Probleme zu reden mit jemandem und vor allem mit ihm schon gar nicht. Und ja, er gibt mir dann wirklich, wie Sie gesagt haben, er gibt islamischen Rat.[47]

Der Imam erfüllt die von Pajtim formulierten Gütekriterien einer islamischen Vertrauensperson, die über eine Ausbildung, großes Koranwissen

44 Dahinden et al., Religion und Ethnizität, 5; Morgenthaler et al., Wertorientierungen, 9.

45 Siehe: «Imame, Rapper, Cybermuftis. Islamische Autoritäten und muslimische Jugendliche», Forschungsprojekt unter der Leitung des Autors am Zentrum Religionsforschung der Universität Luzern, www.unilu.ch/imracy/ (Zugriff 26.9.2016). Die folgenden Zitate stammen aus den im Projekt 2015 und 2016 durchgeführten mehr als 60 Einzelinterviews mit jungen Muslimen und Musliminnen in der Schweiz.

46 Interview mit Noemi (Name anonymisiert) am 27.7.2015, Zeile 1050–1053.

47 Interview mit Pajtim (Name anonymisiert) am 12.8.2015, Zeile 303–304, 363–366.

und viel Erfahrung verfügt.[48] Pajtim und der Großteil interviewter junger Muslime und Musliminnen wählen sehr bewusst islamische Quellen und Personen zur eigenen Orientierung über Islam, Koran und Anforderungen einer muslimischen Lebensführung aus. Zrinka (20 Jahre, mazedonischer Herkunft) beschreibt ihre Suche nach Kenntnissen zum Islam im Teenageralter wie folgt:

> Und dann bin ich eben auf diese Videos [von Pierre Vogel] gekommen. Die waren ja sehr leicht zu verstehen als Jugendlicher. Aber ich habe dann schnell gemerkt: Das ist einfach zu konservativ und das ist mir zu radikal. Das mag ich nicht. Und später dann, bin ich auch auf albanische Prediger gekommen, die haben das dann viel, viel liberaler erklärt. Das fand ich sehr gut. Das habe ich dann auch sehr einfach verstanden [...] Ja und jetzt kann ich mir natürlich auch deutsche Bücher über den Islam durchlesen. Also auch krit.... Bücher, die den Islam kritisieren. Weils ich jetzt weiss, wo, was ich vom Islam halte, wo mein Standpunkt ist.[49]

Die junge Muslimin wählt ihre Quellen sehr bewusst aus und bewertet sie gemäß ihrer eigenen, als liberal bezeichneten Einstellung. Sehr vielen Interviewten ist ein verlässliches Wissen zum Islam auf nachvollziehbarer Grundlage sehr wichtig. Gökcan (20 Jahre, türkischer Herkunft) formuliert dies so:

> Religion [...] ist ein zentraler Punkt in meinem Leben und ich kann nicht einfach durch ein paar Aussagen von ein paar Leuten mein Leben orientieren. Weil ich brauche da Quellen und richtige Informationen dazu.[50]

Die individuell verantwortete Suche nach und kritische Auswahl von islamischen Quellen wurde durch den abwertenden Islam-Diskurs und die (Anti-)Minarett-Initiative 2009 verstärkt. Die jungen Muslime wollen auf Kritiken am Islam eingehen können und zugleich überprüfen, was berechtigte und was falsche Kritik ist. Einige junge Muslime wie Yunus (19 Jahre, pakistanischer Herkunft) empfinden das Minarett-Verbot, das «den Islam mehr als einen Feind sieht, den man bekämpfen muss», als persönlich «besorgniserregend» und denken über einen Fortzug aus der Schweiz nach.[51]

48 Ebd., Zeile 385–399. Sehr ähnliche Kriterien benennt auch Genc (25 Jahre, kosovarische Herkunft) im Interview am 27.9.2015, Zeile 1045–1048, 1317–1326.

49 Interview mit Zrinka (Name anonymisiert) am 21.8.2015, Zeile 480–491.

50 Interview mit Gökcan (Name anonymisiert) am 18.9.2015, Zeile 626–629.

51 Zitate aus Interview mit Yunus (Name anonymisiert) am 14.7.2015, Zeile 811.

Andere junge Muslime und Musliminnen sehen nicht so sehr den persönlichen Rückzug, als vielmehr gesellschaftliches Engagement als Antwort auf die Fremdkategorisierung von Islam und Muslimen. Zrinka beispielsweise organisiert im Rahmen einer muslimischen Jugendgruppe öffentliche Podiumsdiskussionen oder Moscheeführungen, um Besuchern zu zeigen: «Wir sind ganz normale Leute, wir sind offen, Ihr könnt uns Fragen stellen, wir sind bereit, diese zu beantworten.»[52] Das weite Spektrum junger Muslime und Musliminnen kann auf der Matrix mit deutlicher Tendenz zum individuellen Pol religiöser Autorität und teils sozialpolitisch engagiert annäherungsweise durch eine Ellipse mit gestrichelter Linie dargestellt werden (siehe Grafik 5).

Grafik 5: Verortung der zweiten Generation von Muslimen und Musliminnen und moschee-gebundenen und -unabhängigen muslimischen Jugendgruppen

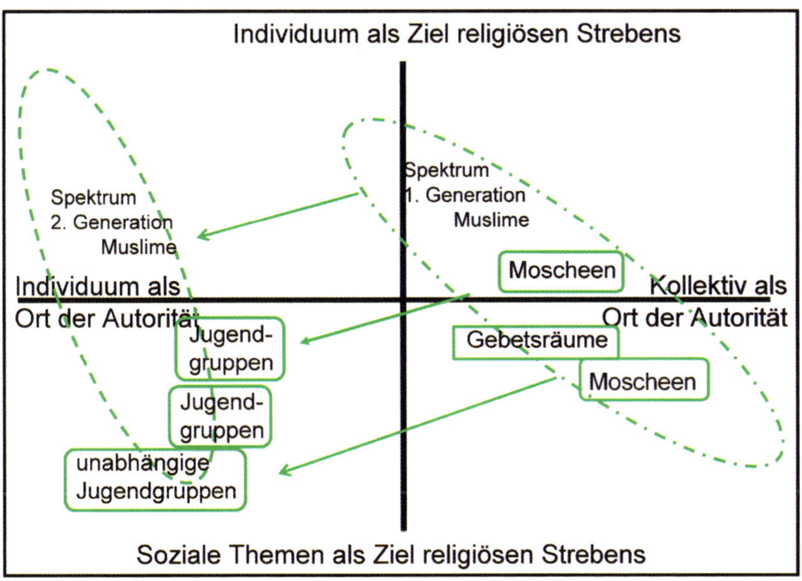

52 Interview mit Zrinka, Zeile 163–165.

Auf der kollektiven Ebene muslimischer Jugendgruppen sind lediglich eine Minderheit von jungen Muslimen und Musliminnen beteiligt. Von den etwa 100 Jugendgruppen ist die Mehrheit an Moscheen angeschlossen. Anders als die Moscheen sind viele Gruppen ihrem Selbstverständnis nach nicht mehr vornehmlich nationalkulturell ausgerichtet, auch wenn ein vom Vorstand beauftragtes Mitglied an der Leitung beteiligt ist. In den Gruppen können sich die jungen Muslime über islamische Themen ohne die oft kritischen Fragen von Nichtmuslimen austauschen, gemeinsame Freizeitaktivitäten durchführen und durch Übernahme von Leitungsfunktionen lernen, Verantwortung zu übernehmen.[53] Diese benennt Zrinka, die in der Frauengruppe einer Moschee aktiv ist, aufschlussreich:

> Wir erteilen dort zum Beispiel auch kostenlosen Nachhilfeunterricht oder wir organisieren verschiedene Podiumsdiskussionen, öffentliche Podiumsdiskussionen oder eben auch mal irgendwelche Anlässe, um den Integrationsprozess bei unsern Mitgliedern ein wenig zu fördern, ihn zu beschleunigen, aber auch eben um Vorurteile abzubauen.[54]

Die Aktivitäten richten sich sowohl nach innen als eine Form der Selbsthilfe als auch nach außen, um gesellschaftlichen Stereotypen zu begegnen. Einige junge Muslime bemängeln jedoch die Fähigkeiten des Imams, so etwa Gezim (25 Jahre, albanisch-schweizerische Familie):

> Die Imame treffen die Sprache der Jugendlichen nicht und kennen auch oftmals die Situation nicht, in der die Jugendlichen hier in der Schweiz leben.[55]

Die Kritik endete jedoch nicht in Resignation, sondern mündete mit dem Selbstverständnis, das Bild des Islams in der Gesellschaft zu verbessern, in der Gründung von eigenverantworteten, moschee-unabhängigen Jugendgruppen. Diese bislang wenigen Gruppen überschreiten gerade nationale, sprachliche und kulturelle Grenzen. Neben jugendspezifischen Freizeit- und Sportangeboten ist ihnen die selbstverantwortete Aneignung von islamischen Kenntnissen, Werten und Inhalten zentral. Dieses schafft eine Verbundenheit und ein Gefühl der Zusammengehörigkeit, was zugleich Grenzen nach außen errichtet. Die jungen Muslime und Musliminnen unterstützen sich gegenseitig, eine islamkonforme Lebensführung zu erlernen

53 Endres et al., Jung, muslimisch, schweizerisch, 56–58.

54 Interview mit Zrinka, Zeile 153–157. Zum eigenorganisierten Nachhilfeunterricht siehe auch: Hehli, Willst Du später Knöpfe.

55 Endres et al., Jung, muslimisch, schweizerisch, 66.

und Erlaubtes und Verbotenes zu kennen. Sie betonen als Teil ihrer sozialen Verortung selbstbewusst, dass sie Schweizer Muslime sind und nicht lediglich in der Schweiz tolerierte Muslime. Sie wollen sich in der Gesellschaft einbringen, engagieren und Verantwortung übernehmen. So hebt Sadiq (27 Jahre, pakistanischer Herkunft) hervor:

> Wir wollen uns in der Schweizer Gesellschaft einbringen. Dafür nehmen wir mit den Jugendlichen am Charity-Walk teil, machen Besuche im Altersheim, helfen bei sozialen Einrichtungen mit oder laden nichtmuslimische Jugendliche und Schulklassen [zu unserer Vortragsreihe ein].[56]

Durch ihre Aktivitäten und ihr Engagement bemühen sich die jungen Muslime und Musliminnen, das gesellschaftliche Image über Muslime und Islam zu verändern. Sie verstehen sich stark als Teil der Schweizer Gesellschaft, demnach eine Zugehörigkeit und Integration, die ihnen jedoch der stigmatisierende Islam-Diskurs abspricht, trotz der Schweizer Staatsbürgerschaft vieler junger Muslime.[57] Auf die Analysematrix von Religiositätsausprägungen übertragen können die an Moscheen angeschlossenen Jugendgruppen und die unabhängigen Jugendgruppen mit einer Tendenz zum Pol individueller religiöser Autorität und einer (teilweisen) Ausrichtung auf gesellschaftspolitisches Handeln verortet werden.

Wie auf der Grafik deutlich wird, ist bei der Zweitgeneration junger Muslime und Musliminnen ebenso wie bei jungen Tibetern und Tibeterinnen eine Veränderung hin zu einem individuellen Selbstverständnis von Religion und Religiosität markant. Aufgrund der stigmatisierenden Kategorisierungen durch das gesellschaftliche Umfeld engagieren sich mehr Muslime der Zweit- als der Erstgeneration, dem stereotypen Bild von Islam und Muslimen Konstruktives entgegenzusetzen. Das Spektrum religiösen Lebens und individueller Religiosität von jungen Muslimen und Musliminnen ist jedoch sehr groß und unterschiedlich.

56 Ebd., 70.

57 Hier bestehen Parallelen zur gesellschaftlichen Ausgrenzung von Katholiken und Katholikinnen im Kulturkampf des 19. Jahrhunderts, siehe: Behloul, Islam-Diskurs, 249–256 und den Beitrag von Markus Ries in diesem Band.

4. Gründe der Religiositätsverschiebungen

Was sind mögliche gesellschaftliche Gründe der Verschiebungen von religiösen Identifikationen und Selbstverortungen bei jungen Erwachsenen der Zweitgenerationen? Zielsetzung ist hier, über die Beschreibung und Analyse hinaus Erklärungen für die Neuinterpretationen zu geben. Drei Gründe sollen in Kürze benannt werden.

Religionssoziologische Forschungen betonen, dass im Zuge der Modernisierungsprozesse in Industriestaaten und insbesondere im Nachklang der 1960er-Jahre ein deutlicher «Individualisierungsschub»[58] festzustellen ist. Stolz und Ballif sprechen von einem gesellschaftliche «Megatrend» der Individualisierung. Dieser bewirkt, dass «die Menschen [...] nicht mehr über ihre Familien- und Geschlechtszugehörigkeit zeit ihres Lebens auf *eine* soziale Schicht, *eine* Konfession, *eine* mögliche soziale Rolle, *einen* fixen Wohnort festgelegt [sind]. Vielmehr haben sie nun die Wahl».[59] Er oder sie kann selbst wählen, welche Konsumgüter, welche persönlichen Interessen und welche Mitgliedschaft in Gruppen sie bevorzugen. Angesichts sozialer und materieller Ungleichheiten in hochindustrialisierten Ländern ist jedoch nicht zu verkennen, dass auch Grenzen der Wahl bei Wünschen und Mitgliedschaften bestehen.

Die zwei hier analysierten Zweitgenerationen nehmen aufgrund der Sozialisation in der weithin individualisierten Schweizer Gesellschaft nachdrücklich Gebrauch von den Wahlmöglichkeiten. Einerseits bestimmen Jugendliche und junge Erwachsene, inwieweit sie sich stärker oder schwächer religiös identifizieren und verorten. Andererseits wählt nur eine Minderheit, sich in den tibetisch-buddhistischen oder muslimischen Jugendgruppen zu beteiligen. Deutlich stärker sind sogenannte «säkulare Konkurrenten» wie etwa Sportvereine und Freizeitclubs, die oft auch herkunftsbezogen organisiert sind.[60] Gerade bei ausländischen männlichen Jugendlichen bildet das Fußballspielen eine bevorzugte Wahl der Freizeitbeschäftigung, um dadurch trotz verweigerter Zugehörigkeit und Anerkennung dennoch zu Erfolg innerhalb der Schweizer Gesellschaft zu kommen, so Anne Juhasz und Eva Mey.[61] Zugleich findet durch das Fußballspielen in national durchmischten Vereinen – ca. 30 Prozent – weit eher eine soziale

58 Stolz/Ballif, Zukunft der Reformierten, 36.

59 Ebd., 35.

60 Stolz/Ballif, Zukunft der Reformierten, 46–48.

61 Juhasz/Mey, Die zweite Generation, 305–306.

Integration als in anderen Sportvereinen statt: Während in Ersten 46 Prozent Aktivmitglieder mit Migrationshintergrund sind, sind dies bei anderen Sportvereinen lediglich sieben Prozent.[62] Junge Frauen mit Migrationshintergrund verlassen jedoch auffällig häufig im Alter 15 bis 19 Jahre Sportvereine, womit zugleich soziale Integrationsoptionen in national durchmischten Vereinen schwinden.[63]

Junge Erwachsene mit Migrationshintergrund und gerade die in Jugendgruppen Aktiven verfolgen nicht nur eigene Interessen mit einer selbstverantworteten «fluiden Religion» größtmöglicher Freiheit und eklektizistischer Wahl.[64] Vielmehr sind die jungen Muslime und jungen Buddhisten bemüht, sich mehr Kenntnisse und begründetes Wissen über ihre Religion anzueignen und sich sozialpolitisch zu engagieren. Der «Megatrend» Individualisierung führt bei ihnen zu einem reflexiven, hinterfragenden Selbstverständnis von Religion und trotz teilweisem Ausschluss aufgrund von Herkunft und mangelnden Leistungen zu einer hohen Identifikation mit der Schweiz und ihren Möglichkeiten in Ausbildung und Aufstiegsoptionen.

Ein zweiter Grund für ein in der Tendenz individualisiertes und reflexives Selbstverständnis der eigenen Religiosität stellt die Sozialisation im Schweizerischen Schul- und Bildungssystem dar. Je nach Schultyp und erlangtem Bildungsgrad sind Jugendliche zu einem kritischen und eigenständigen Denken ermutigt und befähigt. So erzählt beispielsweise Fuat (28 Jahre, türkischer Herkunft) mit Blick auf seinen Bezug zur Türkei:

> Auch / also obwohl ich eigentlich aus einer Migrantenfamilie komme, aber dann hat man halt in der Schule noch einmal ganz eine andere Perspektive. Es hat auch immer wieder zu Konflikt geführt oder auch immer wieder einmal zu so Fragen mit der Zeit auch so «ja wo gehöre ich wirklich hin?» «Wo ist meine Heimat?»[65]

Anders als seine Eltern versteht sich Fuat sowohl mit türkischen als auch schweizerischen Wurzeln, lehnt eine Kategorisierung als Türke ab und ver-

62 Lamprecht et al., Die Schweizer Fussballvereine, 7. Besonders in städtischen Regionen ist der Anteil Aktivmitglieder mit Migrationshintergrund hoch (76%), in ländlichen Regionen ist er weit geringer (23%), ebd., 8. Junge Männer (15–19 Jahre) mit Migrationshintergrund sind sportlich genauso aktiv wie gleichaltrige junge Schweizer Männer, siehe: Lamprecht et al., Sport Schweiz, 30.

63 Ebd., 30.

64 Zum Begriff «fluider Religion» siehe instruktiv den Beitrag von Edmund Arens in diesem Band.

65 Interview mit Fuat (Name anonymisiert) am 3.8.2015, Zeile 134–138.

steht sich noch «auf Identitätssuche, oder eben Heimatsuche».[66] Ähnlich benennt die Tibeterin Migmar Dhakyal, Studierende an einer Universität, im oben angeführten Zitat ausdrücklich, dass ihr während ihrer Schulzeit das kritische Denken vermittelt wurde.[67] Dieses ließ sie die Auffassung ihrer Mutter hinterfragen. In gleicher Weise stehen viele Jugendliche und junge Erwachsene Ritualen und ritualisierten Zusammenkünften kritisch gegenüber. Sie empfinden diese Versammlungen oft als langweilig und wollen Erklärungen für religiöse Handlungen, Abläufe und Auffassungen. Sie wollen Begründungen, da ihrer Auffassung nach viele religiöse Vorstellungen und Rituale ihrem eigenständig-abwägenden Denken widersprechen. Das Insistieren auf Erklärungen und Begründungen steht jedoch in engem Bezug zum Bemühen um eine bewusste religiöse Verortung, zu (Un-)Freiheitsgraden in der Familie und zum Bildungsgrad der Eltern.[68]

Als dritter Grund für die Neugewichtung von Religiosität bei den jungen Erwachsenen sehen wir die Angleichung an das gesellschaftliche Bild einer stark privatisierten, individualisierten Religion in der Schweiz. Studien von David Plüss und Andrian Portmann sowie Jörg Stolz et al. zeigen auf, das Religion in der Schweiz überwiegend als eigenbestimmt, individuell und diskret konzipiert wird. Religion ist Privatsache und soll aufgeklärt, tolerant, offen und angepasst an das «Landesübliche» sein.[69] Dies ist die gute, die sozial akzeptierte Religion, die sozial engagiert ist und sich für andere und die Gesellschaft einsetzt.[70] Diese Leitbewertungen bilden ein Ideal, dem in Fremdkategorisierungen der Buddhismus in vielem entspreche, während der Islam in der Fremdkategorisierung und Stereotypisierung gerade die schlechte, sozial nicht akzeptierte Religion mit Attributen wie extrem, gewalttätig, unterdrückerisch und mehr darstelle.[71] Das gesellschaftliche Engagement von einigen muslimischen Jugendgruppen begründet sich in diesen stereotypen Zuschreibungen, die sie durch Sensibilisierung und Aufklärung zu ändern versuchen. Tibetisch-buddhistische Jugendgruppen auf der anderen Seite ziehen aus dem Positivbild des Buddhismus Nutzen

66 Ebd., Zeile 145–146.

67 Dhakyal, Zwei Kulturen, zwei Denkweisen, 193; siehe Abschnitt 3.2.

68 Auffällig ist, dass sich gerade beim höchsten, tertiären Ausbildungsgrad ein deutlich geringerer Anteil von Jugendlichen und jungen Erwachsenen mit Migrationshintergrund im Vergleich zu Gleichaltrigen ohne Migrationshintergrund zeigt, siehe: Juhasz/Mey, Die zweite Generation, 27–30 sowie jüngst Bundesamt für Statistik, Bildung.

69 Plüss/Portmann, Säkularisierte Christen, 6.

70 Plüss/Portmann, Säkularisierte Christen; Stolz et al., Religion und Spiritualität, 153–154.

71 Ebd., 161–163.

für mehr gesellschaftliche Aufmerksamkeit für die Situation in Tibet. Die Fremdkategorisierung als «kleine Dalai Lamas» hingegen empfinden sie als persönliche Belastung.

5. Schluss

Ziel des Beitrages war es, individuelle und kollektive Religiositätsausprägungen von der Immigrantengeneration der Eltern zur Zweitgeneration systematisch zu analysieren und Veränderungen zu benennen. Dazu differenzierte der Beitrag den Identitätsbegriff anhand von drei Begriffsgruppen und legte eine Analysematrix in Erweiterung des Modells von Kniss und Numrich zugrunde. Während der differenzierte Identitätsbegriff jeweilige Identifizierungen, soziale Selbstverortungen und Aspekte von Verbundenheit und Gruppengefühl bei Personen der ausgewählten Erst- und Zweitgenerationen benannte, zeigte die Analysematrix anschaulich die Verschiebungen hin zu einem stärker individuell interpretierten Selbstverständnis bei den jungen Erwachsenen der Zweitgeneration auf. Als Gründe für das deutlich individuellere Religionsverständnis als die Eltern benannte der Beitrag den «Megatrend» der Individualisierung, die Sozialisation im Schweizer Bildungssystem und das gesellschaftliche Bild von Religion als individuell und privatisiert.

Die zugrunde gelegte Analysematrix ist nicht ohne Begrenzungen. Die Positionierungen der Religiositätsausprägungen der Erst- und Zweitgenerationen sowie der Moscheen, der Gebetsräume und des Klosters konnte lediglich annäherungsweise erfolgen. Eine genaue Lokalisierung auf der Grafik erlaubt die hier benutzte Analysematrix nicht, da das Modell über keine skalierten Spektrumseinheiten zwischen den Endpolen von kollektivem bzw. individuellem Ort religiöser Autorität und Zielsetzung religiösen Strebens verfügt. Zudem ermöglichen die zugrunde gelegten qualitativen Daten keine exakte Lokalisierung, sondern können lediglich die Tendenz aufzeigen. Das Modell ist daher als heuristisches Mittel zu begreifen, das mittels begründeter Abschätzungen eine Platzierung auf der Matrix vornimmt.

Das heuristische Modell und die Analyse ermöglichen, strukturiert Veränderungsprozesse religiöser Selbstverständnisse und kollektiver Verbundenheit von der Erst- zur Zweitgeneration grafisch auszudrücken und hervorzuheben. Der religionswissenschaftliche Mehrwert besteht darin, dass die Matrix, anders als funktionale Ansätze, gerade jeweilige Schwerpunktsetzungen religiöser Traditionsverständnisse in Bezug auf ihren Fokus religiöser Autorität und Zielsetzung religiösen Strebens zugrunde legt. Der Beitrag zeigt dabei anhand von zwei kontrastierenden Fallgruppen, die sich in der gesellschaftlichen Beobachtung von Gefährdungs- versus Exotisierungsdiskurs und der Aufnahme als Zuwandergruppen (willkommen versus unerwünscht) nachdrücklich unterscheiden, dass trotz der markanten Differenzen auffällige Konvergenzen bei der Interpretation des religiösen Selbstverständnisses bei den Zweitgenerationen bestehen. Junge tibetische Buddhisten und Buddhistinnen und junge Muslime und Musliminnen beanspruchen, Religion und ihre je stärker oder schwächer religiös geprägte Lebensweise selbst zu interpretieren und zu verantworten. Die je individuelle Religionsaneignung stellt durchaus einen Bruch mit den teils stark rituell und kollektiv geformten Religionsausübungen der Elterngeneration dar. Zugleich besteht eine Religionskontinuität von der Erst- zur Zweitgeneration, wobei Letztere eine auffällige Angleichung an das Dominanzbild von sozial akzeptierter Religion vornehmen. Dieses stellt eine je individuelle Aneignung des gesellschaftlich konstruierten Religionsmodus – auch bei Hochreligiösen – dar, womit gerade kein unterstellter Gegensatz von migrierter Religion und gesellschaftlicher Integration vorliegt. Vielmehr sind diese so geformten religiösen Identitäten bei den jungen Erwachsenen hochgradig kompatibel mit gesellschaftlichen Integrationsprozessen und der Teilhabe an Bildungsressourcen, (teils) sozialer Aufstiegsmobilität und Wahlfreiheiten.

Literatur

Allenbach, Brigitte/Sökefeld, Martin, Hg., Muslime in der Schweiz, Zürich 2010.

Baumann, Martin, Religion und ihre Bedeutung für Migranten. Zur Parallelität von «fremd»-religiöser Loyalität und gesellschaftlicher Integration, in: Beauftragte der Bundesregierung für Migration, Flüchtlinge und Integration, Hg., Religion – Migration – Integration in Wissenschaft, Politik und Gesellschaft, Berlin 2004, 19–30.

Baumann, Martin, Migrantenreligionen in Europa als absondernde Devianz? Diskursive Nonkonformität im Spiegel der Multifunktionalität religiöser Gemeinschaftsorte, in: Kleine, Christoph et al., Hg., Devianz und Dynamik. Festschrift für Hubert Seiwert zum 65. Geburtstag, Göttingen 2014, 204–218.

Baumann, Martin/Stolz, Jörg, Vielfalt der Religionen – Risiken und Chancen des Zusammenlebens, in: Baumann, Martin/Stolz, Jörg, Hg., Eine Schweiz – viele Religionen. Risiken und Chancen des Zusammenlebens, Bielefeld 2007, 344–378.

Behloul, Samuel-M., Islam-Diskurs nach 9/11. Die *Mutter* aller Diskurse? Zur Interdependenz von Religionsdiskurs und Religionsverständnis, in: Müller, Wolfgang, Hg., Christentum und Islam. Plädoyer für den Dialog, Zürich 2009, 229–268.

Behloul, Samuel-Martin/Lathion, Stéphane, Muslime und Islam in der Schweiz: viele Gesichter einer Weltreligion, in: Baumann, Martin/Stolz, Jörg, Hg., Eine Schweiz – viele Religionen. Risiken und Chancen des Zusammenlebens, Bielefeld 2007, 193–207.

Bertelsmann Stiftung, Religionsmonitor. Religiosität im internationalen Vergleich, Autor: Gert Pickel, Bielefeld 2013.

Beyer, Peter, Differential Reconstruction of Religions among Second Generation Immigrant Youth in Canada, in: Giordan, Giuseppe, Hg., Youth and Religion, Leiden, Boston 2010, 1–28.

Bochinger, Christoph, Hg., Religionen, Staat und Gesellschaft. Die Schweiz zwischen Säkularisierung und religiöser Vielfalt, Zürich 2012.

Brauen, Martin et al., Traumwelt Tibet. Westliche Trugbilder, Bern 2001.

Brubaker, Roger/Cooper, Frederick, Jenseits der «Identität», in: Brubaker, Roger, Hg., Ethnizität ohne Gruppen, Hamburg 2007, 46–95 (zuerst auf Englisch 2000).

Budde, Heinz, Gesellschaft der Angst, Hamburg 2014.

Bundesamt für Statistik, Bildung – Höchste abgeschlossene Ausbildung, Neuchâtel 2016, online http://www.bfs.admin.ch/bfs/portal/de/index/themen/01/07/blank/ind43.indicator.43022.430104.html (Zugriff 29.8.2016).

Bundesamt für Statistik, Religiöse und spirituelle Praktiken und Glaubensformen in der Schweiz. Erste Ergebnisse der Erhebung zur Sprache, Religion und Kultur 2014, Bearbeitung durch Amélie de Flaugergues, Neuchâtel 2016.

Casanova, José, Europas Angst vor der Religion, Berlin 2009.

Dahinden, Janine/Duemmler, Kerstin/Moret, Joëlle, Religion und Ethnizität: Welche Praktiken, Identitäten und Grenzziehungen? Eine Untersuchung mit jungen Erwachsenen, Schlussbericht im Nationalen Forschungsprogramm «Religion, Staat und Gesellschaft», Neuchâtel 2010, online www.nfp58.ch.

Dhakyal, Migmar, Zwei Kulturen, zwei Denkweisen. Ein gemeinsamer Weg tibetisch-buddhistischer Kultur und westlicher Denkweise, in: Schlieter, Jens et al., Hg., Die zweite Generation der Tibeter in der Schweiz: Identitätsaushandlungen und Formen buddhistischer Religiosität, Zürich 2014, 193–194.

Endres, Jürgen/Tunger-Zanetti, Andreas/Behloul, Samuel/Baumann, Martin, Jung, muslimisch, schweizerisch. Muslimische Jugendgruppen, islamische Lebensführung und Schweizer Gesellschaft. Ein Forschungsbericht, Luzern 2013.

Gärtner, Christel, Religiöse Identität und Wertbindungen von Jugendlichen in Deutschland, in: Kölner Zeitschrift für Soziologie und Sozialpsychologie, 65, 2013, 211–233.

Gebhardt, Winfried et al., Die Selbstermächtigung des religiösen Subjekts. Der «spirituelle Wanderer» als Idealtypus spätmoderner Religiosität, in: Zeitschrift für Religionswissenschaft, 13, 2, 2005, 133–152.

George, Kirsten et al., Das Bild des Islam und des Buddhismus. Eine empirische Untersuchung, in: Zeitschrift für Religionswissenschaft, 4, 1, 1996, 55–82.

Gerlach, Julia, Zwischen Pop und Dschihad: Muslimische Jugendliche in Deutschland, Berlin 2006.

Gianni, Matteo, Muslime in der Schweiz. Identitätsprofile, Erwartungen und Einstellungen, Eine Studie der Forschungsgruppe «Islam in der Schweiz» (GRIS), hg. von der Eidgenössischen Kommission für Migrationsfragen, Bern [2]2010, online verfügbar.

Hehli, Simon, Willst du später Knöpfe an einer Maschine drücken? Gute Bildung ist gerade für junge Muslime der Schlüssel zum sozialen Aufstieg, wie der Besuch in der Moschee von Will zeigt, in: Neue Zürcher Zeitung, 31.1.2015, 15.

Herding Maruta, Inventing the Muslim Cool: Islamic Youth Culture in Western Europe, Bielefeld 2013.

Jackson, Robert/Nesbitt, Eleanor, Hindu Children in Britain, Stoke-on-Trent 1993.

Juhasz, Anne/Mey, Eva, Die zweite Generation. Etablierte oder Aussenseiter? Biographien von Jugendlichen ausländischer Herkunft, Wiesbaden 2003.

Käppler, Christoph/Morgenthaler, Christoph, Hg., Werteorientierung, Religiosität, Identität und die psychische Gesundheit Jugendlicher, Stuttgart 2012.

Kind, Marietta, «Bin ich Buddhist?» Reflexionen zur Religiosität der zweiten Generation der Tibeter in der Schweiz, in: Schlieter, Jens et al., Hg., Die zweite Generation der Tibeter in der Schweiz: Identitätsaushandlungen und Formen buddhistischer Religiosität, Zürich 2014, 169–209.

Kind Marietta/Lauer, Tina, Die zweite Generation und ihre Beziehung zu zentralen tibetischen Vereinen und Organisationen in der Schweiz, in: Schlieter, Jens et al., Hg., Die zweite Generation der Tibeter in der Schweiz: Identitätsaushandlungen und Formen buddhistischer Religiosität, Zürich 2014, 61–126.

Kniss, Fred/Numrich, Paul D., Sacred Assemblies and Civic Engagement. How Religion matters for America's Newest Immigrants, New Brunswick/London 2007.

Kolmar-Paulenz, Karénina/Funk, Eva, Die Rezeption des tibetischen Buddhismus in öffentlichen Institutionen der Schweiz, Schlussbericht im Nationalen Forschungsprogramm 58, Bern 2010, online www.nfp58.ch.

Lamprecht, Markus et al., Die Schweizer Fussballvereine, Zürich 2012.

Lamprecht, Markus et al., Schweiz Sport 2014: Kinder und Jugendbericht, Magglingen 2015.

Lindegger, Peter, 20 Jahre Klösterliches Tibet-Institut Rikon/Zürich. Eine Bestandsaufnahme, Rikon 1988.

Monnot, Christoph, Hg., La Suisse des mosquées. Derrière le voile de l'unité musulmane, Genf 2013.

Morgenthaler, Christoph et al., Wertorientierungen und Religiosität – Ihre Bedeutung für die Identitätsentwicklung und psychische Gesundheit Adoleszenter, Schlussbericht im Nationalen Forschungsprogramm 58, Bern 2011, online www.nfp58.ch.

Nagel, Alexander-Kenneth, Hg., Religiöse Netzwerke. Die zivilgesellschaftlichen Potentiale religiöser Migrantengemeinden, Bielefeld 2015.

Namin, Parisa Javadian, Die Darstellung des Islam in den deutschen Printmedien am Beispiel von Spiegel und Bild, in: Geißler, Rainer/Pöttker, Horst, Hg., Massenmedien und die Integration ethnischer Minderheiten in Deutschland, Bielefeld 2005, 271–296.

Nökel, Sigrid, Die Töchter der Gastarbeiter und der Islam. Zur Soziologie alltagsweltlicher Anerkennungspolitiken. Eine Fallstudie, Bielefeld 2002.

Phalet, Karen et al., Ways of «Being Muslim»: Religious Identities of Second-Generation Turks, in: Crul, Maurice et al., Hg., The European Second Generation Compared. Does the Integration Context Matter?, Amsterdam 2012, 341–373.

Plüss, David/Portmann, Adrian, Säkularisierte Christen und religiöse Vielfalt. Religiöses Selbstverständnis und Umgang mit Pluralität innerhalb des Christentums, Schlussbericht im Nationalen Forschungsprogramm 58, Bern 2011, online www.nfp58.ch.

Schlieter, Jens et al., Hg., Die zweite Generation der Tibeter in der Schweiz: Identitätsaushandlungen und Formen buddhistischer Religiosität, Zürich 2014.

Schneuwly Purdie, Mallory, Peut-on intégrer l'islam et les musulmans en Suisse?, Charmey 2011.

Singh, Jasjit, Keeping the Faith: Reflections on Religious Nurture among Young British Sikhs, Journal of Beliefs and Values, 33, 3, 2012, 369–383.

Stolz, Jörg, Religion und Individuum unter dem Vorzeichen religiöser Pluralisierung, in: Bochinger. Christoph, Hg., Religion, Staat und Gesellschaft. Die Schweiz zwischen Säkularisierung und religiösem Wandel, Zürich 2012, 77–107.

Stolz, Jörg/Ballif, Edmée, Die Zukunft der Reformierten. Gesellschaftliche Megatrends – kirchliche Reaktionen, Zürich 2010.

Stolz, Jörg et al., Religion und Spiritualität in der Ich-Gesellschaft: Vier Gestalten des (Un-) Glaubens, Zürich 2014.

Tunger-Zanetti, Andreas/Schneuwly Purdie, Mallory, Switzerland, in: Nielsen, Jørgen et al., Hg., Yearbook of Muslims in Europe, Bd. 6, Leiden 2014, 582–595.

Walthert, Rafael, Ritual, Individuum und religiöse Gemeinschaft. Das International Christian Fellowship Zürich, in: Lüddeckens, Dorothea, Walthert, Rafael, Hg., Fluide Religion. Neue religiöse Bewegungen im Wandel, Bielefeld 2010, 243–268.

Alexander-Kenneth Nagel

Religion vernetzt: Zur Integrationsleistung religiöser Migrantengemeinden

1. Einleitung: Religiöse Migrantengemeinden als Integrationshelfer für Geflüchtete?

Die Integrationsleistung religiöser Migrantengemeinden ist spätestens im Zuge der sogenannten Flüchtlingskrise wieder auf die gesellschaftspolitische Agenda gelangt. Allein in der zweiten Hälfte des Jahres 2015 fanden sich in nationalen und regionalen Zeitungen und Blogs über 35 Artikel, die die Rolle religiöser Migrantenorganisationen in Deutschland bei der Unterstützung und Integration geflüchteter Menschen thematisieren. Im Zentrum der Aufmerksamkeit standen dabei einmal mehr Moscheevereine und islamische Verbände. Die weitaus meisten Beiträge unternehmen den Versuch einer lokalen Bestandsaufnahme muslimischer Unterstützungsmaßnahmen. Dazu gehören vor allem verschiedene Nothilfe-Maßnahmen, von Notunterkünften über medizinische Versorgung bis hin zu Kleider- und Essensspenden. Eine besondere liturgische Gelegenheitsstruktur dafür bot naturgemäß das Fastenbrechen im Ramadan, im Zuge dessen zahlreiche muslimische Gemeinden Flüchtlinge zum Essen eingeladen und umfassende Sach- und Geldspenden gesammelt haben. Deutlich seltener werden in der Medienberichterstattung seelsorgerliche Angebote und Fragen des Moschee-Asyls thematisiert. Auch integrationsförderliche Maßnahmen über die situative Unterstützung hinaus kommen nur vereinzelt in den Blick. Dabei handelt es sich meist um Angebote von Beratung und Begleitung, etwa im Rahmen von Tandems oder in Form sogenannter «Integrationslotsen».

Darüber hinaus wurde die Integrationsleistung religiöser Migrantengemeinden an anderer Stelle auch auf einer grundsätzlichen Ebene diskutiert. Im Zentrum stehen dabei Forderungen nach einem stärkeren Engagement der islamischen Verbände für die mehrheitlich muslimischen Flüchtlinge, die von so unterschiedlichen Akteuren wie dem ehemaligen Bundespräsidenten Christian Wulf[1] und dem Bundesvorsitzenden der Kurdischen Ge-

1 Vgl. Gorzewsk, Wie sich Islamverbände für Flüchtlinge engagieren.

meinde Deutschland, Ali Ertan Toprak, erhoben worden sind. Toprak hatte kritisiert, dass die in Deutschland lebenden Muslime zwar allenthalben Solidarität einfordern, sich aber bei der Unterstützung von Flüchtlingen «wegducken» würden[2], eine Polemik, die von der evangelikalen Nachrichtenagentur idea aufgegriffen und weiter zugespitzt wurde: Die Moscheevereine, so hieß es, hätten prinzipielle Berührungsängste mit den Flüchtlingen, da sie sie als Verräter an der Religion ansähen.[3]

Ausgewogener präsentiert sich ein Überblicksartikel in der ZEIT: Die Muslime in Deutschland hätten in Sachen Flüchtlingshilfe weniger ein Engagement- als ein PR-Problem. Die Flüchtlingskrise sei nicht weniger als eine Bewährungsprobe für die islamischen Verbände, eine Gelegenheit, sich zu professionalisieren und als relevanter Akteur der deutschen Zivilgesellschaft in Erscheinung zu treten.[4] Die Unterstützung von Flüchtlingen könnte auf diese Weise zu einem wichtigen Meilenstein auf dem Weg zu einem islamischen Wohlfahrtsverband werden.[5] Den Moscheevereinen käme dabei die Rolle von «Brückenbauern» zu, wie es der Bundesinnenminister Thomas de Maizière im Rahmen der Deutschen Islam Konferenz formuliert hat.[6] Demgegenüber wurde allerdings vereinzelt auch eine fundamentale Kritik an der Integrationsleistung muslimischer Gemeinden formuliert. So titelte ein ultrakonservatives katholisches Onlinemagazin: «Saudi-Arabien will in Deutschland 200 Moscheen für islamische Flüchtlinge bauen». Der Beitrag suggeriert, dass bestehende und neue Moscheen einer wahabitischen Indoktrinierung der Flüchtlinge Vorschub leisten, und spielt mit Ängsten vor einer «Fremdsteuerung» islamischer Verbände in Europa.[7]

Der kursorische Überblick über die Mediendebatte des vergangenen Jahres macht deutlich, dass für die Integrationsleistung religiöser Migrantengemeinden, nicht nur im Hinblick auf die aktuelle Fluchtmigration, weiterer Aufklärungs- und Forschungsbedarf besteht. Diese Forschungslücke hat eine konzeptionelle und eine empirische Dimension: Auf der konzeptionellen Ebene ist zu klären, wie die Integrationsleistung religiöser Gemein-

2 Vgl. Kurdische Gemeinde Deutschland, Keine Solidarität mit Flüchtlingen.

3 Vgl. Idea, Vorwurf: Moscheen kümmern sich nicht um Flüchtlinge.

4 Vgl. Thielmann, Profis verzweifelt gesucht.

5 Vgl. Bunjes, Deutsch, bedürftig, muslimisch.

6 Vgl. N-TV, Vorwurf: In diesem Jahr bislang 689.

7 Vgl. Becker, Saudi-Arabien will in Deutschland 200 Moscheen für islamische Flüchtlinge bauen.

schaften als kollektive Akteure adäquat verstanden und erfasst werden kann. Auf der empirischen Ebene ist zu klären, welche Angebote etablierte religiöse Migrantengemeinden bereits erbringen und welche Rolle Fragen der kollektiven Identität dabei spielen. Diese Problemstellung spiegelt sich auch im Aufbau des vorliegenden Beitrags wider: Im folgenden zweiten Abschnitt wird es zunächst darum gehen, Aspekte einer Mesoperspektive auf Integration zu skizzieren, die auf die zivilgesellschaftlichen Potenziale religiöser Migrantengemeinden abhebt. Im dritten Abschnitt wird ein Modell vorgestellt, das es ermöglicht, die Angebote und Vernetzungen religiöser Gemeinschaften beziehungsförmig zu beschreiben und im Kontext kollektiver religiöser Identitätsbildung ursächlich zu verstehen. Im vierten Abschnitt werden dann ausgewählte empirische Ergebnisse zur Wohlfahrtsproduktion religiöser Migrantengemeinden vorgestellt, die im Rahmen eines mehrjährigen kooperativen Forschungsprojekts entstanden sind. Abschnitt fünf fasst die zentralen Einsichten des Beitrags zusammen.

2. Integration und Identität: eine Mesoperspektive

Integration ist das unangefochtene Leitmotiv gesellschaftspolitischer und akademischer Migrationsdebatten. Im alltäglichen Sprachgebrauch ist damit zumeist eine Phase des Ankommens, Eingewöhnens und Sich-Anpassens im Anschluss an den eigentlichen Wanderungsvorgang gemeint. Die politische Relevanz zeigt sich in der Abgrenzung von Integrationspolitik als eigenständiger *policy domain* sowie in der Einrichtung von Integrationsbüros und -referaten als administrativen Trägern verschiedener Eingliederungsmaßnahmen. Das Einsickern des Integrationsbegriffs in die Alltagswirklichkeit und die politische Arena erweist sich dabei für die akademische Debatte zunehmend als Herausforderung. Das semantische Feld wird zunehmend unüberschaubar und die Grenze zwischen analytischen und normativen Verwendungsweisen verschwimmt. In der Folge mehren sich im sozial- und kulturwissenschaftlichen Bereich Stimmen, die vorschlagen, auf die Rede von der Integration ganz zu verzichten und nach alternativen Begrifflichkeiten zu suchen. Dazu gehoren etwa Konzepte der Akkommodation, Inkorporation, Assimilation und Inklusion. So nachvollziehbar das Motiv dieser begriffspolitischen Volten auch sein mag, so wenig lösen sie das Problem. Das erweiterte Begriffsfeld verbleibt im Bann der Integrationsdebatten und die politische sowie die akademische Diskussion werden weiter entkoppelt. Vor diesem Hintergrund soll es in diesem Abschnitt darum gehen, aus der Gegenüberstellung von drei verschiedenen Diskussionssträngen einen ersten konzeptionellen Zugang zur Integrationsleistung von Organisationen zu skizzieren.

Religiöse Migrantengemeinden bezeichnen in diesem Beitrag Gruppen von Menschen mit Migrationshintergrund, die in erster Linie auf geteilten religiösen Sinnzusammenhängen beruhen. Diese Gruppen lassen sich in verschiedene Richtungen abgrenzen:

1. Migration: Religiöse Migrantengemeinden unterscheiden sich von anderen religiösen Gemeinschaften dadurch, dass die Mehrheit ihrer Angehörigen einen Migrationshintergrund aufweist. Das schließt nicht aus, dass im Einzelfall auch Menschen ohne Migrationsgeschichte (z.B. Ehepartner oder Konvertiten) aktiv am Gemeindeleben teilnehmen können.
2. Religion: Religiöse Migrantengemeinden unterscheiden sich von anderen Formen der Migrantenselbstorganisation durch ihre primäre Ausrichtung auf Aspekte der religiösen Lebensführung und Selbstvergewisserung, etwa mit Blick auf religiöse Erziehung oder gemeinsame Rituale und Feste. Im Unterschied zu anderen Einrichtungen wie Kaffeehäusern oder Kulturvereinen haben Religionsgemeinschaften nicht nur das Diesseits im Blick, sondern sind ihrem Selbstverständnis nach auch auf das jenseitige Heil ihrer Mitglieder hin orientiert.
3. Gemeinde: Religiöse Migrantengemeinden unterscheiden sich von lediglich individuellen Formen der religiösen Betätigung und Selbstvergewisserung im Migrationskontext durch einen höheren Grad der wechselseitigen Bezogenheit und Verbindlichkeit. Der Ausdruck Gemeinde soll dabei ein Element religiöser Vergemeinschaftung anzeigen, das über einen bloßen Zweckverband hinausgeht und mit spezifischen, oft theologisch verankerten, Vertrauens- und Verpflichtungsbeziehungen verbunden ist. In diesem weiten Verständnis ist der Begriff nicht auf christliche Gemeinden beschränkt.

In der *soziologischen Debatte* ungebrochen dominant ist das handlungstheoretische Integrationsmodell von Hartmut Esser. Es basiert auf der Grundunterscheidung von Sozialintegration als Form der Einbeziehung individueller Akteure in eine soziale oder kulturelle Struktur und von Systemintegration als Maß für den Zusammenhalt bzw. soziale Ordnung.[8] Innerhalb der Sozialintegration unterscheidet Esser vier Mechanismen: Kulturation bezeichnet die Vertrautheit mit dem kulturellen System der Aufnahmegesellschaft,

8 Esser, Soziologie. Spezielle Grundlagen, 270f.

vor allem die Beherrschung der Verkehrssprache, Platzierung bezeichnet die Teilhabe an ökonomischen und politischen Prozessen, etwa die Eingliederung in den Arbeitsmarkt, Interaktion bezieht sich auf den sozialen Austausch mit Angehörigen der Aufnahmegesellschaft und Identifikation beschreibt die Akzeptanz ihrer zentralen Werte, Normen und Institutionen.[9] Der Reiz dieses Modells besteht darin, dass es (vermeintlich) klare Dimensionen benennt, anhand derer sich individuelle Integrationsverläufe operationalisieren lassen. Kritikwürdig erscheint hingegen die Tendenz, die Aufnahmegesellschaft monolithisch als eine Art Benchmark festzuschreiben. Integration wird so zu einer individuellen Bringschuld und ist mit weitreichenden Assimilationserwartungen verbunden, die sich nicht in der Beherrschung allgemeiner Kulturtechniken erschöpfen, sondern Identifikation in einem emphatisch-bekenntnisförmigen Sinne einfordern.

Im Bereich der *politikwissenschaftlichen* und *sozialhistorischen* Migrationsforschung hat sich darüber hinaus die Unterscheidung zwischen sozialer und struktureller Integration etabliert, wie sie prominent etwa von Dietrich Thränhardt vertreten wird.[10] Soziale Integration bezeichnet hier Kontakte und Beziehungen, die über die religiös oder landsmannschaftlich definierte Eigengruppe hinausreichen, von inter-ethnischen Freundschaften bis zu binationalen Ehen. Sie weist somit Überschneidungen zu Essers Interaktionsdimension auf. Strukturelle Integration bezieht sich auf die Teilhabe am Erwerbs- und Bildungssystem der Aufnahmegesellschaft und führt insoweit Aspekte der Platzierung und Kulturation bei Esser zusammen. Eine ausdrückliche Identifikation mit den kulturellen Werten der Aufnahmegesellschaft gilt hier, anders als bei Esser, nicht als Kriterium für Integration. Integriert ist, wer einen Bildungsabschluss und eine Erwerbsperspektive erlangt und soziale Beziehungen jenseits der eigenen In-Group hinaus unterhält. Eine über den Spracherwerb hinausreichende kulturelle Assimilation wird hingegen nicht vorausgesetzt.

Damit eng verbunden ist ein Verständnis von Diaspora-Integration, das vor allem in der *kultur-* und *religionswissenschaftlichen* Migrationsforschung bedeutsam geworden ist. Dieser Zugang beruht im Wesentlichen auf der Leitunterscheidung zwischen struktureller Integration und kultureller Assimilation bzw. Bewahrung. Das zentrale Argument lautet, dass eine produktive Beteiligung an den Bildungs- und Erwerbsprozessen der Aufnahmege-

9 Ebd., 272ff.

10 Vgl. Thränhardt/Winterhagen, Der Einfluss der katholischen Migrantengemeinden auf die Integration südeuropäischer Einwanderergruppen in Deutschland.

sellschaft kulturelle Anpassung nicht nur nicht voraussetzt, sondern dass sich umgekehrt die Pflege der Kultur und Religion des Herkunftslandes positiv auf die strukturelle Integration der Immigranten auswirken kann bzw. diese erst ermöglicht.[11] Zur Begründung wird auf die identitäts- und orientierungsstiftende Kraft einer Rückbesinnung auf die eigenen kulturellen Wurzeln verwiesen. Die Pflege religiöser Gebräuche und der Sprache der Herkunftsregion, so die These, kann als eine Art Identitätsressource wirksam werden und so den Grundstein für soziale und strukturelle Integration (im o.a. Sinne) legen.

Im Zentrum der genannten Ansätze steht die Integration individueller Akteure durch Einbettung in bestehende Netzwerke und Einbindung in bestehende Strukturen. Wollte man Essers Verständnis von Sozialintegration auf religiöse Migrantengemeinden übertragen, so müsste man ihren Beitrag zur Kulturation, Platzierung, Interaktion und Identifikation einzelner Mitglieder dokumentieren. Wie aus der Evaluationsforschung bekannt, lassen sich die Effekte organisatorischer Maßnahmen auf individuelle Lebensverläufe allerdings nur schwer isolieren. Auch im Anschluss an Thränhardt wäre zu fragen, inwieweit religiöse Migrantengemeinden die Bildungs- und Erwerbsverläufe ihrer Anhänger sowie deren Vernetzung über den Gemeindezusammenhang hinaus fördern (oder zumindest nicht behindern). Im Unterschied zum rein mikrosoziologischen Ansatz von Esser lassen sich hier auch Ansatzpunkte für eine organisationsanalytische Perspektive finden. So haben Thränhardt und Winterhagen in einem Beitrag zu Migrationskirchen auf verschiedene Dimensionen kollektiver Identität (Rückkehrhoffnung, Nationalbewusstsein, Endogamie) und der Sozialstruktur als Einflussfaktoren für die Integrationsleistung religiöser Migrantengemeinden hingewiesen.[12] Die Pflege der religiösen Herkunftskultur gilt hier weder als hinderlich noch als besonders förderlich für die strukturelle und soziale Integration der Mitglieder. Demgegenüber wäre ausgehend von einem Verständnis von Diaspora-Integration zu untersuchen, a) inwieweit religiöse Migrantengemeinden zur Entwicklung eines positiven kollektiven Selbstbildes beitragen, das individuelle und kollektive Handlungsressourcen freisetzt, b) inwieweit sie kulturelle Übersetzungsleistungen erbringen, die ein Engagement über die religiöse oder landsmannschaftliche In-group hinaus ermöglichen und c) inwieweit bestehende Angebote der Kulturpfle-

11 Baumann, Religion und ihre Bedeutung für Migranten, 26f.

12 Vgl. Thränhardt/Winterhagen, Der Einfluss der katholischen Migrantengemeinden auf die Integration südeuropäischer Einwanderergruppen in Deutschland.

ge auch die generischen Kompetenzen der Nutzer in einer Weise stärken, dass sie davon im Bildungs-, Erwerbs- oder politischen System der Aufnahmegesellschaft profitieren können.

In Anbetracht der Schwierigkeit, die Integrationsleistung religiöser Migrantengemeinden an ihren Effekten für individuelle Lebensverläufe festzumachen, soll der Blick im Folgenden auf die zivilgesellschaftlichen Potenziale dieser Gemeinden als Ermöglichungsstrukturen für gesellschaftliche Teilhabe gerichtet werden. Eine solche potenzialorientierte Perspektive erscheint programmatisch und heuristisch angesichts der verbreiteten gesellschaftspolitischen und akademischen Skepsis gegenüber Migrantenselbstorganisationen als «Parallelgesellschaften» oder «ethnischen Kolonien» geboten. Dadurch soll freilich nicht in Abrede gestellt werden, dass religiöse Migrantengemeinden im Einzelfall auch gesellschaftliche Teilhabe erschweren und Verwirklichungschancen vermindern können.

3. Die zivilgesellschaftlichen Potenziale religiöser Migrantengemeinden: ein Netzwerkmodell

Dies ist nicht der Ort für eine ausführliche Abhandlung über Konzepte von Zivilgesellschaft und ihre Ideengeschichte.[13] Das Ziel ist vielmehr, aus einer kursorischen Zusammenschau neuerer Überblicksbeiträge empirisch anschlussfähige Ansatzpunkte zu gewinnen.[14]

Mit Frank Adloff ist unter Zivilgesellschaft zunächst «die plurale Gesamtheit der öffentlichen Assoziationen, Vereinigungen und Zusammenkünfte» zu verstehen, «die auf dem freiwilligen Zusammenhandeln der Bürgerinnen und Bürger beruhen».[15] Der zivilgesellschaftliche Bereich ist darüber hinaus «unabhängig vom staatlichen Apparat [...] und wirtschaftlichen Profitinteressen», aber auch von der Privatsphäre.[16] Parallel dazu lässt sich Zivilgesellschaft mit Dieter Gosewinkel als ein «Raum sozialen Handelns» verstehen, der zwischen Staat, Wirtschaft und privatem Bereich angesiedelt ist: «Dieser Zwischen-Raum [...] ist der Ort, an dem freie Assoziationen in besonderer Verdichtung und Intensität das soziale und politische Handeln prägen. Er zeichnet sich durch ein besonders hohes Maß gesell-

13 Vgl. Klein, Der Diskurs der Zivilgesellschaft.

14 Zum Folgenden ausführlich: Nagel, Einleitung zu Religiöse Netzwerke sowie Liedhegener, Ein kleiner, aber feiner Unterschied, 124ff.

15 Adloff, Zivilgesellschaft, 8.

16 Ebd.

schaftlicher Selbstorganisation aus».[17] Einer solchen «bereichsbezogenen» Begriffsbestimmung stellt Gosewinkel in der Folge «handlungsbezogene Definitionen» von Zivilgesellschaft gegenüber. Im Zentrum stehen hier «normative Grundannahmen über die Qualität sozialen Handelns bzw. eines gesellschaftlichen Zusammenhangs» und mithin ein bestimmter «Kanon von Werthaltungen und Verhaltensmodi» als Kennzeichen von Zivilität.[18]

Wo aber bleibt die Religion? Für Gosewinkel gehört es zu den «offenkundigen Blindstellen des theoretischen Konzepts Zivilgesellschaft, [...] die Rolle der Religion in der Begründung und Praxis zivilgesellschaftlicher Organisationsformen übergangen und unterbewertet» zu haben.[19] Manuel Borutta verweist in diesem Zusammenhang sogar auf eine «säkularistische Norm», die analytische und normative Verständnisse von Zivilgesellschaft gleichermaßen prägt und dabei «den Blick auf die enge Verflechtung und positive Beziehung von Religion und Zivilgesellschaft» verstellt.[20] Für ihn wird Religion zivilgesellschaftlich dann relevant, wenn sie aus eigener Kraft «intermediäre Organisationen» ausformt, die im weiteren Sinne «gemeinwohlorientiert» sind.[21] Das normative zivilgesellschaftliche Potenzial religiöser Gemeinschaften beurteilt Borutta ambivalent: «Religion kann zivilgesellschaftliche Strukturen und Kulturen der Zivilität bekämpfen [...], indem sie sich gegen Pluralismus und Toleranz wendet und Gewalt predigt. Sie kann indes auch das Gegenteil intendieren und bewirken».[22]

Auch wenn bereichsbezogene Definitionsansätze die Eigenständigkeit einer zivilgesellschaftlichen religiösen Sphäre im Unterschied zu Staat und Markt hervorheben, so ist doch gerade in korporativen Staaten, die auf eine weitreichende Einbindung religiöser Verbände setzen, die Abgrenzung zwischen zivilgesellschaftlichen und staatstragenden religiösen Strukturen häufig unklar. In diesem Zusammenhang hat der Historiker Paul Nolte für die Bundesrepublik Deutschland drei Phasen der Staatsnähe bzw. -ferne religiöser Gemeinschaften unterschieden:[23] Die erste Phase in den 1950er- und 1960er-Jahren ist geprägt durch die starke Einbeziehung der beiden

17 Gosewinkel, Zivilgesellschaft, Ziffer 7.

18 Ebd., Ziffer 8–9.

19 Ebd., Ziffer 17.

20 Vgl. Borutta, Religion und Zivilgesellschaft, 2.

21 Ebd., 3.

22 Ebd., 9.

23 Vgl. Nolte, Religion als zivilgesellschaftliche Ressource.

großen Kirchen in das staatliche Gefüge.[24] Diese «traditionelle» Phase geht im Zuge der kulturellen Umbrüche nach 1968 in eine «Bewegungsphase» über: «Politische Aktion und soziales Engagement und kulturelle Erneuerung verlagern sich tendenziell aus der staatlichen Sphäre in jene der Gesellschaft».[25] Dadurch kommt es zwar einerseits zur Auflösung traditioneller konfessioneller Milieus, andererseits treiben «religiöse Motive und Lebenshaltungen [...] den kulturellen Wandel jener Jahre entscheidend mit voran». Mit dem Fall des Eisernen Vorgangs wird die Bewegungsphase schließlich durch eine «postsäkulare» bzw. «multireligiöse» Phase abgelöst. Die Zivilgesellschaft gilt nunmehr «weniger als Ort des Protests und des Konfliktes zwischen Bürgern und Staat [...], sondern als ein Aushandlungsraum der Identitäten verschiedener Gruppen, die dennoch ihr friedliches Zusammenleben organisieren wollen».[26]

Das Konzept der zivilgesellschaftlichen Potenziale religiöser Migrantengemeinden in diesem Beitrag knüpft an die vorgenannten Überlegungen an, insoweit es die Rolle dieser Gemeinden bei der Aus- und Mitgestaltung der religiös und weltanschaulich pluralen Zivilgesellschaft in den Blick nimmt. Aus den konzeptionellen Debatten über Religion und Zivilgesellschaft ergeben sich dabei verschiedene empirische Anschlussstellen. Dazu gehört zum einen die Fähigkeit religiöser Migrantengemeinden zu *Selbstorganisation* und sozialer *Mobilisierung*[27] sowie zum anderen die Ausbildung und praktische Entfaltung eines *öffentlichen Bewusstseins*, bis hin zu einer substanziellen *Gemeinwohlorientierung*.[28]

Die zivilgesellschaftlichen Potenziale religiöser Migrantengemeinden werden im Folgenden anhand ihrer Angebote und Vernetzungen operationalisiert: *Angebote* umfassen soziale Dienstleistungen, die durch Migrantengemeinden für ihre Mitglieder, aber auch darüber hinaus offeriert werden, etwa im Bereich der Bildungs-, Jugend- oder Seniorenarbeit. Diese Angebote haben ihr Gegenstück in öffentlich geförderten Wohlfahrtsleistungen des Sozialstaats oder gesellschaftlicher Verbände und ergänzen oder entlasten diese. *Vernetzungen* beziehen sich auf Interaktionen mit anderen religiösen und nichtreligiösen Akteuren der Aufnahmegesellschaft und ihre soziale Einbettung über den eigenen Gemeindezusammenhang hinaus. Dabei ist

24 Vgl. Nolte, Religion 138.
25 Nolte, Religion, 141.
26 Vgl. Nolte, Religion, 147.
27 Vgl. dazu auch den Beitrag von Markus Ries in diesem Band.
28 Vgl. dazu den Beitrag von Martin Baumann in diesem Band.

der zivilgesellschaftliche Kontext prinzipiell nicht nur national zu verstehen. Auch grenzüberschreitende Unterstützungsleistungen, etwa im Rahmen von Entwicklungs- oder Katastrophenhilfe, können als Beitrag zu einer transnationalen Zivilgesellschaft verstanden werden.

Die zivilgesellschaftlichen Potenziale religiöser Migrantengemeinden sind kein abstraktes Attribut, sondern das Resultat konkreter Sozialbeziehungen. Aus diesem Grund sollen sie im Folgenden nicht als Eigenschaften einer Organisation, sondern netzwerkanalytisch erfasst werden. Die Netzwerkanalyse beschreibt soziale Sachverhalte durch Beziehungen, die ihrerseits durch Knoten und Kanten gekennzeichnet sind. Dabei stehen die Knoten in der Regel für die beteiligten Akteure und die Kanten für die Inhalte, die Richtung und Intensität ihrer Beziehungen.[29] Zentral für die Differenzierung der Integrationsleistung bzw. der zivilgesellschaftlichen Potenziale sind dabei vor allem die Beziehungsinhalte, also die Art bzw. Qualität der Beziehung zwischen zwei Knoten.[30] Für die Angebote und die Vernetzung religiöser Migrantenorganisationen lassen sich idealtypisch folgende Beziehungsinhalte unterscheiden:

1. *Kontaktpflege* umfasst Aufwendungen für den Aufbau oder die Erhaltung des sozialen Kapitals einer Gruppe. Darunter fallen nach innen alle Angebote zur Vergemeinschaftung vom unspezifischen Gemeindecafé oder der Teestube im Moscheeverein[31] bis zu verschiedenen Frauen-, Männer- und Jugendkreisen. Nach außen umfasst Kontaktpflege z.B. Vertrauensarbeit im Quartier, Adressentausch, Small Talk, mündliche und schriftliche Einladungen sowie gegenseitige Besuche.
2. *Transfer von Geld und Gütern* umfasst die Übertragung von ökonomischem Kapital wie Geld, Titeln und Vermögensgegenständen. Beispiele sind Geld- und Sachspenden, etwa die Überlassung einer Buddha-Figur von einem thailändisch-buddhistischen Tempel an ein lokales Museum oder die finanzielle Beteiligung einer Moscheegemeinde an einer multireligiösen Kapelle.
3. *Wissenstransfer* umfasst die Weitergabe von kulturellem Kapital in Form von Struktur-, Prozess- oder Handlungswissen. Dabei sind *religiöse* (Religionsunterricht bzw. -unterweisung, Liturgiesprache, Rituale etc.) und

29 Vgl. hierfür Knoke/Kuklinski, Network Analysis, 9ff sowie Scott, Social Network Analysis, 2ff.

30 Vgl. Knoke/Kuklinski, Network Analysis, 15ff.

31 Vgl. Ceylan, Ethnische Kolonien.

säkulare (Nachhilfe für die Schule, Übersetzungen, Rechts- und Sozialberatung, Ämterhilfe) Wissensbestände zu unterscheiden.

4. *Soziale Dienste* umfassen die Mobilisierung von Humankapital, also die Erbringung von Leistungen, die bestimmte Fähigkeiten oder Kompetenzen erfordern, aber nicht primär auf den Austausch von Wissen angelegt sind. Beispiele sind unterstützende Tätigkeiten, etwa im Bereich Altenhilfe oder Jugendarbeit, Haushaltshilfe sowie die Mitarbeit bei Veranstaltungen und dem Bau bzw. der Instandhaltung von Gemeindestruktur.
5. *Öffentliche Fürsprache* umfasst die Übertragung von symbolischem Kapital in Form affirmativer Sprechakte und diskursiver Unterstützung. Im Vordergrund stehen hier öffentliche Äußerungen, durch die ein Akteur sich hinter einen anderen Akteur stellt, sodass dieser von seiner Reputation profitieren kann. Beispiele sind positive Einlassungen christlicher Vertreter zum Bau einer repräsentativen Moschee oder muslimische Anwaltschaft gegen die Schließung einer Kirche.
6. *Interessensvertretung* bezieht sich auf die Bündelung und politische Aktivierung von institutionellem bzw. politischem Kapital und umfasst alle Versuche der Einflussnahme auf Entscheidungsprozesse. Beispiele sind die kommunalpolitische Zusammenarbeit unterschiedlicher muslimischer Vereine sowie der Einsatz der Syrisch-Orthodoxen Kirche in Deutschland für die Aufnahme von christlichen Flüchtlingen aus Syrien und dem Nordirak.
7. *Seelsorge* umfasst persönliches Empowerment durch die Vermittlung von Trost, Selbstwertgefühl, Nähe und Vertrauen, etwa im Rahmen informeller Krisengespräche und freundschaftlicher Unterstützung. Sie umfasst weiterhin Formen der *religiösen Beratung*, die religiös begründetes Handlungswissen mit konkreten Weisungen oder Ratschlägen zur Lebensführung verbindet. Beispiele sind Fatwas zum Umgang mit bestimmten Herausforderungen der Migrationssituation oder die Unterweisung durch buddhistische Mönche.
8. *Religiöse Heilung* umfasst schließlich rituelle oder spirituelle Techniken zur Beseitigung von körperlichem oder psychischem Schmerz und Krankheit. Beispiele sind gemeinschaftliche Formen des «Gesundbetens», wie sie vor allem in freikirchlichen Gemeinden verbreitet sind, aber auch Formen der Krankensalbung und Segnung sowie therapeutische Rituale zur Traumabewältigung.

Ob und in welchem Umfang diese Beziehungsinhalte in einer Religionsgemeinschaft realisiert sind, hängt von einer Reihe struktureller und ideeller *Einflussfaktoren* ab. Dazu gehören nicht zuletzt verschiedene Aspekte der *kollektiven Identität*, die sich u.a. aus dem theologischen Selbstverständnis, einer gemeinsamen Migrationsgeschichte und der öffentlichen Wahrnehmung der religiösen Gruppe ergeben:

1. *Religiöses Selbstverständnis*: Religiöse Weltbilder und theologische Interpretationen in religiösen Migrantengemeinden können einen unmittelbaren Einfluss auf ihre zivilgesellschaftlichen Potenziale haben. Dazu können einerseits *ekklesiologische Vorstellungen* von der religiösen Gemeinschaft und ihren Grenzen gehören: Welche sozialen Unterschiede werden nach innen hin theologisch konstruiert (z.B. Kastenwesen, Laien vs. Spezialisten)? Wie wird der Umgang mit dem religiösen oder nichtreligiösen Anderen geregelt (Mission, Toleranz, Ablehnung)? Wie wird die eigene Migrationserfahrung und Minderheitenposition religiös gedeutet und wie wirkt sich dieses kollektive Selbstbild auf die öffentliche Orientierung aus? Andererseits ist zu vermuten, dass die Angebote und Vernetzungen von Religionsgemeinschaften in hohem Maße durch das jeweilige religiöse *Solidarethos* geprägt sind. Dazu gehören Fragen wie: Wer schuldet wem in welchem Maße welche Art von Hilfe? Sind Hilfeleistungen auf den Nahraum der Gemeinde beschränkt? Und: Ist der Dienst am Nächsten ggf. relevant für die Erlangung religiösen Heils?
2. *Migrationsgeschichte*: Neben den im engeren Sinne religiösen Faktoren können sich auch die Migrationsgeschichte bzw. der Migrationsverlauf auf die zivilgesellschaftlichen Potenziale religiöser Migrantengemeinden auswirken. Dies ist vor allem dann der Fall, wenn die Migration in Wellen mit klar begrenzten Kohorten verläuft, die sich kollektiv mit bestimmten geteilten Migrationserfahrungen identifizieren. Hier können insbesondere Erfahrungen der Ausgrenzung und Vertreibung als religiöse Minderheit in den Herkunftsländern zum Anlass religiöser Selbstorganisation im Aufnahmeland werden. Ein weiterer Aspekt sind erloschene Rückkehrhoffnungen aufgrund politischer Entwicklungen oder Entfremdung, die eine Ausweitung der religiösen und kulturellen Angebote sowie die Vernetzung mit der Aufnahmegesellschaft befördern können.
3. *Öffentliche Wahrnehmung*: Neben internen Prozessen der religiösen Selbstvergewisserung im Kontext geteilter Migrationserfahrungen kann

auch die öffentliche Wahrnehmung einer Religionsgemeinschaft Auswirkungen auf ihre kollektive Identität und mithin auf ihre zivilgesellschaftlichen Potenziale haben. Dies zeigte sich besonders deutlich nach den Anschlägen vom 11. September 2001 und der darauf folgenden Legitimationskrise des Islams in Europa: Muslimische Migrantengemeinden sahen sich weit stärker als zuvor in der Pflicht, inter- und außerreligiöse Netzwerke zu kultivieren, um der wahrgenommenen Observanz und Skepsis der Aufnahmegesellschaft zu begegnen. Dieser Gefährdungsdiskurs gegenüber dem Islam ist zugleich eng verbunden mit einem Bild von Europa als «christlichem Abendland», dessen Ideengeschichte bis in die Romantik und darüber hinaus zurückreicht. Daraus ergibt sich zugleich ein Affinitätsdiskurs, der christlichen Migrantengemeinden eine prinzipielle Ähnlichkeit und Übereinstimmung mit den Werten der Aufnahmegesellschaft bescheinigt. Schließlich mag im Einzelfall auch eine pauschal positive Wahrnehmung vorherrschen, etwa mit Blick auf asiatische Religionen, die die zivilgesellschaftlichen Potenziale beeinflusst und die ich als Exotisierungsdiskurs bezeichne.

4. Die zivilgesellschaftlichen Potenziale religiöser Migrantengemeinden: Ausgewählte Ergebnisse

Die folgende Darstellung ist das Resultat eines längeren kooperativen Forschungsprozesses im Rahmen der NRW-Nachwuchsforschergruppe «Religion vernetzt. Zivilgesellschaftliche Potentiale religiöser Vergemeinschaftung», die am Centrum für Religionswissenschaftliche Studien (CERES) der Ruhr-Universität Bochum angesiedelt war. Die gemeinsame Arbeit basierte auf einem religionsvergleichenden Fallstudiendesign, das unterschiedliche religiöse Traditionen (Islam, Christentum, Hinduismus, Buddhismus, Yezidentum) und Herkunftsregionen umfasste (Osteuropa, Balkan, Nordafrika, Naher Osten, Südasien, Südostasien). Die Fallstudien sind zum größten Teil in fortlaufendem Austausch miteinander entstanden und ermöglichen auf diese Weise komparative Einsichten zum Beziehungsspektrum verschiedener Migrantengemeinden und relevanten internen und externen Einflussfaktoren. Empirisch beruhen sie auf einem Methodenmix aus teilnehmender Beobachtung (z.B. zum liturgischen Framing sozialer Dienste) sowie Leitfadeninterviews mit Gemeindeleitern und Mitgliedern in Verbindung mit einem (egozentrierten) Netzwerkinstrument. Die auf diese Weise gewonnenen Daten wurden in Form von Beobachtungsprotokollen und Transkripten verschriftlicht und zunächst fallbezogen und dann vergleichend im Rahmen einer qualitativen Inhaltsanalyse entlang der genannten Beziehungsinhalte und Einflussfaktoren ausgewertet. Zusammengenommen stellt das gewählte Vorgehen eine Variante qualitativer Netzwerkanalyse dar.[32]

Im Folgenden werden zunächst exemplarische Formen von Angeboten und Vernetzung beschrieben und dann mit Blick auf die vorgestellten Einflussfaktoren analysiert.

Darstellung 1: Angebotsspektrum religiöser Migrantengemeinden

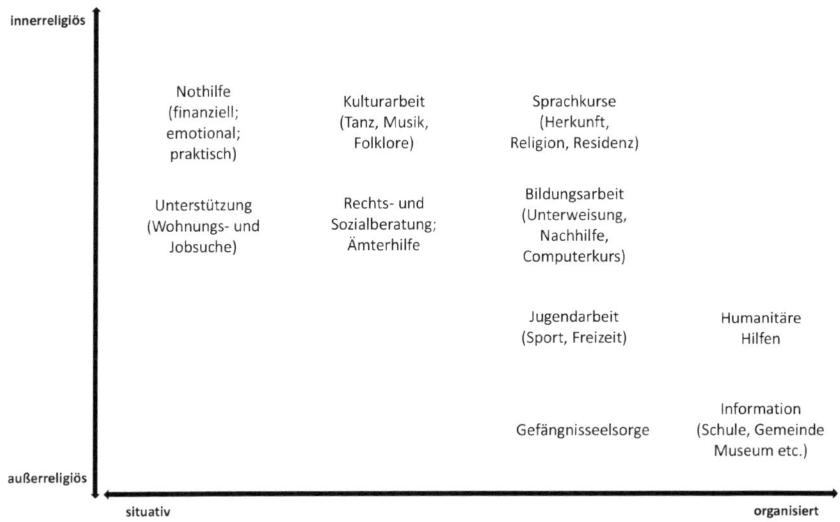

Darstellung 1 fasst das Angebotsspektrum der religiösen Migrantengemeinden im Sample zusammen. Dabei sind die Unterstützungsleistungen nach ihrem primären Beziehungskontext und ihrem Organisationsgrad geordnet. Hier sind zunächst verschiedene Formen *situativer Nothilfe und Unterstützung* zu nennen. Sie werden in der Regel von Gemeindemitgliedern für Gemeindemitglieder erbracht und nur in Ausnahmefällen zentral gesteuert. Allerdings bieten einige Religionsgemeinschaften eine Art liturgischen Rahmen für die öffentliche Artikulation von Unterstützungsbedarf, etwa in Form von Zeugnissen oder Bittgebeten. Art und Umfang der Nothilfe orientieren sich am konkreten Bedarf sowie an den Möglichkeiten der Unterstützer.

32 Vgl. Hollstein, Qualitative Methoden und Netzwerkanalyse.

Typische Beispiele sind (meist geringe) finanzielle Zuschüsse, praktische Hilfe beim Wohnungswechsel oder Hausbau sowie die Vermittlung von Arbeitsgelegenheiten. Darüber hinaus engagieren sich fast alle Gemeinden für die *Pflege der Herkunftskultur* und bieten *niedrigschwellige Beratungsangebote* zu Fragen des Aufenthaltsrechts oder Verwaltungsangelegenheiten. Diese Angebote richten sich über den engeren Kreis der Gemeindemitglieder hinaus auch an andere Angehörige der entsprechenden Migrationsgruppe. Sie sind institutionalisiert in Form einer basalen Arbeitsteilung (thematische Ansprechpartner) und teilweise in Form fester Sprechzeiten.

Davon zu unterscheiden sind stärker strukturierte und formalisierte Angebote wie *Sprachkurse* (zur Pflege der Herkunftssprache, zum Erlernen der Kultsprache oder zur Verbesserung der Deutschkenntnisse), der religiösen und nichtreligiösen *Bildungsarbeit* sowie der *Jugendarbeit.* Diese finden in der Regel zu festen Zeiten statt und setzen eine regelmäßige Teilnahme voraus. Basieren die angeführten niedrigschwelligen Angebote fast ausschließlich auf Ehrenamt und dem freiwilligen Engagement Einzelner, werden für die Bildungs- und Jugendarbeit häufig nebenamtliche Kräfte (auf Honorarbasis oder in Teilzeit) beschäftigt. Gerade in muslimischen Gemeinden sind dies zuweilen auch Angehörige mit einer sozialpädagogischen oder sozialwissenschaftlichen Qualifikation. Prinzipiell stehen Kursangebote und Jugendarbeit auch Interessenten außerhalb der Gemeinden offen, werden allerdings in diese Richtung nicht ausdrücklich beworben. Institutionell wird die Jugendarbeit zunehmend auf der Ebene des Gemeindevorstands oder durch eigens ernannte Referenten abgebildet. Schließlich sind noch Angebote zu nennen, die sich explizit an Adressaten außerhalb der lokalen Gemeinde richten. Beispiele dafür sind einerseits *humanitäre Hilfen*, meist in Form von Spendenkampagnen, die auch über die Herkunftsregion und die eigene religiöse Tradition hinaus betrieben werden. Gerade bei den Migrationskirchen sind dabei soziale Unterstützung und Evangelisation zum Teil eng verknüpft. Außerdem bieten einige Gemeinden eine strukturierte *Informationsarbeit* in Richtung der Aufnahmegesellschaft an, etwa in Form von Broschüren, Ausstellungen und Vorträgen. Damit ist auch bereits der Bogen zur Vernetzung geschlagen.

Darstellung 2: Vernetzung religiöser Migrantengemeinden

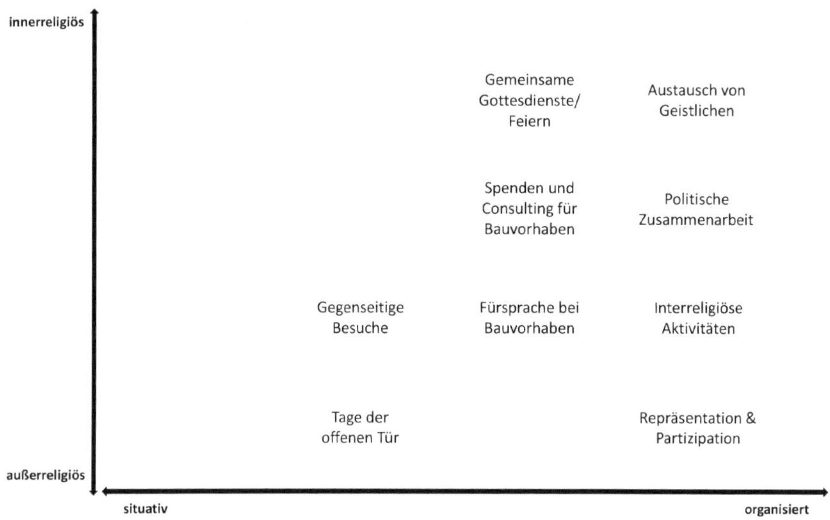

Über die beschriebenen Angebote hinaus sind religiöse Migrantengemeinden in verschiedene Interaktionszusammenhänge eingebunden (vgl. Darstellung 2). Basale Formen der Vernetzung sind *gegenseitige Besuche* der Angehörigen räumlich benachbarter Religionsgemeinschaften. Diese (interreligiösen) Besuche finden unregelmäßig und häufig in Verbindung mit religiösen Festen statt und beinhalten mitunter eine gemeinsame Mahlzeit, etwa im Rahmen eines Osterfrühstücks oder Fastenbrechens. Eine Variante davon sind *Tage der offenen Tür*, an denen sich die Religionsgemeinschaft durch Führungen und Vorträge einer inter- und außerreligiösen Öffentlichkeit vorstellt. In beiden Fällen sind auch stärker institutionalisierte Varianten denkbar. So finden Tage der offenen Tür zuweilen im Rahmen größerer Kampagnen statt, und auch Besuche können in ein übergeordnetes interreligiöses Rahmenkonzept eingebettet sein. Darüber hinaus lassen sich verschiedene Formen und Foren inner- und intrareligiöser Vernetzung unterscheiden. Während sich die innerreligiöse Vernetzung vor allem auf *gemeinsame Gottesdienste und Feiern* erstreckt, gerade auch bei kleineren und räumlich disparateren Gruppen wie Buddhisten, Hindus oder Yeziden, bezieht sich intrareligiöse Vernetzung auf die *theologische und politische Zusammenarbeit* im Rahmen von Dachverbänden wie dem Zentralrat der Muslime in Deutschland oder stärker situativ auf verbandsübergreifende Spendenkampagnen zur Errichtung einer repräsentativen Moschee. Im Zusammenhang mit repräsentativen Sakralbauten kommt es auch immer wieder zu interreligiöser Zusammenarbeit, sei es situativ in Gestalt *öffentlicher Fürsprache* (wenn sich etwa eine lokale Kirchengemeinde für den Bau stark macht) oder institutionell durch einen religionsübergreifend zusammengesetzten *Beirat*.

Neben der systematischen Beschreibung der Angebote und Vernetzung von religiösen Migrantengemeinden bestand ein weiteres Forschungsziel darin, das Verhältnis zwischen den zivilgesellschaftlichen Potenzialen und verschiedenen Aspekten der kollektiven Identität besser zu verstehen.

Mit Blick auf das *religiöse Selbstverständnis* war es ein wesentlicher Ausgangspunkt für die vergleichende Analyse, dass sich doktrinäre Unterschiede im Bereich der Solidarethik und Ekklesiologie auf die zivilgesellschaftlichen Potenziale religiöser Migrantengemeinden auswirken. Empirisch fanden sich indes keine Hinweise auf einen Zusammenhang von *solidarethischen Vorstellungen* und Angeboten. Vielmehr stellen alle untersuchten Gemeinden soziale Dienste bereit, auch wenn diese nicht immer theologisch gefordert werden, weisen dabei aber eine starke Binnenorientierung auf. So orchestrieren etwa tamilische Hindutempel eine relativ große Bandbreite an Unterstützungsleistungen, etwa im Bereich der Ämterhilfe oder Hausaufgabenbetreuung, obgleich Aspekte der Nächstenhilfe in ihrer religiösen Traditionslinie kaum verankert sind. Wirkmächtiger als die abstrakte Lehre ist hier der faktische Bedarf. Auch demografische Faktoren können das religiöse Selbstverständnis überlagern: So setzen neo-muslimische Netzwerke eher auf Sozialanwaltschaft als auf soziale Dienste, da ihre Anhänger in der Regel jung, sprachfähig und gut ausgebildet sind. Zugleich wurde allerdings deutlich, dass *ekklesiologische Selbstbilder* und religiöse Grenzziehungen für die Vernetzung religiöser Migrantengemeinden durchaus wirksam waren. Dies zeigte sich etwa in einer starken intrareligiösen Zusammenarbeit christlicher Gemeinden sowie in einer religionsübergreifend verbreiteten Abwehrhaltung gegenüber muslimischen Organisationen.

Mit Blick auf die *Migrationsgeschichte* hat sich gezeigt, dass die zivilgesellschaftlichen Potenziale religiöser Migrantengemeinden eng mit religiösen bzw. ethnischen Mehrheitskonstellationen in den Herkunftsländern zusammenhängen. Die Ergebnisse deuten darauf hin, dass eine Minderheitenposition im Herkunftsland häufig mit einem Selbstorganisationsvorteil im Aufnahmeland verbunden ist. So kultivieren etwa Yeziden und syrisch-orthodoxe Christen Beziehungen zu politischen und religiösen Verbänden der Aufnahmegesellschaft, um die deutsche Migrations- und Außenpolitik für ihre Anliegen zu sensibilisieren. Das Selbstverständnis als religiöse Minderheit erzeugt hier nicht nur innere Identität, sondern auch öffentliche Legitimität. Ein weiterer Mechanismus sind *erloschene Rückkehrhoffnungen*, die weitreichende Auswirkungen auf Art und Umfang der Angebote und Vernetzungen religiöser Migrantengemeinden haben können. Sie treten z.B. dann auf, wenn Bürgerkriege die politische Struktur der Herkunftsregion so verändern, dass eine Rückkehr unmöglich erscheint, etwa im Fall der tamilischen Hindus aus Sri Lanka oder bosnischer Muslime, aber auch der syrisch-orthodoxen Christen und Yeziden. Erloschene Rückkehrhoffnungen können sich unterschiedlich auf die Angebote und Vernetzung religiöser Migrantengemeinden auswirken: So können z.B. Angebote der Sprach- und Kulturpflege an Bedeutung gewinnen, um die Erinnerung an die eigenen Ursprünge «wachzuhalten». Zugleich ist die Vernetzung geprägt durch eine stärkere Hinwendung zum Aufnahmeland, dies zeigt sich auch in Investitionen in die religiöse Infrastruktur. So werden etwa größere und repräsentative Räumlichkeiten erworben oder angemietet, die nicht nur Raum für mehr und unterschiedliche Angebote schaffen (z.B. einen Ausbau der Jugendarbeit), sondern auch zu Orten der inter- oder außerreligiösen Begegnung werden können. Ein weiterer Aspekt der Migrationsgeschichte, der mit der aktuellen Fluchtzuwanderung an Bedeutung gewinnt, ist die zeitliche Schichtung der Zuwanderung. So macht es einen Unterschied für die kollektive Identität und für die Bedürfnislagen, die an religiöse Migrantengemeinden herangetragen werden, ob sich die Immigration in einer oder mehreren Wellen (etwa im Rahmen der Anwerbeabkommen) oder mehr oder minder kontinuierlich vollzogen hat (etwa im Rahmen von Bildungs- oder Heiratsmigration). Im ersten Fall wäre von einer relativ homogenen Kohortenidentität und einem kollektiven Wandel der Bedürfnislagen (und damit ggf. einhergehenden Generationenkonflikten) auszugehen,[33] während im zweiten Fall die unterschiedlichen Bedürfnisse von Etablierten und Neuankömmlingen zu einem dauerhaften Ausgleich gebracht werden müssen.

Schließlich hat sich auch die *öffentliche Wahrnehmung* verschiedener religiöser Traditionen als wirkmächtig für die zivilgesellschaftlichen Potenziale von religiösen Migrantengemeinden erwiesen. So sehen sich Vertreter von Moscheegemeinden übereinstimmend mit einem Gefährdungsdiskurs gegenüber dem Islam konfrontiert, der sie unter gesellschaftliche Beobachtung und Zugzwang setzt. Eine typische Reaktion besteht darin, den Um-

33 Vgl. den Beitrag von Martin Baumann in diesem Band.

fang und die Nützlichkeit der eigenen sozialen Dienste zu akzentuieren. Zudem kultivieren muslimische Gruppen zahlreiche Beziehungen im inter- und außerreligiösen Kontext. Dazu gehören z.B. Tage der offenen Tür und andere interreligiöse Aktivitäten ebenso wie die Mitwirkung in gesellschaftlichen Projekten und politischen Gremien. Im Unterschied zu den Muslimen unterliegen tamilische Hindus und thailändische Buddhisten einem Exotisierungsdiskurs, werden also als fremdartig wahrgenommen, wobei diese Wahrnehmung pauschal positiv konnotiert ist. Beide Gruppierungen reagieren darauf, indem sie in inter- und außerreligiösen Kontexten über ihre religiösen Traditionen und Gebräuche aufklären. Insgesamt lässt sich ihr Vernetzungsmodus allerdings am besten als zurückhaltende Offenheit charakterisieren. Zwar gehen die Gemeinden auf Anfragen aus der Aufnahmegesellschaft ein, zeichnen sich aber zugleich durch starke Binnenbezüge und eine schwache öffentliche Orientierung aus.

5. Fazit

Das Ziel dieses Beitrags war es, eine Mesoperspektive auf die Integrationsleistung und die kollektive Identität religiöser Migrantengemeinden zu entwickeln. In Abgrenzung von klassischen, mikrosoziologischen Ansätzen der Integrationsforschung (und ihrer ideologischen Wahlverwandtschaft mit integrationspolitischen Forderungen nach einer weitreichenden Assimilation) lag der Fokus hier auf den zivilgesellschaftlichen Potenzialen von Religionsgemeinschaften.

Als zivilgesellschaftliche Akteure zeichnen sich religiöse Migrantengemeinden durch die Fähigkeit zu Selbstorganisation und Mobilisierung sowie durch eine öffentliche Orientierung aus. Empirische Ansatzpunkte dafür sind die Angebote und Vernetzungen der Gemeinden. Der Beitrag greift auf die Ergebnisse einer qualitativen Netzwerkanalyse zurück, um die Unterstützungs- und Vernetzungsleistungsleistungen religiöser Migrantengemeinden vergleichend über verschiedene religiöse Traditionen und Herkunftsländer zu dokumentieren und zu systematisieren.

Dabei wurde deutlich, dass praktisch alle untersuchten Religionsgemeinschaften niedrigschwellige *Angebote* in Form situativer Hilfen (Nothilfe, Ämterhilfe, Hausaufgabenhilfe) organisieren. Daneben finden sich in vielen Fällen auch stärker strukturierte und formalisierte Angebote im Bereich der Jugend- und Altenarbeit, Weiterbildung und Kulturpflege. Ähnlich wie in den Ortsgemeinden der etablierten christlichen Kirchen schwankt der Institutionalisierungs- und Professionalisierungsgrad dieser Angebote stark.

Zugleich tragen die gemeinsame Wohlfahrtsproduktion und geteilte Bedürfnislagen zur Formierung und Festigung kollektiver Identität bei. Als relevante kausale Mechanismen haben sich identitätsstiftende Erfahrungen aus der Migrationsgeschichte (z.B. erloschene Rückkehrhoffnungen) und der demografischen Konstellation (z.B. Generationswechsel) gezeigt. Doktrinäre Unterschiede, etwa im Bereich der Solidarethik oder Ekklesiologie, spielten hingegen eine untergeordnete Rolle.

Darüber hinaus konnten verschiedene Formen der *Vernetzung* und Einbettung religiöser Migrantengemeinden identifiziert werden. Im Unterschied zu der meist ausgeprägten Binnen- und Klientelorientierung der Angebote, griffen die Interaktionszusammenhänge religiöser Migrantengemeinden in vielen Fällen deutlich über ihren Nahraum hinaus und äußerten sich in weitreichenden intra-, inter- und außerreligiösen Verflechtungen. Dazu gehören etwa die Durchführung gemeinsamer Rituale und Feste sowie der Austausch von Geistlichen, Dialogaktivitäten und wechselseitige Besuche sowie unterschiedliche Modi der politischen oder wirtschaftlichen Zusammenarbeit, etwa durch gemeinsames Spendensammeln für repräsentative Sakralbauten oder Mitwirkung in lokalen Integrationsräten. Anders als bei den Angeboten spielen kollektive religiöse oder nationale Identitäten für die Vernetzung religiöser Migrantengemeinden eine wichtige Rolle. So finden gemeinsame Rituale und der Austausch von Geistlichen in der Regel innerhalb einer bestimmten Traditionslinie statt. Zudem äußerten sich einige der nichtmuslimischen Gemeinden skeptisch gegenüber einer Zusammenarbeit mit Muslimen. Diese Skepsis speiste sich teils aus der Migrationsgeschichte (z.B. bei Yeziden und syrisch-orthodoxen Christen) und teils aus dem religiösen Selbstverständnis (z.B. bei tamilischen Hindus und koreanischen Christen).

Wie bereits erwähnt, trägt der programmatische Fokus auf die produktiven Potenziale religiöser Migrantengemeinden der Beobachtung Rechnung, dass in der gesellschaftspolitischen und (teilweise) akademischen Debatte bislang eine defizitorientierte Sicht auf Migrantenselbstorganisationen vorherrscht, die sich u.a. in skeptischen Sprachbildern wie «Parallelgesellschaft», «ethnische Kolonie» oder «kulturelle Enklave» Ausdruck verschafft. Dabei ist die Ambivalenz im Konzept der zivilgesellschaftlichen Potenziale bereits angezeigt: So wie sich derzeit Stimmen mehren, die angesichts einer umfassenden rechtspopulistischen Mobilisierung in Europa auf die «schmutzige Seite» der Zivilgesellschaft verweisen,[34] ließen sich unter Um-

34 Vgl. Geiges et. al., Die schmutzige Seite der Zivilgesellschaft, 208.

ständen auch für religiöse Migrantengemeinden unerwünschte Formen der Mobilisierung und Einflussnahme ausmachen, die die Verwirklichungs- und Partizipationschancen der Anhänger verringern.

Alles in allem geben die Ergebnisse aber Anlass zu verhaltenem Optimismus mit Blick auf die eingangs angesprochenen Möglichkeiten religiöser Migrantengemeinden, Geflüchtete bei der Ankunft und Beheimatung zu unterstützen. Ein wesentlicher Startvorteil wäre dabei – neben der zielgruppenspezifischen Ansprache – die im kollektiven Gedächtnis dieser Gemeinden verankerte Erfahrung, wie die eigene Religion unter den besonderen Bedingungen des Aufnahmelandes gelebt und kultiviert werden kann. Als Herausforderung könnte sich hingegen die ausbaufähige Infrastruktur und Professionalisierung der Gemeinden im Bereich der sozialen Arbeit erweisen. Ob und wie sich die zivilgesellschaftlichen Potenziale religiöser Migrantengemeinden also in eine Integrationsleistung für Geflüchtete übersetzen lassen, ist am Ende auch eine Frage des politischen Willens. In Anknüpfung an die genannten Pressekommentare sollte dabei klar sein: Erstens, eine zielführende Integrationsarbeit ist nicht wohlfeil zu haben. Religiöse Migrantengemeinden sind nicht allein deshalb effektiv und nachhaltig, weil sie «nah dran» sind. Sie benötigen Unterstützung in Form von Personal und Qualifizierungsmaßnahmen für haupt- und ehrenamtliche Mitarbeiter. Zweitens gilt auch hier: Der Ton macht die Musik. Eine gehässige Rhetorik à la «das sind eure Leute, kümmert euch drum» schlägt Türen zu, ein ernst gemeintes Verständnis der Fluchtmigration als «Bewährungsprobe» mag hingegen Brücken bauen.

Literatur

Adloff, Frank, Zivilgesellschaft: Theorie und politische Praxis. Frankfurt a. M. 2001.

Baumann, Martin, Religion und ihre Bedeutung für Migranten. Zur Parallelität von «fremd»-religiöser Loyalität und gesellschaftlicher Integration, in: Beauftragte der Bundesregierung für Migration, Flüchtlinge und Integration, Hg., Religion – Migration – Integration in Wissenschaft, Politik und Gesellschaft, Berlin 2004, 19–30.

Becker, Andreas, Saudi-Arabien will in Deutschland 200 Moscheen für islamische Flüchtlinge bauen. Katholisches.info 2015, online http://www.katholisches.info/2015/09/19/saudi-arabien-will-in-deutschland-200-moscheen-fuer-islamische-fluechtlinge-bauen/ (Zugriff 5.10.2016).

Borutta, Manuel, Religion und Zivilgesellschaft. Zur Theorie und Geschichte ihrer Beziehung. WZP-Discussion Paper SP IV 2005-404, Berlin 2005.

Bunjes, Miriam, Deutsch, bedürftig, muslimisch – Die muslimische Wohlfahrtspflege will sich professionalisieren. MiGAZIN 2015, online http://www.migazin.de/2015/12/14/die-muslimische-wohlfahrtspflege-will-sich-professionalisieren/ (Zugriff 5.10.2016).

Ceylan, Rauf, Ethnische Kolonien. Entstehung, Funktion und Wandel am Beispiel türkischer Moscheen und Cafés. Wiesbaden 2006.

Esser, Hartmut, Soziologie. Spezielle Grundlagen. Bd. 2: Die Konstruktion der Gesellschaft. Frankfurt a. M. 2002.

Geiges, Lars/Marg, Stine/Walter, Franz, Pegida. Die schmutzige Seite der Zivilgesellschaft? Bielefeld 2015.

Gorzewsk, Andreas, Wie sich Islamverbände für Flüchtlinge engagieren. Die Welt 2015, online https://www.welt.de/regionales/nrw/article146189941/Wie-sich-Islamverbaende-fuer-Fluechtlinge-engagieren.html (Zugriff 5.10.2016).

Gosewinkel, Dieter, Zivilgesellschaft. EGO: Europäische Geschichte Online 2010, online http://ieg-ego.eu/de/threads/hintergruende/zivilgesellschaft/ (Zugriff 5.10.2016).

Hollstein, Betina, Qualitative Methoden und Netzwerkanalyse –ein Widerspruch? in: Dies./Straus, Florian, Hg., Qualitative Netzwerkanalyse, Wiesbaden 2006, 11–35.

Idea, Vorwurf: Moscheen kümmern sich nicht um Flüchtlinge. 2015, online http://www.idea.de/menschenrechte/detail/vorwurf-moscheen-kuemmern-sich-nicht-um-fluechtlinge-91697.html (Zugriff 5.10.2016).

Klein, Ansgar, Der Diskurs der Zivilgesellschaft, in: Münsteraner Diskussionspapiere zum Nonprofit-Sektor 6, online http://www.aktive-buergerschaft.de/fp_files/Diskussionspapiere/2000wp-band06.pdf (Zugriff 5.10.2016).

Knoke, David/Kuklinski, James, Network Analysis. Beverly Hills 1982.

Kurdische Gemeinde Deutschland, Keine Solidarität mit Flüchtlingen – Islamverbände und Moscheen meiden Flüchtlingsarbeit. 2015, online https://kurdische-gemeinde.de/keine-solidaritaet-mit-fluechtlingen islamverbaende-und-moscheen-meiden-fluechtlingsarbeit/ (Zugriff 5.10. 2016).

Liedhegener, Antonius, Ein kleiner, aber feiner Unterschied. Religion, zivilgesellschaftliches Engagement und gesellschaftliche Integration in der Schweiz, in: Arens, Edmund/Baumann, Martin/Liedhegener, Antonius, Integrationspotenziale von Religion und Zivilgesellschaft. Theoretische und empirische Befunde (Religion – Wirtschaft – Politik Bd. 14), Baden-Baden/Zürich 2016., 121–182.

Nagel, Alexander-Kenneth, Religiöse Netzwerke: Die zivilgesellschaftlichen Potentiale religiöser Migrantengemeinden, in: ders., Hg., Religiöse Netzwerke, Bielefeld 2015, 11–37.

Nolte, Paul, Religion als zivilgesellschaftliche Ressource. Integration und Konflikt seit den 1950er-Jahren – Das Beispiel der Bundesrepublik, in: Arens, Edmund/Baumann, Martin/Liedhegener, Antonius/Müller, Wolfgang/Ries, Markus, Hg., Integration durch Religion? Geschichtliche Befunde, gesellschaftliche Analysen, rechtliche Perspektiven, Zürich/Baden-Baden 2014, 133–153.

N-TV, Vorwurf: In diesem Jahr bislang 689 – Übergriffe gegen Asyl-Unterkünfte stark erhöht. N-TV Online 2015, online http://www.n-tv.de/ticker/Uebergriffe-gegen-Asyl-Unterkuenfte-stark-erhoeht-article 16322816.html (Zugriff 5.10.2016).

Scott, John, Social Network Analysis: A Handbook. London 2003.

Thielmann, Wolfgang, Profis verzweifelt gesucht. Zeit Online 2015, online http://www.zeit.de/2015/41/muslime-islam-fluechtlingshilfe (Zugriff 5.10.2016).

Thränhardt, Dietrich/Winterhagen, Jenni, Der Einfluss der katholischen Migrantengemeinden auf die Integration südeuropäischer Einwanderergruppen in Deutschland, in: Oltmer, Jochen/Kreienbrink, Axel/Sanz-Dies, Carlos, Hg., Das «Gastarbeiter»-System. Arbeitsmigration und ihre Folgen in der Bundesrepublik Deutschland und Westeuropa, München 2012, 199–215.

Identitäten und Integrität: Systematisch-theologische Entwürfe

Edmund Arens

Fluide oder rigide?
Ausrichtungen religiöser Identität

«Identität» ist ein Kampfwort. Manche bringt es auf die Palme, weil es ihnen allzu selbstbezogen und gleichzeitig ausgrenzend erscheint. Für andere ist es ein Identifikationswort. Es signalisiert ihnen etwas unverzichtbar Eigenes. Es verspricht Zugehörigkeit zu einem grösseren Ganzen, Einbindung in einen verbindlichen Zusammenhang, evoziert Zusammenhalt und Gemeinschaft.

Ob Identität eine verschleiernde Ideologie, eine lebensnotwendige Voraussetzung oder eine fruchtbare Sehnsucht darstellt, ist sowohl politisch als auch religiös umstritten. «Identitäts-Politik» wird in liberalen, pluralistischen Kreisen als Schimpfwort verwendet, während fundamentalistische Zirkel den Zerfall des Verbindlichen und die Diffusion identitätsstiftender Gegebenheiten und Vorgaben in ihres Erachtens banale, individualistische Beliebigkeit beklagen. Was also macht Identität aus? Welche Ausrichtungen religiöser Identität lassen sich feststellen und idealtypisch unterscheiden?

In diesem Beitrag gebe ich zunächst einen gerafften Einblick in einen Strang kritisch-diagnostischen sozialwissenschaftlichen Forschens und Denkens über Identität. Ich beziehe mich hier vor allem auf die ebenso provozierende wie inspirierende Position von Zygmunt Bauman. Im Anschluss daran werden drei differierende Ausrichtungen religiöser Identität vorgestellt. Dabei kommen fluide Religiosität, rigide Religion und religiöse Identität in Solidarität zur Sprache.

Identitätskonfigurationen

Der polnisch-britische Soziologe Zygmunt Bauman hat sich in seinem umfangreichen Werk immer wieder mit Fragen der Identität befasst. Er hat diese zur Sprache gebracht und analysiert etwa mit Blick auf die Identitätsbehauptung der Einheimischen im Gegenüber zu Fremden und ausgeschlossenen Anderen, hinsichtlich der inzwischen ambivalent und flüssig gewordenen Identitätskonstruktionen, in Bezug auf die postmodernen Identitätssurrogate sowie die emsigen Anstrengungen der gegenwärtigen

Lebenskünstler in ihrem konsumentenorientierten Kampf um Selbstverwirklichung.[1]

«In dem Augenblick, in dem die Gemeinschaft zusammenbricht, wird die Identität erfunden.» Diesen Satz zitiert Bauman zustimmend aus einem Buch von Jock Young «The Exclusive Society»[2]. Bauman betrachtet Identität als Surrogat, nämlich als dürftigen Ersatz für verloren gegangene Gemeinschaft. Er erkennt in jener einen «cosy shelter of security and confidence»[3] in einer unsicheren Welt. Das Verlangen nach Identität wird ihm zufolge zur anstrengenden Suche nach einem behaglichen Zufluchtsort in einer zunehmend unwohnlichen, unübersichtlichen und bedrängenden Welt.

In vormodernen Zeiten schien Identität etwas «Natürliches» zu sein, etwas, das in Verbindung stand mit der Umgebung, etwas «Gegebenes» und von der Gemeinschaft, der die Menschen angehörten, Empfangenes. Laut

1 In Bauman, Ambivalenz, wird Identität mit Bezug auf die moderne Gesellschaft als künstlich hervorgebrachte kollektive nationalstaatliche Abgrenzung von den Anderen unter Ausschluss der Fremden thematisiert, die «die inhärente Brüchigkeit aller Identität» (92) verdecke und auf den «höchst soliden Säulen» (104) der eigenen Natürlichkeit, Innerlichkeit und Selbstzentriertheit beruhe. Als ausgeschlossene Andere kommen in diesem Werk die in die Objektivität ausgeschlossenen Juden zur Sprache, die als Preis ihrer Assimilation «gedrängt und bedrängt wurden, Identitäten abzulegen» (195f.). In Bauman, Flaneure, werden in essayistischer Form postmoderne Lebensformen der Flaneure (als Nachfolger der Pilger), der Spieler, der Touristen sowie der Konsumenten skizziert, wobei das postmoderne Problem der Identität hauptsächlich darin bestehe, «die Festlegung zu vermeiden und sich die Optionen offenzuhalten» (133). In «Flüchtige Moderne» schreibt Bauman, die Suche nach Identität gleiche «einem fortlaufenden Kampf, einem Versuch, das Flüchtige und Flüssige zu formen, den Fluss zu bändigen, das Formlose zu formen». Ihm zufolge sind «Identitäten jedoch bestenfalls wie Stücke erkalteter Lava, die sich im feurigen Strom bilden, um dann wieder von ihm mitgerissen zu werden» (100). Angesichts der Flüchtigkeit und Unbestimmtheit aller Identitäten erscheint ihm «die Möglichkeit zum Einkaufsbummel im Supermarkt der Identitäten» (101) als reale universelle Abhängigkeit und zugleich Phantasie individueller Freiheit. Laut Bauman, Lebenskünstler, war Identität früher eine Lebensaufgabe; inzwischen sei sie hingegen eine Frage des Augenblicks. Identitätsbildung verlaufe nach dem «‹Pay-per-View›-Prinzip», erfordere eine Vielzahl ständiger Anstrengungen und «frenetischer Aktivitäten» (27). Das Werk, das der heutige Lebenskünstler sich zu schaffen bemühe, sei seine eigene Identität, die, unbeständig, zerbrechlich und inkonsistent, zur Obsession der von der herrschenden «Ideologie der Privatisierung» (144) erfassten Zwangsindividualisierten werde. Während diese Ideologie einigen unbegrenzten Spielraum schenke, beraube sie andere jeder Möglichkeit und mache sie zu «gescheiterten Individuen» (145).

2 Bauman, Gemeinschaften, 23; zitiert aus Young, Exclusive Society, 164.

3 Bauman, Community, 16.

Bauman hatte Identität einst lokalen Charakter. Sie bedeutete, zu einer Gemeinschaft begrenzter Chancen zu gehören und in diese eingebettet zu sein, damit zugleich eingebettet in einen engen Rahmen von Verpflichtungen und Möglichkeiten. Jedenfalls verschafften diese Bindungen den Betroffenen und Einbezogenen Sicherheit. Sie ermöglichten es Menschen, ein anständiges Leben zu führen.

In der christlichen Welt der westlichen Kulturen lag das Ziel des Lebens allerdings jenseits des alltäglichen Überlebens. Das Ziel war die Ewigkeit, und das irdische Leben wurde als Pilgerschaft hin zur Ewigkeit betrachtet und ebenso geführt.[4] Vormoderne Gemeinschaften kultivierten Identitäten mit starken Bindungen und Verantwortlichkeiten, die von klaren Verpflichtungen begleitet waren. Letztere leiteten sich ab aus göttlichen Geboten und wurden durch diese sanktioniert. Gleichzeitig waren vormoderne Identitäten verwurzelt in geteilten Erinnerungen.

Bauman zufolge spielten die Bilder des «Pilgers» und der Pilgerschaft über die christliche Welt hinaus eine zentrale Rolle.[5] Diese Imaginationen waren auch für die Moderne richtungsweisend, die freilich das rastlose Verlangen nach Ewigkeit zunehmend durch die rastlose Arbeit für eine bessere Zukunft ersetzt hat. Die säkulare Pilgerschaft wurde durch das Streben nach Glück stimuliert sowie durch den Kampf um Emanzipation und für Freiheit. Auf diese Weise erschien Identität sowohl als Projekt als auch als Prozess der Perfektion.

Das Problem der Identität kam nach Bauman ausdrücklich aufs Tapet, als sich die lokalen Gemeinschaften aufzulösen begannen. Dies geschah im Zuge der Industrialisierung, der Etablierung von Nationalstaaten und der Konzentration der Lohnarbeit in den großen Städten. Die Antwort auf die Frage: «Wer sind wir?» wurde nun nicht länger im Rückgriff auf Erinnerungen an die Vergangenheit beantwortet. An deren Stelle trat die «imaginierte Gemeinschaft»[6] der eigenen Nation. Sie erschuf das «Wir» der Bürger im Gegenüber zu denen, die eben nicht zu «uns» gehörten: die Anderen, die Ausgestoßenen, die Fremden, die Feinde. Das patriotische «Wir»-Gefühl

4 Vgl. Bauman, Flaneure, 136–161.

5 Vgl. ebd; dazu: Hervieu-Léger, Pilger. Bei der letztgenannten französischen Religionssoziologin erscheinen Pilger als eine signifikante Untergruppe heutiger religiöser Menschen, die sie als tendenziell vagabundierende «Suchende» bezeichnet und den eher fundamentalistisch orientierten «Konvertiten» gegenüberstellt, welche auf ihrem neu gefundenen Glauben hartnäckig beharren.

6 Vgl. Anderson, Imagined Communities; dazu: Pezzoli-Olgiati, Imaginierte Gemeinschaften.

beruhte auf der angeblichen Homogenität des Volkes – ein Volk, eine Nation. Dieses «Wir» beinhaltete zugleich den Ausschluss der Anderen. Der polnisch-britische Gelehrte ist der Auffassung, dass diese Exklusion ihren Höhepunkt erreicht in der systematisch betriebenen Vernichtung des jüdischen Volkes während des Holocausts, den er als «kategorialen Mord»[7] bezeichnet.

Unterdessen hat sich laut Bauman ein Wandel von der hardware-fokussierten und auf den Nationalstaat konzentrierten «solid modernity» des Industriezeitalters hin zu der software-basierten «liquid modernity»[8] vollzogen. Durch die ineinandergreifenden Prozesse der Globalisierung, der Deregulierung, der Privatisierung und technologischer Revolutionen haben die in der festen Moderne etablierten Nationalstaaten ihre frühere Macht sukzessive eingebüßt. Die Menschen sind durch die genannten Prozesse zu nie zuvor gekannter Mobilität und Flexibilität gelangt, aber eben auch dazu gezwungen worden. Bauman zufolge erleben wir heute die Entstehung einer neuen Formel «für das nach wie vor gültige Ziel des Strebens nach Glück.» Die Glücksformel lautet nicht mehr *Liberté, Égalité, Fraternité*, sondern «Sécurité, Parité, Réseau – Sicherheit, Chancengleichheit, Vernetzung».[9]

In den Industriegesellschaften entwickelt die Mehrheit der Bevölkerung eine ebenso instabile wie prekäre Konsumentenidentität. Sie versucht em-

7 Vgl. Bauman, Leben, 69–108.

8 Vgl. Bauman, Liquid Modernity; dazu: Pirker, fluide und fragil, bes. 362f. Bauman bezeichnet die beiden Gestalten der Moderne mit Begriffen bzw. Metaphern, die sich auf die drei Aggregatzustände von Festkörpern, Flüssigkeiten und Gasen beziehen. Zumeist benutzt er die Termini «solid» und «liquid», gelegentlich auch «fluid». In den deutschen Übersetzungen ist vor allem von «fester» und «flüchtiger» Moderne die Rede. Entstanden sei die flüchtige Moderne im Zuge einer Verflüssigung der auf Stabilität und Langfristigkeit, Loyalitäten und Bindungen angelegten Verhältnisse der Industriegesellschaft im Übergang zur Konsumgesellschaft. Der Wechsel des Aggregatzustandes der Gesellschaft war bereits 1848 von Marx und Engels im «Kommunistischen Manifest» in ein entsprechendes Bild gefasst worden: «Alles Ständische und Stehende verdampft» (Marx/Engels, Manifest, 465). Was freilich in Zeiten der flüchtigen Moderne «in den Schmelzofen wandert, sind jene Verbindlichkeiten, die Individuen in kollektiven Projekten zusammenschweißen» (Bauman, Flüchtige Moderne, 12). Auch in der flüchtigen Moderne gehe ein Gespenst um, allerdings nicht das der Revolution, sondern «das Gespenst der Überflüssigkeit» (Bauman, Leben, 196). Die sich fortlaufend verändernde, leicht und flüssig daherkommende, fluide Moderne kennzeichnet Bauman als «negative Utopie» (Bauman, Flüchtige Moderne, 23).

9 Bauman, Leben, 118.

sig, mit den sich beschleunigenden Ereignissen mitzuhalten und nicht abgehängt zu werden. Unterdessen finden die Privilegierten, soweit sie nicht zu den exzessiv mobilen globalen Nomaden gehören, Heim und Heimat in «gated communities»; und wenn sie zu ihren Vergnügungen zusammenkommen, so geschieht dies in «ästhetischen Gemeinschaften» von präferenziell und im Großen und Ganzen auch materiell Gleichen.

Fluide Religiosität

Der Begriff der «liquid religion» bzw. der «fluiden Religion» ist in der wissenschaftlichen Literatur verschiedentlich aufgegriffen worden.[10] Der niederländische Religionssoziologe und Theologe Kees de Groot befasst sich im Anschluss an Bauman mit drei Typen fluider Religion.[11] Für de Groot besteht der erste Typ aus fluiden Phänomenen innerhalb der religiösen Sphäre, so zum Beispiel aus religiösen «events», zudem aus kleinen, auch virtuellen Gemeinschaften und globalen religiösen Netzwerken. Der zweite Typ bewegt sich ihm zufolge auf der Grenze zwischen Religiösem und Säkularem wie etwa die Spital- oder Gefängnisseelsorge. Demgegenüber sei der dritte Typ fluider Religion außerhalb der religiösen Sphäre angesiedelt. Dieser Typ trete im politischen oder kulturellen Raum zutage, weise indessen religiöse Qualitäten auf.

Gelegentlich findet sich «liquid religion» als elektronisches Aushängeschild für evangelikal-missionarische Anlässe und Projekte, die sich primär an Jugendliche und junge Erwachsene richten. Gegenüber der starr-institutionellen Gestalt von Religion betonen sie die informellen, flexiblen, kreativen und performativen Züge von religiösen «events» und «adventures», welche erlebbaren «flow» statt Kirchenfrust schaffen.

Von dem britischen Theologen Pete Ward stammt eine schmale Monografie über die «Liquid Church»[12]. Diese stellt er als eine noch nicht existierende Realität vor; er sieht darin die Vision einer zukünftigen, dezentrierten und dynamischen Kirche. Es handle sich um eine flexible, fluide und immer wieder zu erneuernde «doing church», deren Grundlagen nicht Institutionen und Gebäude, sondern spirituelle Aktivitäten sind. Darin kommunizieren und beten, feiern und missionieren junge Leute netzwerkartig in informellen Gruppen miteinander. In einem solchen Gewebe von Aktivitäten

10 Vgl. die Beiträge in: Lüddeckens/Walthert, Fluide Religion.

11 Vgl. de Groot, Three Types.

12 Vgl. Ward, Liquid Church.

und Dynamiken, das den kulturellen Sensibilitäten junger Menschen entspricht, vollziehe sich «churchen», was nicht von ungefähr sprachliche Anklänge ans «chillen» aufweist. Laut Pete Ward kann es gerade beim partizipativen und involvierten «doing church» zum «flow» kommen; und eben darin sei der Heilige Geist am Werk.

Von «fluider Religion» bzw. «fluider Kirche» zu reden, halte ich für eine unangemessene Terminologie. Fluide Religion gibt es meines Erachtens nicht, weil Religion ein Mindestmaß an Institution und Organisation voraussetzt und verlangt, was bei der Spital- oder Gefängnisseelsorge evident ist. Während zur Religion und Kirche das Institutionelle wie das Gemeinschaftliche gehören, lässt sich von fluider Religiosität sprechen, insofern in einer solchen bestimmte Ausprägungen individueller bzw. individualisierter Religiosität auftreten. Es handelt sich dabei nicht um die persönliche Religiosität in Relation zur und im Rahmen organisierter Religion, sondern um eine radikal individualistische Spielart. Dabei kommt es, um mit Hubert Knoblauch zu sprechen, zu einer «Verflüchtigung der Religion ins Religiöse»[13].

In der fluiden Religiosität stehen die individuellen spirituellen Erfahrungen, Praktiken und Orientierungen im Vordergrund, die ebenso unübersichtlich wie uneinheitlich und unbeständig sind. Fluid Religiöse haben eine ausgesprochen pluralistische und individualistische Ausrichtung. Sie bewegen sich flexibel und fluktuierend im kaum überschaubaren Angebot religiöser Orientierungen, Lebenshilfen und Heilstechniken, die in Events, auf Festivals und auf Messen, sowohl analog als auch virtuell außeralltägliches Erleben anbieten, ekstatische Erfahrungen versprechen und dabei marktförmig und konsumentenorientiert agieren. Es kommt so zu einem regelrechten «Warenmarkt der Transzendenzen»[14], auf dem sich die spirituell Suchenden individuell entsprechend ihrer Präferenzen bedienen.

Fluid Religiöse optieren für größtmögliche Freiheit der Wahl aus einem möglichst pluralistischen Angebot, aus dem sie eklektizistisch und synkretistisch auswählen. «Die wechselhaften Anforderungen der privaten Bedürfnisse führen zu einer Durchmischung von Glaubensgehalten»[15]. Das Uneinheitliche wird häufig mit Termini wie «Bricolage», «Patchwork» oder

13 Vgl. Knoblauch, Verflüchtigung, 7–41.

14 Luckmann, Unsichtbare Religion, 180.

15 Knoblauch, Verflüchtigung, 21; vgl. Knoblauch, Populäre Religion.

«Fleckerlteppich»[16] bezeichnet. In diesen schillernden Formulierungen scheinen der Eklektizismus, der Synkretismus, die Do-it-yourself-Mentalität der Bastelei durch, die sich bei diversen Weltansichten, Traditionen, esoterischen Praktiken und spirituellen Techniken bedient und von diesen durchaus kreativ Gebrauch macht.[17]

Fluid Religiösen widerstrebt es, sich ideell und institutionell festzulegen. Die flexiblen, fluktuierenden Suchenden auf dem spirituellen Markt wechseln nicht selten ihre Allianzen und Präferenzen; ihre «ad hoc adherences»[18] variieren und fluktuieren. Die Suchenden vermeiden langfristige Bindungen und Zugehörigkeiten. Sie praktizieren eine Art vagabundierende Religiosität. Die fluide, flüchtige Religiosität befindet sich gleichzeitig selbst in ständiger Bewegung, in stetigem Wandel.

Eine fluide Religiosität dürfte wegen ihrer Inkohärenz und Instabilität kaum zu längerfristiger Identitätsbildung beitragen. Sie stellt womöglich eine experimentelle Zwischenphase dar, aber sie wird sich schwerlich zu einer für eine Person lebensrelevanten, zur Gruppen- bzw. Gemeinschaftsbildung förderlichen «Teil-Identität»[19] entwickeln. Auch zur religiösen Integration taugt fluide Religiosität wenig, denn sie lässt weder verlässliche binnenreligiöse Bindungen und Verpflichtungen, also kein «bonding» entstehen, noch führt sie zu dauerhaften brückenbauenden Verbindungen zu anderen, also zum «bridging»[20]. Fluide Religiosität vermittelt den daran Interessierten allenfalls eine schwache, transitorische religiöse Identität, die schnell wieder abgelegt oder gewechselt werden kann. Es handelt sich bei der «flüchtigen», fluktuierenden Religiosität nach meiner Auffassung um eine der «flüchtigen Moderne» angepasste Konsumentenreligiosität.

16 Knoblauch, Verflüchtigung, 33; Keupp et al., Identitätskonstruktionen, sprechen bereits im Untertitel ihres Bandes programmatisch vom «Patchwork der Identitäten».

17 Vgl. Heelas/Woodhead, Spiritual Revolution; dazu: die kritische Beurteilung des Buches bei Taylor, Säkulares Zeitalter, 849–851, der im aufschlussreichen Werk von Heelas und Woodhead eine verkürzte Darstellung der von ihnen untersuchten Realität ausmacht, wodurch beide einen Großteil der spirituellen Wirklichkeit unserer Zeit verfehlt hätten.

18 Hunt, Alternative Religions, 142.

19 Vgl. zu den Teilidentitäten: Müller, Empirische Identitätsforschung, 263–296, 307–315; zur «religiösen Identität», 286ff.

20 Vgl. Putnam, Bowling Alone; Putnam/Campbell, American Grace; dazu: Arens, Rez.; zudem: Pickel, Religiöses Sozialkapital.

Rigide Religion

Rigide Religion formiert sich innerhalb der organisierten Religion(en). Während manche säkularen Wissenschaftlerinnen und Wissenschaftler, wenn nicht Religion überhaupt, so doch zumindest die monotheistischen Religionen mit Rigidität gleichsetzen, existiert in den heutigen Religionsgemeinschaften eine ganze Bandbreite verschiedener Segmente und Facetten. Als rigide können Gemeinschaften gelten, die sich gegen die Verflüssigung von Autoritäten, Glaubenslehren, Traditionen, Verhaltensnormen und Handlungsmuster vehement zur Wehr setzen. Ihnen geht es um die Stärkung von Autorität, die Exklusivität von Glaubensüberzeugungen, die Unhinterfragbarkeit sowie Unaufgebbarkeit von verbindlichen Normen und Werten sowie die Unabänderlichkeit überkommener Handlungsmuster. Diese Einstellungen lassen sich unter dem Begriff des religiösen Fundamentalismus zusammenfassen. Bei religiösen und anderen Fundamentalismen handelt es sich keineswegs um einen radikal rückwärtsgewandten Obskurantismus, sondern um ein genuin modernes Phänomen, das nach Zygmunt Bauman «das Angebot einer alternativen Rationalität»[21] beinhaltet.

In der flüchtigen, fluiden Moderne ist auch eine fundamentalistische Identität eine mögliche Option. Selbst Fundamentalistinnen treffen eine Auswahl. Sie treffen die Wahl, an der ererbten Identität festzuhalten. Sie optieren für die Nostalgie, die Sehnsucht nach der Zeit vor der Unsicherheit und für freiwillige Unterwerfung. Der Fundamentalismus bietet in seiner tendenziell totalitären Flucht vor der flüchtigen Moderne als Alternative eine rigide Identität im Rahmen strikt hierarchisch strukturierter Gemeinschaften «für all jene, welche die Bürde individueller Freiheit übermäßig und unerträglich finden.»[22]

Der religiöse Fundamentalismus setzt gegen eine als gottlos wahrgenommene Welt des Pluralismus, Liberalismus und Individualismus auf Geschlossenheit. Diese lässt sich den mehr oder minder militanten Verfechtern des Fundamentalismus zufolge erreichen durch Disziplinierung nach innen und dezidierte Abgrenzung nach außen. Auf diese Weise soll die Identität der eigenen Gemeinschaft gesichert und zugleich ihr Überleben in einer bedrohlichen und bisweilen als feindlich wahrgenommenen Umwelt gewährleistet werden. Der religiöse Fundamentalismus lässt sich als

21 Bauman, Postmodern Religion?, 56–78, 74.

22 Ebd.

ein «*mobilisierter und radikalisierter Traditionalismus*»[23] verstehen. Darin kommen einerseits ein auf strikte Grenzziehung bedachtes Weltbild und andererseits eine soziale Bewegung zusammen. Beide richten sich gegen die moderne Abdrängung der Religion ins Private und betreiben demgegenüber eine dezidierte «Entprivatisierung der Religion»[24], die als gesellschaftliche Macht wiedererstehen soll.

Religiöser Fundamentalismus widersetzt sich der individualistisch-fluiden Religiosität. Er will gerade keinen synkretistischen «Fleckerlteppich», sondern ist auf Uniformität ausgerichtet. Der in den diversen Gruppen und Gemeinschaften jeweils herrschende Autoritarismus gilt als Garant für Geschlossenheit in der Doktrin und im Auftreten. Die Immunisierung gegenüber Kritik sowie die Verabsolutierung bestimmter Vorgaben und Weisungen sollen ihrerseits zur angezielten Einheitlichkeit beitragen und die Identität der Gemeinschaft stärken.

Seinem Selbstverständnis nach ist der religiöse Fundamentalismus beständig, insofern er gerade keine vagabundierende Religiosität will, sondern sich auf aus seiner Sicht ewige, unabänderliche Wahrheiten und Werte fixiert. Mit der Festlegung auf unhinterfragbare Vorgaben, die in Heiligen Schriften fixiert sind und denen absolute Gültigkeit zugesprochen wird, geht eine Ausrichtung auf institutionelle Stabilität sowie die Restabilisierung der wegen ihrer Konzessionen an die Moderne anfällig gewordenen Religion einher. Wo in spät- oder postmoderner Perspektive Religion sich in diffuse Religiosität verflüchtigt, sind im Fundamentalismus eine das ganze Leben umgreifende, rigide Religion und ebenso rigide persönliche Religiosität angesagt.

Zur kollektiven Identitätssicherung in einer als bedrohlich wahrgenommenen sozialen Umwelt pflegen religiöse Fundamentalistinnen und Fundamentalisten in der Regel eine ebenso intensive wie abgeschottete Gemeinschaftlichkeit, was zu hochgradiger Binnenintegration führt. Gegenüber dem starken und auf Dauer angelegten verbindlichen und verpflichtenden «bonding» bleibt das «bridging» allerdings marginal und wird allenfalls zum Zweck der Mission respektive Konversion betrieben. Statt

23 Riesebrodt, Fundamentalismus, 19; bereits im Titel seines Werkes klassifiziert der Autor den religiösen «Fundamentalismus als patriarchalische Protestbewegung», womit sowohl dessen Beharrungscharakter als auch das Bewegungsmoment fundamentalistischer Gruppierungen treffend auf den Punkt gebracht werden; vgl. auch: Riesebrodt, Rückkehr.

24 Cigdem, Religiöser Fundamentalismus.

gesellschaftlicher Integration wird die gegengesellschaftliche Separation gesucht. Aktivistische Strömungen des Fundamentalismus treten aus dem Schutz ihrer rigiden Gemeinschaften heraus zur «Rückeroberung der Welt»[25] an.

Religiöse Identität in Solidarität

Bei «Identität in Solidarität»[26] handelt es sich um einen Terminus des Theologen und Pädagogen Helmut Peukert, der anzeigen soll, dass es bei Identität nicht um Selbstbehauptung geht, sondern dass jene auf das Anderssein von Anderen bezogen ist. Peukert versteht Identität als intersubjektiv konzipiert. Sie muss interaktionistisch gedacht werden und ist als ein Verhältnis möglichst wechselseitiger Interaktion und Solidarität zu bestimmen. Identität in Solidarität betrifft nicht nur die Grundstruktur von pädagogischen Bildungsprozessen, sondern ist für den Theologen und Pädagogen nach den beiden Weltkriegen und dem Holocaust zugleich ein sozial- wie politikwissenschaftlich anspruchsvolles Projekt einer «Selbstreflexion Europas». Diese habe sich zu orientieren «am Ziel einer ‹Einheit unter Anerkennung von Differenzen und unter Vermeidung von Exklusion›»[27].

Als Intention einer theologischen Theorie des Subjekts hält Peukert fest: «Interaktion als zeitlicher, kreativer, innovatorischer, Grenzen überschreitender, eine eigene und eine gemeinsame Welt definierender Prozeß wäre dann als Bedingung der Möglichkeit der Identität von Subjekten aufzuzeigen»[28].

Religiöse Identität in Solidarität entsteht und entwickelt sich zunächst im intersubjektiven Nahbereich der Familie. Sie zeigt sich als «konstitutive *Verbundenheit mit anderen*»[29], konkret zwischen Eltern und Kindern oder Geschwistern. Als Solidargemeinschaft sollte die Familie einen Schutz- und verlässlichen Entwicklungsraum für die Schwächeren bilden, die durch die erfahrene Zuwendung, Fürsorge und Förderung ihrerseits befähigt werden, später solidarisch zu handeln. Sie vermögen dies religiös im Horizont einer ihnen zunächst in Geschichten nahegebrachten und in alltagsrituellen

25 Kepel, Rache Gottes, 269; vgl. Marty/Appleby, Herausforderung Fundamentalismus; Riesebrodt, Rückkehr; Wippermann, Fundamentalismus.

26 Peukert, Identität in Solidarität, 83–99; vgl. ders., Identität C. Theologisch.

27 Peukert, Identität in Solidarität, 87.

28 Peukert, Wissenschaftstheorie, 352.

29 Hilpert, Solidarität, 152–160, 152.

Handlungen vermittelten Wirklichkeit der unbedingten Liebe, Solidarität und Barmherzigkeit.

Auf der intermediären Ebene bildet und artikuliert sich religiöse Identität in Solidarität in Gruppen und Gemeinschaften, die auf religiösem Hintergrund und im Glaubenshorizont nach innen und außen orientiert sind. Religiöse Sozialisation, Vergemeinschaftung und religiös-kommunikative Praxis bringen diese Gruppierungen zusammen, geben ihnen Zusammenhalt. Jene übernehmen oder entwickeln zudem ein Profil, das die gegenseitige Stützung und Stärkung verbindet mit dem Einstehen und Einsatz für Andere. Die Wahrnehmung der Benachteiligung und der Exklusion Anderer wird im Horizont des Vertrauens auf eine schöpferische, befreiende und rettende Wirklichkeit zum Antrieb für Engagement zugunsten Marginalisierter und Exkludierter.

Aus der Erfahrung von Unrecht und Unterdrückung entstand zunächst in der Theologie der Befreiung die «Option für die Armen» bzw. die «Option für die Anderen». Ein auf Befreiung angelegtes Engagement findet in Basisbewegungen und Basisgemeinden statt. Es geschieht in Solidaritätsgruppen und Organisationen, die das Unrecht und das Leiden ausgegrenzter und ausgeschlossener Gruppen öffentlich machen, für deren Rechte eintreten, sie in ihrem Kampf um Partizipation unterstützen und daran teilhaben.[30] Eine so konturierte christliche Identität in Solidarität lässt sich derzeit in der katholischen Kirche erstaunlicherweise selbst beim römischen Lehramt ausmachen.

Das Leitwort der Solidarität wurde zunächst in der Arbeiterbewegung des 19. Jahrhunderts gebraucht und löste darin den christlich-bürgerlich konnotierten Begriff der Brüderlichkeit ab. Die proletarische Parole der «internationalen Solidarität» kann bei christlich-religiösen Gruppierungen zu einer weltkirchlichen Solidarität ausbuchstabiert werden. In den kirchlichen Hilfswerken nimmt diese Solidarität eine ebenso imponierende wie ambivalente Form an. Ambivalent ist sie, insofern jede Professionalisierung in Diakonie, Caritas und Hilfswerken einerseits deren Reichweite, Effizienz und Effektivität erhöht, andererseits in der Gefahr steht, Solidarität durch dienstleistungsunternehmerisches Denken und Handeln zu ersetzen.

Wie Fluidität und Fundamentalismus gibt es Identität in Solidarität nicht nur in religiöser Gestalt, sondern selbstverständlich auch in säkularen For-

30 Vgl. Krüggeler/Klein/Gabriel, Solidarität.

men.[31] In der «Ich-Gesellschaft» der wohlstandsgesättigten Moderne erscheint letztere ein Auslaufmodell. Immerhin stimmt in einer aktuellen Studie zur Religiosität in der Schweiz ein hoher Prozentsatz der Befragten der Aussage zu, Kirchen seien wichtig, zwar nicht für sie selbst, wohl aber für Benachteiligte.[32]

Religiöse Identität in Solidarität umfasst sowohl das binnengemeinschaftliche «bonding» als Solidarität untereinander als auch das «bridging» als Solidarität mit den ausgegrenzten und leidenden Anderen. Diese Identität markiert eine religiöse Grundhaltung, die zum gegenseitigen Nutzen bestimmtes «bonding» und «bridging» überschreitet. Religiöser Identität in Solidarität eignet ein universalistischer Grundzug, der auf weltweite Solidarität zielt. Angesichts des himmelschreienden Unrechts, der eklatanten Ungleichheit der Lebensmöglichkeiten und der «Globalisierung der Gleichgültigkeit» macht sie die «Globalisierung der Solidarität» (Papst Franziskus) stark. Ihr geht es um eine tiefgreifende Umverteilung der Ressourcen und Reichtümer, eine Praxis des Teilens und der gegenseitigen Fürsorge, die aus der Einsicht in die elementare Gleichheit und Bedürftigkeit aller als Ebenbild Gottes geschaffenen Menschen stammt.[33]

Helmut Peukert hat in Auseinandersetzung mit Jürgen Habermas herausgearbeitet, dass letzterer die zeitliche Dimension des kommunikativen Handelns sowie ihrer eigenen Prinzipien der Egalität, der Reziprozität sowie der Solidarität außer Acht lässt und insofern nicht radikal universal denkt.[34] Mit Blick auf die universale Solidarität nimmt Peukert Bezug auf eine inzwischen berühmte Debatte, die in den Dreißigerjahren des 20. Jahrhunderts zwischen Walter Benjamin und Max Horkheimer geführt wurde. Diese Debatte betraf die Abgeschlossenheit bzw. Unabgeschlossenheit der

31 Vgl. Bauman/Obirek, Of God and Man, 31ff; vgl. zudem den Schlusssatz in: Bauman, Gemeinschaften, 181: «Wenn es in einer Welt der Individuen eine Gemeinschaft geben soll, kann es nur (und muß es notwendigerweise auch) eine Gemeinschaft sein, die auf Teilen und gegenseitiger Fürsorge beruht, eine Gemeinschaft, die Verantwortung übernimmt und sich aktiv darum kümmert, daß alle nicht nur die gleichen Rechte haben, sondern auch in gleichem Maße in der Lage sind, diese Rechte in Taten umzusetzen.»

32 Vgl. Stolz/Könemann/Schneuwly Purdie/Englberger/Krüggeler, Religion und Spiritualität, 149, 276.

33 Vgl. die päpstlichen Lehrschreiben «Evangelii gaudium» und «Laudato si»: deutsch: Papst Franziskus, Freude des Evangeliums; ders., Laudato si.

34 Vgl. Peukert, Wissenschaftstheorie, 289–305; dazu: Benjamin, Begriff der Geschichte.

Geschichte.[35] Peukert versucht am «Paradox der anamnetischen Solidarität»[36] aufzuzeigen, dass eine wirklich universale Solidarität sowohl die vergangenen als auch die zukünftigen Generationen einbeziehen müsse. Religiöse Traditionen tun eben dies in ihren Texten und Taten.

Religiöse Identität in universaler Solidarität wäre meiner Auffassung nach eine, die vergangenes und gegenwärtiges Unrecht beklagt, erinnert und einbezieht. Dies wäre eine Identität, die prophetisch Solidarität mit den Fremden und Ausgeschlossenen einklagt und praktiziert, die für ein menschenwürdiges Leben für alle eintritt, für globale Verantwortung, gerechte Umverteilung und die Transformation einer in Arm und Reich gespaltenen Welt eintritt. Es wäre eine Identität, die auf eine für alle lebenswerte Schöpfung ausgerichtet ist und damit zugleich auf eine Gesellschaft, die Allen Lebensmöglichkeiten eröffnet.

Ungeachtet der Tatsache, dass die ökonomischen, gesellschaftlichen und politischen Realitäten der liquiden Moderne solche Überlegungen als idealistische Hirngespinste abzutun scheinen, bleibt religiöse Identität in universaler Solidarität eine heute ebenso virulente wie zukunftsfähige Option. In der flüchtigen Moderne nach dem «Zeitalter der Extreme»[37] und in Zeiten der forcierten technokratischen Globalisierung erscheinen Fragen nach einer normativen Grundorientierung menschlichen Lebens immer weniger beantwortbar. Angesichts dieser Herausforderungen möchte ich mit Peukert abschließend festhalten: «Die radikalen Grenzfragen der ethischen und religiösen Traditionen, die als Fragen nach der Möglichkeit einer universa-

35 Benjamin hatte 1937 in seinem Aufsatz «Eduard Fuchs, der Sammler und der Historiker» über den historischen Materialismus geschrieben: «Das Werk der Vergangenheit ist ihm nicht abgeschlossen. Keiner Epoche sieht er es dinghaft, handlich in den Schoß fallen, und an keinem Teil.» (Benjamin, Eduard Fuchs, 465–505, 477) Horkheimer antwortete Benjamin in einem Brief: «Die Feststellung der Unabgeschlossenheit ist idealistisch, wenn die Abgeschlossenheit nicht in ihr aufgenommen wird. Das vergangene Unrecht ist geschehen und abgeschlossen. Die Erschlagenen sind wirklich erschlagen. (…) Letzten Endes ist Ihre Aussage theologisch.» Zitiert nach Peukert, Wissenschaftstheorie, 305. Was die Unabgeschlossenheit der Geschichte für die «geknechteten Vorfahren», die «Generationen Geschlagener» bzw. die «Toten» und den Umgang mit ihnen impliziert und bedeutet, beleuchtet Benjamin in seinem letzten Werk, den Thesen «Über den Begriff der Geschichte»; vgl. Benjamin, Thesen. Dazu: Taylor, Säkulares Zeitalter, 1196: «In dieser ‹Ewigkeit› der dankbaren Nachwelt gibt es keine allgemeine Auferstehung. Das ist es, was Walter Benjamin umtrieb: dieses unstillbare Bedürfnis, jene zu retten, die in der Geschichte niedergetrampelt wurden.»

36 Peukert, Wissenschaftstheorie, 308ff.

37 Vgl. Hobsbawm, Zeitalter der Extreme.

len, vergangene und zukünftige Generationen einschließenden Solidarität sowohl Pädagogik wie Philosophie und Theologie in ihrem Kern betreffen, können dennoch nicht einfach dem wortlosen Schweigen oder fundamentalistischen und esoterischen Strömungen außerhalb jeder öffentlichen und wissenschaftlichen Diskussion überlassen werden.»[38]

Literatur

Anderson, Benedict, Imagined Communities. Reflections on the Origin and Spread of Nationalism, London 1983.

Arens, Edmund, Gottesverständigung. Eine kommunikative Religionstheologie, Freiburg/Basel/Wien 2007.

Arens, Edmund, Der «eigene Gott» und die öffentliche Religion. Rolle und Relevanz christlicher Tradition in moderner Gesellschaft, in: Baumann, Martin/Neubert, Frank, Hg., Religionspolitik – Öffentlichkeit – Wissenschaft. Studien zur Neuformierung von Religion in der Gegenwart, Zürich 2011, 105–126.

Arens, Edmund, Zwischen Spaltpilz und Zusammenhalt. Religionen und gesellschaftliche Integration, in: zur debatte 4/2012, 27–30.

Arens, Edmund, Rez. Putnam, Robert D./Campbell, David E., American Grace. How Religion Divides and Unites Us, New York 2010, in: ET-Studies 1 (2010), 310–313.

Arens, Edmund/Baumann, Martin/Liedhegener, Antonius/Müller, Wolfgang/Ries, Markus, Hg., Integration durch Religion? Geschichtliche Befunde, gesellschaftliche Analysen, rechtliche Perspektiven, Zürich/Baden-Baden 2014.

Arens, Edmund/Baumann, Martin/Liedhegener, Antonius, Integrationspotenziale von Religion und Zivilgesellschaft. Theoretische und empirische Befunde (Religion – Wirtschaft – Politik Bd. 14), Baden-Baden/Zürich 2016.

Bauman, Zygmunt, Moderne und Ambivalenz. Das Ende der Eindeutigkeit, Frankfurt a. M. 1995.

Bauman, Zygmunt, Flaneure, Spieler und Touristen. Essays zu postmodernen Lebensformen, Hamburg 1997.

Bauman, Zygmunt, Liquid Modernity, Cambridge 2000.

Bauman, Zygmunt, Flüchtige Moderne, Frankfurt a. M. 2003.

38 Peukert, Pädagogik, 62–70, 69.

Bauman, Zygmunt, Community. Seeking Safety in an Insecure World, Cambridge 2001.

Bauman, Zygmunt, Leben in der Flüchtigen Moderne, Frankfurt a. M. 2007.

Bauman, Zygmunt, Gemeinschaften. Auf der Suche nach Sicherheit in einer bedrohlichen Welt, Frankfurt a. M. 2009.

Bauman, Zygmunt, Wir Lebenskünstler, Berlin 2010.

Bauman, Zygmunt/Obirek, Stanislaw, Of God and Man, Cambridge 2015.

Bauman, Zygmunt, Postmodern Religion?, in: Heelas, Paul, Hg., Religion, Modernity and Postmodernity, Oxford 1998, 56–78.

Benjamin, Walter, Über den Begriff der Geschichte, in: Gesammelte Schriften Band I.2, hg. von Tiedemann, Rolf/Schweppenhäuser, Gerhard, Frankfurt a. M. 1980, 691–704.

Benjamin, Walter, Eduard Fuchs, der Sammler und Historiker, in: Gesammelte Schriften Band II.2, hg. von Tiedemann, Rolf/Schweppenhäuser, Gerhard, Frankfurt a. M. 1980, 465–505.

Cigdem, Ahmet, Religiöser Fundamentalismus als Entprivatisierung der Religion; in: Bielefeldt, Heiner/Heitmeyer, Wilhelm, Hg., Politisierte Religion. Ursachen und Erscheinungsformen des modernen Fundamentalismus, Frankfurt a. M. 1998, 91–108.

de Groot, Kees, Three Types of Liquid Religion, in: Implicit Religion 11 (2008), 277–296.

Heelas, Paul/Woodhead, Linda, The Spiritual Revolution. Why Religion Is Giving Way to Spirituality, Oxford 2005.

Hervieu-Léger, Danièle, Pilger und Konvertiten. Religion in Bewegung, Würzburg 2004.

Hilpert, Konrad, Solidarität, in: Neues Handbuch theologischer Grundbegriffe. Neuausgabe Bd. 4, hg. von Eicher, Peter, München 2005, 152–160.

Hobsbawm, Eric, Das Zeitalter der Extreme. Weltgeschichte des 20. Jahrhunderts, München/Wien 1995.

Hunt, Stephen J., Alternative Religions. A sociological introduction, Aldershot 2003.

Kepel, Gilles, Die Rache Gottes. Radikale Moslems, Christen und Juden auf dem Vormarsch, München/Zürich [3]1994.

Keupp, Heiner et al., Identitätskonstruktion. Das Patchwork der Identitäten in der Spätmoderne, Reinbek [4]2008.

Knoblauch, Hubert, Die Verflüchtigung der Religion ins Religiöse, in: Luckmann, Thomas, Die unsichtbare Religion, Frankfurt a. M. 1991, 7–41.

Knoblauch, Hubert, Populäre Religion. Auf dem Weg in eine spirituelle Gesellschaft, Frankfurt/New York 2009.

Krappmann, Lothar, Soziologische Dimensionen der Identität. Strukturelle Bedingungen für die Teilnahme an Interaktionsprozessen, Stuttgart [4]1975.

Krüggeler, Michael/Klein, Stephanie/Gabriel, Karl, Hg., Solidarität – ein christlicher Grundbegriff? Soziologische und theologische Perspektiven, Zürich 2005.

Luckmann, Thomas, Die unsichtbare Religion, Frankfurt a. M. 1991.

Lüddeckens, Dorothea/Walthert, Rafael, Hg., Fluide Religion. Neue religiöse Bewegungen im Wandel. Theoretische und empirische Systematisierungen, Bielefeld 2010.

Marty, Martin E./Appleby, R. Scott, Herausforderung Fundamentalismus. Radikale Christen, Moslems und Juden im Kampf gegen die Moderne, Frankfurt a. M./New York 1996.

Marx, Karl/Engels, Friedrich, Manifest der Kommunistischen Partei, in: Dies., Werke (MEW Bd. 4), Berlin 1983, 459–493.

Müller, Bernadette, Empirische Identitätsforschung. Personale, soziale und kulturelle Dimensionen der Selbstverortung, Wiesbaden 2011.

Papst Franziskus, Die Freude des Evangeliums. Das apostolische Schreiben «Evangelii gaudium» über die Verkündigung des Evangeliums in der Welt von heute, Freiburg 2013.

Papst Franziskus, Laudato si. Die Enzyklika «Laudato si» über die Sorge für das gemeinsame Haus, Freiburg 2015.

Peukert, Helmut, Wissenschaftstheorie, Handlungstheorie, Fundamentale Theologie. Analysen zu Ansatz und Status theologischer Theoriebildung, Mit einem Vorwort zur Neuauflage und einem neuen Nachwort, Frankfurt a. M. [3]2009.

Peukert, Helmut, Identität C. Theologisch, in: Neues Handbuch theologischer Grundbegriffe, Neuausgabe Bd. 2, hg. von Eicher, Peter, München 2005, 184–192.

Peukert, Helmut, Identität in Solidarität. Reflexionen über die Orientierung humaner Bildungsprozesse, in: ders., Bildung in gesellschaftlicher Transformation, hg. von John, Ottmar/Mette, Norbert, Paderborn 2015, 83–99.

Peukert, Helmut, Pädagogik, in: ders., Bildung in gesellschaftlicher Transformation, hg. von John, Ottmar/Mette, Norbert, Paderborn 2015, 62–70.

Pezzoli-Olgiati, Daria, Imaginierte Gemeinschaften. Religiöse Minderheiten und Integration im zeitgenössischen Autorenfilm, in: Arens, Edmund/Baumann, Martin/Liedhegener, Antonius/Müller, Wolfgang/Ries, Wolfgang, Hg., Integration durch Religion? Geschichtliche Befunde, gesellschaftliche Analysen, rechtliche Perspektiven, Zürich/Baden-Baden 2014, 155–178.

Pickel, Gert, Religiöses Sozialkapital – Integrationsressource für die Gesellschaft und die Kirchen?, in: Arens, Edmund/Baumann, Martin/Liedhegener, Antonius/Müller, Wolfgang/Ries, Markus, Hg., Integration durch Religion? Geschichtliche Befunde, gesellschaftliche Analysen, rechtliche Perspektiven, Zürich/Baden-Baden 2014, 41–61.

Pirker, Viera, fluide und fragil. Identität als Grundoption zeitsensibler Pastoralpsychologie, Ostfildern 2013.

Putnam, Robert D., Bowling Alone. The Collapse and Revival of American Community, New York 2000.

Putnam, Robert D./Campbell, David E., American Grace. How Religion Divides and Unites Us, New York 2010.

Riesebrodt, Martin, Fundamentalismus als patriarchalische Protestbewegung. Amerikanische Protestanten (1910–28) und iranische Schiiten (1961–79) im Vergleich, Tübingen 1990.

Riesebrodt, Martin, Die Rückkehr der Religionen. Fundamentalismus und der «Kampf der Kulturen», München 2000.

Stolz, Jörg/Könemann, Judith/Schneuwly Purdie, Mallory/Englberger, Thomas/Krüggeler, Michael, Hg., Religion und Spiritualität in der Ich-Gesellschaft. Vier Gestalten des (Un)Glaubens, Zürich 2014.

Taylor, Charles, Ein säkulares Zeitalter, Frankfurt a. M. 2009.

Ward, Pete, Liquid Church, Eugene (OR) 2013.

Wippermann, Wolfgang, Fundamentalismus. Radikale Strömungen in den Weltreligionen, Freiburg 2013.

Young, Jock, The Exclusive Society, London 1999.

Wolfgang W. Müller

Die Frage nach einer doppelten Identität im Kontext dogmatischer Theologie

Verstanden klassische Konzepte der Identität diesen Begriff im Sinne einer Identitätsarbeit, die die Ausbildung der Identität in einer weitgehend kulturell wie sozial vorgegebenen Matrix sehen, so geht der moderne Identitätsbegriff von einer «Arbeit an der Identität» aus (z.B. Sigmund Freud), die vom Einzelnen abverlangt wird. Identität wird in der modernen Gesellschaft als Träger spezialisierter wie individualisierter Rollen wahrgenommen, der Aufbau der Identität versteht sich als Eigenleistung des Individuums. Der neuere Identitätsdiskurs der Postmoderne geht noch einen Schritt weiter und spricht in der Regel von einem (de)konstruierten Selbst, das in steter Auseinandersetzung mit seiner Mit- und Umwelt steht. Durch die in der (post)modernen Gesellschaft herrschenden Prozesse der Enttraditionalisierung, der Pluralisierung, der Mobilität/Migration[1] und Individualisierung spricht man von Bastel-, Patchwork- oder hybriden Identitäten.[2] Schematisierend lassen sich zwei gegensätzliche Stränge in der heutigen Identitätsdebatte ausmachen. Zum einen ist Identität als lebenslang konzipierter Prozess zu denken, der davon ausgeht, dass man wird, was man ist, d.h., Identität wird bei diesem Modell nicht beliebig. Als klassische Vertreter dieser Konzeption können die psychoanalytischen Theorien von Eric

1 Dem Phänomen «Mobilität/Migration» wird im Blick auf die Verbindung von Identitätsdiskurs und Religion eine besondere Rolle zukommen. «Die globalen Migrationsbewegungen können zur Entwurzelung, Diasporabildung, Auflösung tradierter Lebensformen und zur Destabilisierung von individuellen und kulturellen Identitäten führen. Biographische Unsicherheit wird zum charakteristischen Merkmal der globalen Moderne.» Eickelpasch/Rademacher, Identität, 9.

2 Siehe dazu als Überblick: Eickelpasch/Rademacher, Identität. Die verschiedenen Theoriemodelle können in diesem Beitrag der vorliegenden Publikation nicht behandelt werden. Eine weitere Untersuchung fragt nach den Phänomenen Zweisprachigkeit, Bi-Religiosität und doppelter Staatsbürgerschaft: Schoen, Bi-Identität.

Erikson oder Jacques Lacan angesehen werden.[3] Die diesem Ansatz entgegengesetzte Theorie geht von der Idee einer pluralen Identität aus, die von einem ständigen Prozess der Interaktion ausgeht und die vielfaltsbetonte Identität hervorhebt.[4] Soziologen sprechen deswegen von einer «balancierenden Identität», die einen nie abgeschlossenen Prozess aktualisiert.[5] Als Vertreter dieser Sichtweise kann Zygmunt Bauman gelten, der seine soziologische Interpretation im Kontext fortgeschrittener Industriegesellschaften situiert. Im Gegensatz zur modernen Konzeption der Identität, die diese als Konstruktion eines dauerhaften Selbst verstand, geht Bauman in seinem erkenntnistheoretischen Konzept davon aus, dass sich der postmoderne Mensch stets alle Optionen offen halten will und sich weigert, längere und konstante Bindungen einzugehen bzw. aufzubauen. Es gilt von einer Pluralität von Traditionen, Werten und Ideologien auszugehen, die ein Spiel mit den Identitäten ermöglicht.[6]

Den Begriff der Identität fasst der kanadische Philosoph Charles Taylor als die Gesamtheit unformulierter Auffassungen, die ein handelndes menschliches Wesen konstituiert und durch Empfindungen wie Innerlichkeit, Freiheit, Individualität und Verworbensein mit der Natur auszeichnet. Für Taylor ist es für das Verständnis der Identität konstitutiv, dass sich der neuzeitliche komplexe Begriff von früheren Vorstellungen, Idealen etc. speist.[7]

Neben diesen Strömungen der sozilogischen Theoriebildungskonzepte der Identität gibt es jedoch auch die Absage, mit diesem Theorem zu arbeiten. Hierbei spricht man von einem «inflationären Begriff» (Karl-Michael Brunner)[8], der einerseits nur in Krisenzeiten thematisiert wird, oder ande-

3 Erikson, Identity (Psychosocial), 61–65; Erikson, Der junge Luther; Erikson, Identität und Lebenszyklus. Siehe dazu auch bei: Descombes, Die Rätsel der Identität, 30–36; Lacan, Ecrits, 93–100.

4 Siehe dazu pars pro toto: Taylor, Multikulturalismus.

5 Krappmann, Soziologische Dimensionen der Identität. Eine ähnliche soziologische Bestimmung von Identität lautet: «‹Identität› ist […] ein Begriff für die fließende Beschreibung, mit der ein Autor sein Selbst und das, was er zu seiner Sache macht, zu erfassen sucht. Reflektierendes Subjekt, reflektierte Sache, ihre Vermittlung in der Darstellung verändern sich im Geschehen des Lebens, das im Ganzen nicht erfassbar, nicht beherrschbar ist, indem aber doch jedes reflektierendes Subjekt das Seinige frei und verantwortlich beizubringen hat.» Droessler/Lutz/Sautermeister, Konkrete Identität, 299.

6 Vgl. dazu Bauman, Flaneure, Spieler und Touristen. Siehe dazu den Beitrag von Edmund Arens in diesem Band.

7 Taylor, Quellen des Selbst.

8 Brunner, Zweisprachigkeit und Identität, 57–75.

rerseits zur Bezeichnung der gesellschaftlichen Akzeptanz einer kollektiven Gruppe einer Gesellschaft keinen Erkenntnisgewinn erzeugen kann.[9]

Einige asiatische Kulturen kennen durchaus in der Geschichte und in einigen Gegenden den Modus einer multiplen religiösen Identität,[10] während die monotheistischen Religionen in ihrer Vergangenheit dazu keinen Zugang gefunden haben. Aufgrund des Wahrheits- und Absolutheitspostulats dieser Religionen wurden (werden) solche Unternehmungen apologetisch wie abwehrend beurteilt. Ein klassischer Vorwurf dazu liegt in der Bezeichnung des Synkretismus vor.[11] Es stellt sich die Frage, worin diese Abwehrhaltung erkenntnistheoretisch begründet liegt, wie sie teilweise im religiösen Diskurs festgestellt werden kann.

Die unterschiedlichen Konzepte des Identitätsdiskurses kreisen um das Verständnis des Zusammenhangs von Identität und Alterität. Zygmunt Bauman verbindet diese Fragestellung mit dem klassischen Duo der Selbst- und Nächstenliebe der Moraltheologie. Die Selbstliebe beruht für ihn darauf, dass das Gebot, seinen Nächsten zu lieben wie sich selbst, den Wunsch voraussetzt den Nächsten (wie sich selbst) anzuerkennen. «Den Nächsten zu lieben wie sich selbst bedeutet dann, die Einzigartigkeit des anderen zu achten – ihn aufgrund seiner Andersartigkeit zu schätzen, weil sie unsere Welt reicher und schöner macht.»[12]

Der vorliegende Beitrag möchte die Frage nach der doppelten Identität aus einer dogmatischen Perspektive angehen. Die theologische Behandlung der Problematik hat sich u.a. mit der Kritik Vincent Descombes auseinanderzusetzen. Der französische Denker postuliert, dass die Gründe für die Theorie der doppelten Identität nicht erkenntnistheoretischer, sondern politischer Natur seien: «Der Diskurs der pluralen Identität will Frieden und Toleranz unter den Menschen verbreiten. Es sagt uns im Prinzip Folgendes: Wir werden leichter akzeptieren, dass die anderen sich von uns

9 So die Position von Dan Diner in seinen Arbeiten zur jüdischen Diaspora und der Shoa: Diner, Gegenläufige Gedächtnisse.

10 Hier wäre an die religiöse Situation in Japan zu denken, die verschiedene religiöse Strömungen in Asien aufgenommen hat, vgl. dazu z.B.: van Bragt, Multiple Religious Belonging, 7–19.

11 Papst Franziskus bekräftigt in seiner Enzyklika «Evangelii gaudium» den eigenen Glauben mit Überzeugung zu leben und warnt vor einem «versöhnlichen Synkretismus» (Evangelii Gaudium Nr. 251).

12 Bauman, Leben in der Flüchtigen Moderne, 11. Mit dieser Ansicht ist natürlich auch eine Kehrseite impliziert, nämlich die (theoretische) Möglichkeit, den anderen zu verachten oder Furcht vor ihm zu haben (vgl. ebd.).

unterscheiden, wenn wir dessen eingedenk sind, dass im Grunde schon jeder, je nach den Umständen und Anlässen, von sich selbst unterschieden ist. Doch dieser Diskurs läuft große Gefahr, die entgegengesetzte Wirkung hervorzubringen. Tatsächlich wird jedoch das Wort ‹Identität› benutzt, um die Mannigfaltigkeit der Menschen hervorzuheben, und dieses Wort kann nicht umhin, jeden auf seine Individuation zu verweisen, auf das, was ihm ein Leben, und zwar sein einziges, gibt.»[13]

Dieser gewählte Zugang bedingt einige Eingrenzungen, die hier kurz aufgezeigt werden sollen:

1. In der vorliegenden Studie geht es nicht um eine religionsphilosophische Betrachtung, sondern um die dogmatische Fragestellung, wie eine geschichtlich konkret gewachsene und existierende Religionsform mit der Pluralität des Religiösen in der Moderne umgeht.
2. Es geht nicht um die Frage der Pluralität der Konfessionen innerhalb der Christentümer, die sich im Verlauf der Geschichte herausgebildet haben. Diese «ökumenische Fragestellung» wurde an einem anderen Ort behandelt.[14]
3. Eine theologische Betrachtung der doppelten Identität hat sich mit der traditionellen Apologetik der einen und wahren Religion auseinanderzusetzen.[15]
4. Der «Sitz im Leben» dieser kleinen Studie ist sowohl die christliche als auch die konfessionelle Beheimatung des Autors.

I.

Die klassische Definition der Identität wird, im Sinne der traditionellen Substanzphilosophie gedacht, als etwas mehr als eines verstanden, aber keinen Unterschied in der Art aufweist wie z.B. Mensch. Aristoteles bestimmt in seiner Schrift «Topik» die Identität wie folgt: «Das Identische, um es nur in einem allgemeinen Umriss zu beschreiben, scheint drei verschiedene Bedeutungen zu haben. Wir nennen etwas identisch der Zahl oder der Art oder der Gattung nach: der Zahl nach das, was mehr als einen Namen hat, aber nur ein Ding ist, wie Gewand und Kleid; der Art nach, was mehr

13 Descombes, Die Rätsel der Identität, 45.

14 Siehe dazu vom Autor: Müller, Frühling, Sommer, Herbst und Winter, 696–698.

15 So behandeln die klassischen Schulbücher der Dogmatik weder die Frage der Pluralität von Religion noch Themen wie Universalität, Toleranz u.a.m. Siehe dazu beispielsweise: Ott, Grundriss der Dogmatik.

als eines ist, aber einen Unterschied in der Art aufweist, wie z.B. Mensch mit Mensch und Pferd mit Pferd identisch ist; denn man nennt solches der Art nach identisch, was unter dieselbe Art fällt. Ebenso nennt man der Gattung nach identisch, was unter dieselbe Gattung fällt, wie Pferd, verglichen mit Mensch.»[16]

Als weiterführende Beispiele der aristotelischen Tradition seien die Definitionen von Thomas von Aquin und John Locke angeführt.

Der Aquinate geht von einer theologischen Bestimmung der Identität aus, die ihren Ansatz bei seiner Rezeption aristotelischer Philosophie nimmt. Das Sein (ens) drückt sich in zweifacher Weise aus. Einerseits als etwas, das sich nach den zehn Kategorien unterteilen lässt, andererseits als einfache Kategorie, die sich nur von der menschlichen Seele, Vernunft und Gott sagen lässt.

«Bei den zusammengesetzten Substanzen nun sind uns Form und Materie bekannt wie z.B. beim Menschen Seele und Körper (Leib). Man kann aber nicht die Aussage behaupten, dass nur eines von ihnen Wesenheit sei. Dass nämlich die Materie des Dinges allein nicht Wesenheit ist, leuchtet ein, da ein Ding durch seine Wesenheit erkennbar ist und einer Art oder Gattung zugeordnet wird. Weder aber ist die Materie Erkenntnisprinzip, noch wird nach ihr etwas zur Gattung oder Art hin bestimmt, sondern nach dem, wodurch etwas in Akt ist.»[17]

Eine klassische philosophische Definition der Identität bietet John Lock, der nach der Zusammensetzung der persönlichen Identität fragt. Lock versteht den Begriff «Person» als ein denkendes und vernünftiges Wesen, das Vernunft begabt ist und fähig zur (Selbst-)Reflexion.

«Eine weitere Gelegenheit zum Vergleichen ergibt sich für den Geist aus dem Dasein der Dinge selbst. Wir betrachten ein Ding als zu einer bestimmten Zeit und an einem bestimmten Ort existierend und vergleichen es dann mit sich selbst, wie es zu anderer Zeit existiert; danach bilden wir die Ideen der Identität und der Verschiedenheit. [...] Darin also besteht, Identität, wenn sich die Ideen, denen sie zugeschrieben wird, ganz und gar nicht von dem unterscheiden, was sie im Augenblick unserer früheren Betrachtung, mit ihrem gegenwärtigen Dasein verglichen, gewesen sind.»[18]

Gegenüber diesen klassischen Definitionen der Identität versteht sich der Begriff heute stärker in seinem Bezug zum und mit den anderen. Der

16 Aristoteles, Topik lib. I, 7 (Aristoteles, Philosophische Schriften, 9).

17 Thomas von Aquin, Über Seiendes und Wesenheit, 9.

18 Locke, Versuch über den menschlichen Verstand, 410.

aktuelle Diskurs wird kognitiv, affektiv, expressiv und performativ artikuliert und im Zusammenspiel von Identität und Alterität bedacht. Weil das Individuum einer Gruppe zugehört, ist Identität immer auch eine Aussage im Blick auf eine soziale, nationale, religiöse und ethnische Gemeinschaft. Identität erschließt und erschafft Zugehörigkeit. Identität ist folglich eine lebenslange Aufgabe. Die religiöse Identität lässt sich mittels der Konfiguration dieser genannten Punkte verstehen. Der aktuelle Identitätsbegriff kann mit der narrativen Identität Paul Ricœurs kurz skizziert werden. Der französische Philosoph geht von zwei Aspekten aus: Betont das idem den Aspekt der Identität als Gleichheit, Vollzug der Beharrlichkeit in der Zeit, verweist das ipse auf die Ipseität, die Selbstheit eines Menschen, die Veränderung unterworfen ist. «Notre thèse constante sera que l'identité au sens d'ipse n'implique aucune assertion concernant un prétendu noyau non changeant de la personalité. Et cela, quand bien même l'ipséité apporterait des modalités propres d'identité. […] Sois-même comme un autre suggère d'entrée de jeu que l'ipséité du soi-même implique l'alterité à un degré si intime que l'une ne se laisse pas penser sans l'autre, que l'une passe plutôt dans l'autre.»[19]

Das Konstrukt der narrativen Identität ist demnach ein dialektischer Prozess, der sich zwischen Permanenz und Veränderung, zwischen Gleichheit und Selbstheit, zwischen Vollzug und Reflexion abspielt. Die so verstandene Identität ist nicht von der Lebensgeschichte zu trennen und deswegen stets eine zu erzählende «story». Das Leben einer Person ist für Ricœur figuriert, d.h. immer beeinflusst von (sich) wandelnden Faktoren. «Cette dialéctique nous rappelle que le récit fait partie de la vie avant de s'exiler de la vie dans l'écriture; il fait retour à la vie selon les voies multiples de l'appropriation et au prix des tensions inexpugnables que l'on vient de dire.»[20]

Besteht in den Sozialwissenschaften wie im politischen Diskurs eine lebhafte Diskussion um den Begriff der doppelten Identität,[21] so schweigen sich in der Regel die systematischen Fächer der Theologie zu dieser Frage-

19 Ricœur, Soi-même comme un autre, 13f.

20 Ebd., 193.

21 Siehe dazu etwa: Blatter, Dual Citizenship and Theories of Democracy, 769–798; Gauck, Rede zum Symposium «Wer ist wir?» (www.bundespraesident.de/sharedDocs/Rede/DE/Joachim-Gauck/Reden/2015/07/150709-Symposium.htm, Zugriff 1.8.2015).

stellung aus.[22] In der Regel wird der zu thematisierende Aspekt einer multiplen religiösen Identität innerhalb der christlichen Tradition nur als theoretisches Konstrukt oder als Ausdruck einer individuellen Sinnsuche im Religiösen betrachtet. Für diesen Sachverhalt kennt die entsprechende Literatur zwei paradigmatische Positionen. Zum einen die theoretische Betrachtung von Johann Wolfgang von Goethe in einem Brief an Friedrich Heinrich Jacobi (vom 6. Januar 1813): «Als Dichter und Künstler bin ich Polytheist, Pantheist als Naturforscher, und eins so entschieden als das andere. Bedarf ich eines Gottes für meine Persönlichkeit, als sittlicher Mensch, so ist dafür auch schon gesorgt. Die himmlischen und irdischen Dinge sind so ein weites Reich, dass die Organe aller Wesen zusammen es nur erfassen können.»[23] Zum anderen die Reflexion von Raimon Panikkar über seine religiöse Vita. Der gebürtige spanische Religionsphilosoph Panikkar dozierte nach seinen Studien in Europa an verschiedenen indischen Universitäten und engagierte sich im interkulturellen Dialog, der ihn zur Thematik der Vermittlung verschiedener Identitäten führte: «Ich bin als Christ gegangen, ich habe mich als Hindu gefunden und kehre als Buddhist zurück, ohne jedoch aufgehört zu haben, ein Christ zu sein.»[24]

Die systematische Theologie muss sich heute jedoch mit einer neuen Problematik beschäftigen, insofern die narrative Identität nicht nur von einer monokausalen religiösen Identität ausgehen kann, wie dies im vergangenen Jahrhundert der Fall war und entsprechende theologische Axiome entstehen ließ, sondern aufgrund von Migration und Mobilität der modernen Gesellschaft von einer pluralen Identität auszugehen hat.[25] Angesichts der Mobilität der modernen Gesellschaft stellt sich für die Kirche und die Theologie nicht nur die Frage nach der Pluralität der Religionen und der damit verknüpften Frage nach der Toleranz als dem Modus mit dieser Plu-

22 Interessant ist, dass die Literatur seit Langem fiktiv das Phänomen der doppelten Identität behandelt, sei es in der klassischen Version des Doppelgängers, sei es in der Figur der Heteronyme von Fernando Pessoa.

23 Zitiert nach: Bochinger, Multiple religiöse Identität, 141.

24 Zitiert nach: Nitsche/Panikkar, 59–77, 77. Zu Leben und Werk von Henri Le Saux siehe: Hackbarth-Johnson, Henri Le Saux/Swami Abhishiktananda, 35–58; Henri Le Saux, Innere Erfahrung und Offenbarung. Zum theoretischen Aspekt des Werkes siehe: Panikkar, Christus der Unbekannte im Hinduismus.

25 Zur Thematik der Migration als theologischer Ort siehe neuerdings: Kessler, Migration als Ort der Theologie. In historischer Perspektive siehe dazu: Schmauder/Missfelder, Kaftan, Kreuz und Kopftuch.

ralität umzugehen,[26] sondern jene nach einer doppelten Identität in religiösen Fragen der Lebensgestaltung. Schematisierend kann folgender Prozess angenommen werden: Wird in einem ersten Schritt die andere Religion negiert, folgt in einem zweiten Schritt die Tolerierung verschiedener religiöser Lebensgestaltungen, in einem weiteren Schritt, bedingt durch lebensgeschichtliche Faktoren, die Frage nach einer Ausgestaltung doppelter religiöser Identität. Angesichts der Pluralität der Religionen sind als weitere Umgehungsstrategien Ghettoisierung, Radikalisierung oder totale Negation zu nennen.[27] Unerwähnt bleibt in diesem Zusammenhang das Phänomen der Konversion. Traditionell wird in den Kirchen die Frage der Mitgliedschaft einerseits durch die oben erwähnte Substanzmetaphysik, andererseits durch Applikation eines rein juridischen Modells geregelt.[28] Der existenzielle Vollzug einer Glaubenspraxis bleibt in diesen Betrachtungen in der Theoriebildung defizitär!

Die Frage nach dem religiösen Pluralismus und damit verbunden nach einer eventuellen doppelten Identität scheint ein Desiderat systematischer Theologie zu sein. Das postulierte Desiderat folgt aus der Faktizität einer globalisierenden Welt, die den sozio-kulturellen Kontext aller Religionen bildet. Einen ersten Versuch, das Konstrukt der multiplen Identität theoretisch aufzuarbeiten, legt Catherine Cornille vor. Die stets fragile multiple Identität zeichnet sich für sie durch folgende Kriterien aus:[29]

1. Kulturelle Identität: Die religiöse Praxis von Individuen kann zu bestimmten Zeiten, z.B. Krankheit, Krisen, Riten und Traditionen anderer Religionen annehmen.

26 Siehe dazu: D'Arcy May, God in Pubic, 249–264; Schmidt-Leukel, Gott ohne Grenzen; Hüchtker/Kleinmann/Thomsen, Über das tolerieren religiöser Differenz, 9–31. Hier wäre beispielsweise zu denken an längere Aufenthalte in anderen Kulturräumen als dem eigenen oder an bikulturelle Partnerschaften/Kindererziehung oder an Migration. Zur religiösen Vielfalt in der Schweiz siehe folgende Studien: Eidgenössische Volkszählung 2000; Religionsgemeinschaften, Staat und Gesellschaft. NFP 58. Religiöse und spirituelle Praktiken und Glaubensformen in der Schweiz. Erste Ergebnisse der Erhebung zu Sprache, Religion und Kultur, 2014. Bundesamt für Statistik, Neuenburg, 2016.

27 Diesen konfliktreichen Aspekt des Identitätsdiskurses untersucht: Maalouf, Mörderische Identitäten.

28 Die Kirchenmitgliedschaft in der rk. Kirche wird im neuen CIC/1983 in § 96 juridisch im Verständnis des alten CIC/1917 (§ 87) geregelt.

29 Siehe zum Folgenden: Cornille, Mehrere Meister?, 15–32.

2. Wundersuche: Angehörige einer Religion können Heilige, Meister oder Ähnliches aus anderen Religionen zu einer bestimmten Zeit verehren und/oder aufsuchen.
3. Interreligiöse Ehen: Eine wachsende Zahl von Menschen wird heute in Familien geboren, deren Eltern verschiedenen Religionen angehören. Ehepartner, die in der eigenen Religion verbleiben, mögen doch verschiedene Elemente der Partnerin annehmen.
4. Interreligiöser Dialog: Die Praxis des interreligiösen Dialogs kann zu einem Gefühl der Mehrfachzugehörigkeit führen. Ein Spezialfall tritt bei diesem Typus ein, wenn die theologische Lehre der einen Religion mit dem Symbolsystem einer anderen Religion erklärt wird.

Häufig, so die Autorin, geht multiple Religionszugehörigkeit mit einer Betonung der rituellen oder funktionalen Dimension von Religion einher, dies in der Regel mit einer Minderung der theoretischen Dimension der Religion.

Die Rede einer Bindestrick-Existenz, die heute zwischen Jüdischem und Christlichem angenommen wird, stellt Jean-François Lyotard in Abrede. Der «Bindestrich», der heute zwischen Jüdischem und Christlichem gesetzt wird (vgl. die Rede von der «jüdisch-christlichen Offenbarung»), verrät eine imperiale Struktur. Das strukturelle Verständnis ermöglicht, zwei Lesarten zu denken. Zum einen kann der Bindestrich als etwas gelesen werden, das miteinander verbunden werden soll, zum anderen jedoch als die gegenläufige Struktur dazu. Dabei wird eine Relation und Differenz bedacht. In diesem zweiten Sinn versteht Lyotard den Bindestrich zwischen beiden Religionen. Es wird dadurch, so Lyotard, das «Jüdische» durch das «Christliche» bestimmt. Der Bindestrich eint die beiden Religionen nicht, sondern trennt sie.[30]

30 Siehe dazu den Diskussionsband: Lyotard/Gruber, Ein Bindestrich – Zwischen «Jüdischem» und «Christlichem». «Ich [Lyotard, Anm. des Verfassers] spreche von einer Lücke, die der einigende Bindestrich zwischen Jüdischem und Christlichem ist im Ausdruck ‹jüdisch-christlich› streicht.» Ebd., 27. Lyotards Kritik ist berechtigt, wenn sie die Eigenständigkeit des Jüdischen zu beschränken sucht. Unberechtigt dagegen ist seine Kritik, wenn man bedenkt, dass das Christentum auf den jüdischen Baum «aufgepfropft» wurde (vgl. Paulus Röm 9–11). Dann ist das Christliche als vom Jüdischen kommend zu verstehen. Vgl. dazu etwa: Flusser, Das Christentum.

II.

Für das Verständnis anderer Religionen hat die (katholische) Kirche und Theologie einen Perspektivenwechsel zu vollziehen. Innere Haltung wie äußeres Verhalten, so fasst Andreas Renz die Verhältnisbestimmung von Kirche und Theologie zu den nichtchristlichen Religionen zusammen, «war von wenigen Ausnahmen abgesehen rein negativ bestimmt von Abgrenzung, Abwertung, Ablehnung. Die Beziehung war eine Nichtbeziehung, keine wirkliche Begegnung, sondern eine Entgegnung, Verengung (Martin Buber).»[31]

Für die katholische Theologie ist dieses Faktum ein Novum, das bisher in der systematischen Reflexion zur Ekklesiologie nicht bedacht wurde. Es stellt sich im Rahmen der gemeinsamen Forschungsfrage von REGIE die Anfrage an die dogmatische Theologie, wie diese Gegebenheit der modernen Gesellschaft in den ekklesiologischen Diskurs aufgenommen werden kann.

Exkurs

In der traditionellen Schultheologie kennt man eine gewisse Pluralität in Fragen der Spiritualität und Liturgie. In beiden Fällen wird von jeweiligen (frömmigkeitsgeschichtlichen oder liturgischen) Familien gesprochen, die ein Spezifikum beinhalten. Diese Intention wird jedoch als – schultheologisch formuliert – ein Akzidenz verstanden, das nicht zur Substanz oder zum Wesentlichen der intendierten Aussage gehört.

Die mittelalterliche Theologie kennt Ansätze zu einer ekklesiologischen Theorie einer doppelten Identität. Ernst Kantorowicz untersucht in seinem Epoche machenden Werk «Les deux Corps du Roi» die politische Theologie des Mittelalters.[32] Die politische Idee des doppelten Körpers wird christologisch und pneumatologisch begründet. Liturgie wie Theologie sprechen von einer «persona mixta», d.h. von einer Person, die als engelgleich und menschlich («angelicus videlicet et humanus») «zusammengesetzt» gedacht wird. So werden der König wie der Bischof in der mittelalterlichen Ekklesiologie als «persona mixta» verstanden. So formuliert ein Theologe des frühen Mittelalters, L'Anonyme normand, wie folgt: «Nous devons ainsi reconnaître une personne géminiée(!), dont l'une descend de la nature,

31 Renz, Die katholische Kirche und der interreligiöse Dialog, 222.

32 Kantorowicz, Les deux Corps du Roi, 643–999. Vgl. neuerdings auch: Paravicini Bangliani, Der Leib des Papstes.

l'autre de la grâce … L'une par laquelle, la condition de nature, il se conformait aux autres hommes; l'autre par laquelle, par l'éminence de sa déification et par le pouvoir du sacrement, il surpassait tous les autres. Pour une personnalité, il était, par nature, un individu humain; pour l'autre, il était, par la gràce, un Christus, c'est-à-dire un Dieu-homme.»[33]

Auf dieser Theorie aufbauend sprechen die Synoden von Toledo (638, 675) von verschiedenen Modi der «geminatio».[34] Zunächst wird die «geminatio» so umschrieben, sie sei nur als eine einzige Person zu verstehen, in einem zweiten Schritt wird dahingehend argumentiert, die Person (des Königs oder des Bischofs) habe sich einerseits als die größte wie die kleinste Person zu verstehen («item et maior et minor se ipso esse credendus est.»).[35] Das ethisch-rechtliche Axiom des Mittelalters, dass die Würde nicht (ab)stirbt («dignitas non moritur»), sondern für immer dauert, entstammt dem Bereich der Theologie. Das Axiom kann auf lebende wie verstorbene Subjekte angewandt werden. Es öffnet sich somit das semantische Feld, um die Metapher des doppelten Körpers sowohl auf Institutionen (= institutionelle Dimension), himmlische Subjekte (= theologische Dimension), mythische Personen (= allegorische Dimension) zu übertragen. So können Imperien, Kirchen, mystische Personen, Christus, Phönix u.a.m. als Träger doppelter Körper verstanden werden. Die organologische Staatslehre des Mittelalters beruht auf einem Prozess der Symbolisierung, der sich wie folgt beschreiben lässt: «Die ‹Mystifizierung› des corpus juridicum besteht darin, die juristische Ordnung der politischen ‹Körper› aus einer präsymbolischen Substanz, einer imaginären Leiblichkeit, hervorgehen zu lassen, die Gesetz und symbolische Ordnung je nur als abgeleitete, sekundäre Niederschriften von naturhaft und/oder sakramental je schon in der Substanz vollzogenen Identifizierung erscheinen lässt.»[36] Die Theorie der «persona mixta» bezieht sich in der mittelalterlichen Theologie nicht nur auf das Verhältnis von Staat und Kirche, sondern wird auf alle Leitungsfunktionen der Kirche angewandt. So versteht sich beispielsweise auch ein Abt eines Klosters im

33 Kantorowicz, Les deux Corps du Roi, 690

34 Das rhetorische Stilmittel der Geminatio («Verdoppelung», z.B. «dieser, dieser König») wird auf die polyvalente Funktion einer Person angewandt. Der Teil eines Begriffs wird demnach für die Bedeutung der ganzen Person verwendet (z.B. Der Papst als Diener aller). Die «geminatio» thematisiert dabei das subtile Spiel der doppelten Bedeutung. Der Begriff «Leib» deshalb nicht nur den Papst als «Leibwesen», sondern ebenso als «Amtsperson» verstanden, vgl. Paravicini Bangliani, Der Leib des Papstes, 15.

35 Vgl. ebd., 693.

36 Koschorke et al., Der fiktive Staat, 77.

Sinne der «persona mixta»-Theorie. In einer Perspektive der «longue durée» entwickelt sich aus diesem erkenntnistheoretischen Konstrukt in der Verbindung von Theologie und Politik zum einen die juristische Konzeption der Korporation, zum anderen die Rede vom Staatskörper. Haben in der Vergangenheit soziale Gebilde wie Staat, Gesellschaft und Kirche(n) durch die Metapher des Leibes im theoretischen Diskurs eine imaginäre Einheit gewonnen, so wird, nach der Ablösung der Rede von der juristischen Staatsperson heute eher in der Metapher des Netzes gesprochen, wobei die Netz-Metapher noch rudimentär korporatistische Züge trägt.[37]

Im theologiegeschichtlichen Kontext wird der Theorie des doppelten Körpers aber keine große Nachhaltigkeit beschieden. In erkenntnistheoretischen Debatten der interreligiösen Theologie spielt neuerdings der Körperbegriff jedoch wieder eine Rolle.[38]

Durch alle Brüche des Mittelalters hindurch bleibt der Gedanke der «Ecclesia universalis» in Kirche und Theologie präsent. Diese Rede geht in ihrer Frühzeit auf Papst Gregor d. Gr. zurück, der die Kirche als mystischen Leib, als einzige und wahre Kirche bestimmt. Diese Aussage wird in der antiprotestantischen Apologetik der katholischen Theologie immer wichtiger und bestimmt die theologische Diskussion bis in die Neuzeit. Die zentralistische Tendenz der nachtridentinischen Theologie haben diese Spuren einer pluralen Ekklesiologie ins Abseits gedrängt. Mit dem Konzil von Trient wurde das theologische Axiom «semel catholicus, semper catholicus» Teil der Norm der konfessionellen Identität.

III.

Wenngleich in der Kirchengeschichte deutlich wird, dass sich die Frage nach einer doppelten Identität gestellt hat, bleibt eine dogmatische Aufarbeitung der Theorie ein Desiderat. Ansatzweise hat der belgische Jesuit Jacques Dupuis eine solche in seinem eigenständigen Entwurf einer Theologie der Religionen vorgelegt, der hier in aller gebotenen Kürze vorgestellt werden soll.

Für Jacques Dupuis setzt zwar die Integrität des persönlichen Glaubens einerseits die Bereitschaft zum Dialog voraus, andererseits fordert er eine grundsätzliche Offenheit für den Glauben des anderen. Die Dialogpartner müssen sich auf die Erfahrung des anderen einlassen und versuchen, diese

37 Siehe dazu: ebd., 319–382, 383–387.

38 Vgl. dazu: Barua, The Divine Body in History; neuerdings Markschies, Gottes Körper.

zu verstehen. Dupuis nimmt von Raimon Panikkar den Begriff des «intrareligiösen Dialogs» auf, der konstitutiv für den Dialog zwischen den Religionen ist.[39] Die Kenntnis der Religion des anderen ist nicht nur als ein «teaching about Religion» zu verstehen, sondern meint, die Welt mit den Augen der anderen Religion zu sehen und diese als einen anderen, neuen «way of life» zu verstehen.[40] Die methodisch vollzogene Annäherung erlaubt den Sinn zu erahnen, Hindu, Muslim, Jude oder Buddhist zu sein. Somit stellt sich die Frage, ob und inwiefern es überhaupt möglich ist, beide religiöse Systeme in seiner eigenen Überzeugung zu leben, scheint doch der Glaube von seinem Selbstverständnis auf eine Totalität bezogen. Der Jesuit postuliert dagegen das Konzept des «Bindestrich-Christen» («chrétien à trait d'union»). Dieser Zugang scheint für Dupuis nur dann widersprüchlich zu sein, wenn die Religion oder eine Theologie der Religionen ausschließlich von A-priori-Deduktionen traditioneller dogmatischer Aussagen ausgeht. Das Konzept der Bindestrich-Identität hat dagegen von einer induktiven Methode auszugehen, d.h. von einer Methode, die von einer gelebten Wirklichkeit ausgeht, um diese in einem zweiten Schritt unter den Prämissen einer geoffenbarten Gegebenheit zu erfassen.[41] So kann beispielsweise das eigene christliche Bekenntnis mit Elementen anderer religiösen Erfahrungen bereichert und mit einem anderen religiösen Engagement kombiniert werden. Dieser induktive Zugang zu einer «doppelten Perspektive» lebt von einer persönlichen Aufrichtigkeit und Loyalität zu beiden Religionen, denn in der persönlichen wie existenziellen Erfahrung können die verschiedenen Elemente in unterschiedlichem Maße und auf unterschiedliche Weise zusammenfließen. Bei dieser Konzeption ist es für Dupuis wichtig, eine Differenz zu sehen, die es in diesem Dialog zu beachten gilt. Im Austausch zwischen zwei Religionen kann es einerseits Elemente der einen Religion geben, die mit dem Grundanliegen der anderen Religion in einem Einklang oder in einer Verbindung gesehen werden können, andererseits gibt es aber auch Elemente der jeweils anderen Religion, die sich gegenseitig ausschlie-

39 Vgl. dazu: Panikkar, The intrareligious Dialogue.

40 Vgl. dazu etwa: Wahling, Christian Theology and World Religion, 130–131.

41 Dieser Ansatz einer Theorie der doppelten Identität im Kontext der theologischen Fragestellung wendet sich gegen die pauschale Wertung der Beliebigkeit, den Vincent Descombes in seiner Arbeit stark macht! Den induktiven Weg zur Identität bestimmt auch das Werk des französischen Philosophen Michel Foucault. In seinen genealogischen Untersuchungen zur Herausbildung des modernen Identitätsbegriffs verweist er auf den Zusammenhang von Identität und dem Phänomen des (religiösen) Geständnisses: Foucault, Christianisme et aveu, 65–106.

ßen. Alles in allem stellt das Konzept der Bindestrich-Identität eine gegenseitige Bereicherung dar, die bei der Existenz des gläubigen Subjekts ansetzt. Die wechselseitige Komplementarität beider Religionen beruht trotz aller Unterschiede auf einer inhärenten Ungleichheit ihres fundamentalen Mediums, sodass beide für gegenseitige Ergänzungen offenbleiben können.

In der traditionellen Schulsprache christlicher Theologie kann man den vorgestellten Ansatz von Jacques Dupuis als eine Theorie der doppelten Identität umschreiben, die zunächst von dem Gedanken um die Einheit des Menschengeschlechts ausgeht. Diese Vision wird sowohl schöpfungstheologisch als auch pneumatologisch begründet. Es manifestiert sich die Allgegenwart des Geistes Gottes und die Universalität seiner Herrschaft.

Dupuis möchte mit seinem Ansatz eine Vermittlerfunktion zwischen einem inklusiven und einem exklusiven Verständnis des Christentums einnehmen. Dabei setzt er bei der Relevanz der Existenz und der Erfahrung des Individuums für den jeweiligen Glaubensbezug ein, lässt aber die soziale, theologisch formuliert, ekklesiale Dimension außer Acht.

IV.

Im Folgenden soll eine kurze Skizze einer Theorie der doppelten Identität für die dogmatische Theologie vorgestellt werden. Zum einen soll von der Nichtobjektivierbarkeit menschlichen Lebens ausgegangen werden, die sich in den beiden Polen «Identität» und «Transzendenz» manifestiert. Mit Vincent Descombes ist von dem «Rätsel der Identität» zu sprechen. Entgegen der klassischen Fragestellung bzgl. der Pluralität der Religionen von einer vorschnellen Identifizierung der Religion als Frage nach Heil und Wahrheit, soll mit Dietrich Bonhoeffer und Karl Barth von einer «Dynamisierung der Religion» gesprochen werden. So geht es für die beiden Theologen bei der Betrachtung des Christentums nicht primär darum, ein Gefüge von Traditionen und Einrichtungen weiterzugeben, sondern den Bezug des Glaubenden zur Person Jesu Christi zu thematisieren und zu leben. Diese Dynamisierung lässt sich in der Religionsgeschichte an vielen Orten und Zeiten ausmachen, so entstand etwa die christliche «Heidenkirche» dadurch, dass es im Mittelmeerraum viele «Gottesfürchtige» gab (vgl. Apg 17, 22–31), die die Grenzen und die Identität ihrer angestammten Religion überschritten.

Gemäß dem Postulat der anthropologischen Verortung theologischer Aussagen ist nach dem erkenntnistheoretischen Zugang zu dieser Einsicht zu fragen. Der Mensch in seiner geschichtlichen Situierung versteht sich als ein Wesen, das sich weder mit seiner ihm zugefallenen Religion oder ihren entsprechend geschichtlich geprägten Formen bescheiden muss. Mit dem Religionsphilosophen Bernhard Welte ist von einer «Heilsdifferenz» zu sprechen, die sich in jeder geschichtlich realisierten Religion nachweisen lässt. Das menschliche Dasein in der Welt und das Dasein des Seienden in der Welt als Ganzen sind von Bedeutsamkeit bestimmt. «Wir meinen», so der Freiburger Religionsphilosoph Welte, «damit das, um dessentwillen es uns immer und in allen Gestalten unseres lebendigen Daseins in der Welt auf etwas ankommt, mit dem Mitmenschen, mit den Mitseienden überhaupt, mit uns selbst.»[42] Die von Welte ausgemachte Figur der Bedeutsamkeit ermöglicht das Bedenken der geschichtlichen wie konkreten Gestalten des Daseins überhaupt. Dieser konstatierte Grundzug findet sich, implizit oder explizit immer in unseren Bezügen zur Mit- und Umwelt. In dem Leben in und mit der Welt verhalten wir uns immer von einer Differenz bestimmt, die zwischen dem je Faktischen und dem Wesen waltet. In einer theologischen Interpretation dieser anthropologischen Sichtweise kann diese ausgemachte Differenz als eine «faktische Heilsdifferenz» verstanden werden. Mit diesem Begriff soll angezeigt werden, dass für die Reflexion möglich ist, einen Raum zu denken, in dem in der Kontingenz sich Transzendenz erweisen lässt. Sprechen, Handeln, Leiden, Lieben und Hoffen des Menschen muss stets unter dem Aspekt der vorgestellten Differenz betrachtet werden, muss in jeder theologisch-systematischen Betrachtung als letzter Respekt vor dem Mysterium der Person und Identität betrachtet werden. Es ist gerade diese Geheimnishaftigkeit der Religionen, die sie zueinander führt und dabei geht es keineswegs um eine Kanonisierung des jeweils bestehenden.[43] Der Mensch in seiner Kontingenz und Endlichkeit bleibt ein Suchender, der gerade in seiner Offenheit dem Neuen und einem Geoffenbarten begegnen kann.

Zum anderen ist für die gesuchte Theorie der doppelten Identität unter einem sozialen Aspekt der Vergesellschaftlichung der Religion in christlicher Perspektive von einer Bestimmung des ekklesiologischen Attributs der Katholizität auszugehen. In der Regel werden die Fragen nach der Legitimität des Pluralismus in der Theologie fast nur im Rahmen der modernen, demokratischen und offenen Gesellschaft gestellt. Eine Theologie, die geschichtlich konzipiert ist und die Pluralität der Religionen als einen Ort theologischer Erkenntnis akzeptiert, muss um die Vielfältigkeit des Religiösen wissen und diese in der ekklesiologischen Reflexion aufnehmen. In

42 Welte, Heilsverständnis, 19–193, 68.

43 Vgl. dazu: Ratzinger, Glaube, Wahrheit, Toleranz, 45.

Unterscheidung zur klassischen Bestimmung der verschiedenen Orte theologischer Erkenntnislehre wird in den neueren Theorien den Religionen eine eigenständige Erkenntnisfunktion zugesprochen. So profiliert Peter Hünermann die traditionelle Lehre der Loci theologici durch die Hinzunahme der Religion als eigenständigen Ort theologischer Erkenntnis. «Die Religionen sind als ‹soziale Ausdrucksformen der Beziehung der Menschen auf Gott› und als ‹Samenkörner der Wahrheit und der Güte› ein bedeutender locus theologicus christlicher Theologie, dies um so mehr als die Kirche zwar auf Christus als die Fülle der Wahrheit bezogen ist, dies aber in gebrochener Weise und durch die eigenen Sünden beeinträchtigt. Der interreligiöse Dialog kann so zu einer Selbstreinigung führen und die Hinwendung zu Gott als letzter Wahrheit anstoßen.»[44]

Im Folgenden soll eine Bestimmung der Katholizität vorgelegt werden, die im II. Vatikanum erörtert wurde. Mit dem französischen Dominikaner Yves Congar kann die Kirche sowohl als «Institution» als auch als «Communio» verstanden werden. Das Binom «institutio/communio» will die Kirche zugleich als Organisation und Organismus, als Struktur und Leben in einem beschreiben.[45] Das II. Vatikanum nimmt in seiner innovativen Bestimmung des Katholischen in Art. 13 von Lumen Gentium Gedanken von Congar auf und bestimmt das Attribut des Katholischen wie folgt:

> Zum neuen Gottesvolk werden alle Menschen gerufen. Darum muss dieses Volk eines und ein einziges bleiben und sich über die ganze Welt und durch alle Zeiten hin ausbreiten. So soll sich das Ziel des Willens Gottes erfüllen, der das Menschengeschlecht am Anfang als eines gegründet und beschlossen hat, seine Kinder aus der Zerstreuung wieder zur Einheit zu versammeln (vgl. Joh 11, 12) Dazu sandte nämlich Gott seinen Sohn, den er zum Erben des Alls gemacht hat (vgl. Hebr 1,2), dass er Lehrer, König und Priester aller sei, das Haupt des neuen und allumfassenden Volkes der Söhne Gottes. Dazu sandte Gott schließlich den Geist seines Sohnes, den Herrn und Lebensspender, der für die

44 Hünermann, Dogmatische Prinzipienlehre, 236. Die klassische Theorie der «loci theologici» bezeichnet innerhalb der theologischen Prinzipien- und Methodenlehre jene Orte (= Topoi), an denen sich theologische Erkenntnis bilden kann. Mit spanischen Theologen des Siglo del Oro unterscheidet die Schultradition zwischen primären und sekundären Orten der theologischen Erkenntnis (z.B. Bibel, Tradition, Vernunft) und trägt damit der Geschichtlichkeit der theologischen Aussage Rechnung.

45 Congar versteht mittels dieser Begriffsbestimmung die Pneumatologie als grundsätzlicher Motor ekklesialer Vollzüge, die wiederum auf dem Engagement der einzelnen beruht, vgl. dazu Nisus, L'eglise comme communion et institution.

> ganze Kirche und die Gläubigen einzeln und insgesamt der Urgrund der Vereinigung und Einheit in der Lehre der Apostel und in der Gemeinschaft, im Brotbrechen und im Gebet ist (vgl. Apg 2,42). In allen Völkern der Erde wohnt also dieses eine Gottesvolk, da es aus ihnen allen seine Bürger nimmt, Bürger eines Reiches freilich nicht irdischer, sondern himmlischer Natur. Alle über den Erdkreis hin verstreuten Gläubigen stehen mit den übrigen im Heiligen Geiste in Gemeinschaft, und so weiß ‹der, welcher zu Rom wohnt, dass die Inder seine Glieder sind›. Da aber das Reich Christi nicht von dieser Welt ist (vgl. Joh 18,36), so entzieht die Kirche oder das Gottesvolk mit der Verwirklichung dieses Reiches nichts dem zeitlichen Wohl irgendeines Volkes. Vielmehr fördert und übernimmt es Anlagen, Fähigkeiten und Sitten der Völker, soweit sie gut sind. Bei dieser Übernahme reinigt, kräftigt und hebt es sie aber auch. Sie ist dessen eingedenk, dass sie mit jenem König sammeln muss, dem die Völker zum Erbe gegeben sind (vgl. Ps 2,) und in dessen Stadt sie Gaben und Geschenke herbeibringen (vgl. Ps 71 (72),10; Jes 60,4–7; Offb 21,24). Diese Eigenschaft der Weltweite, die das Gottesvolk auszeichnet, ist Gabe des Herrn selbst. In ihr strebt die katholische Kirche mit Tatkraft und Stetigkeit danach, die ganze Menschheit mit all ihren Gütern unter dem einen Haupt Christus zusammenzufassen in der Einheit seines Geistes.[46]

Der Text des Konzils bestimmt die Katholizität zum einen geografisch als ein Wohnen des einen Volkes unter allen Völkern, zum anderen pneumatologisch als jene Fülle, die dem einen Volk Gottes eigen ist. Für unsere Fragestellung ist das Verständnis des Katholischen in Verbindung mit der Fragestellung anderer Religionen näher zu betrachten.

Die christologische wie pneumatologische Bestimmung der Kirche in Lumen Gentium wird vom Konzil selbst weiter ausgezogen und auf die Frage des interreligiösen Dialogs angewandt. Die Erklärung des II. Vatikanischen Konzils zu den nichtchristlichen Religionen bildet einen Quantensprung in den Beziehungen der katholischen Kirche zu den nichtchristlichen Religionen. Die Katholizität wird nun verstanden als geschichtliche Hülle des Heils, die in allen lebt, was die verschiedenen Güter an Wahrheit und Gnade teilhaben lässt. Schöpfungstheologisch wie soteriologisch wird die Katholizität gefasst als Auftrag, mit anderen Religionen in einen Dialog zu treten, der zu einer Theorie der doppelten Identität führen könnte. Der gesuchte Dialog kann Christgläubige wie Nichtchristgläubige zu einer uni-

46 Lumen Gentium Art. 13.

versalen und pneumatologischen Sicht des neutestamentlichen kath'olon führen.

Eine theologische Theorie der doppelten Identität führt die Transzendenz und die gesellschaftliche wie geschichtliche Konkretion einer realen Religion (i.S. eines «way of life») zusammen und nimmt als Ausgangspunkt der Reflexion die Existenz der Glaubenden. Im Sinne der weiter oben ausgeführten induktiven Methode geht es dabei nicht primär um die Wahrheitsfrage, sondern um den existenziellen Vollzug des Geglaubten. Für alle Gläubigen ist es in der Vergesellschaftung ihrer Religion eigen, dass Transzendenzkonstruktionen vollzogen werden (individuell und/oder kollektiv). Die verschiedenen Transzendierungsprozesse sind im religiösen Kontext in eine spezifische Vorstellung von Transzendenz eingebunden (z.B. personales oder apersonales Gottesverständnis). Diese Modi der Transzendenz sind den Agenden in ihrem religiösen Vollzug entzogen, da sie über die alltägliche Situation und Lebenslage hinausweist (vgl. div. postmortale Konzeptionen der verschiedenen Religionen). Obwohl entzogen, weisen sie auf die Alltagssituation und Lebenslage zurück und verleihen diesen Sinn und Geltung und haben damit eine konstitutive Bedeutung für soziale sowie politische Ordnungen. Eine religiös vollzogene Rekonzeptualisierung der Transzendenz geht von der Annahme aus, dass sich Ordnungen über Medien der Symbolisierung konstituieren und sich dabei Formen der Überschneidung und Verfestigung von Ordnung realisieren können. «Religion stellt historisch gesehen nur eine Form der Transzendenzkonstruktion dar – die sich von anderen Transzendenzen in der Spezifik der – auch institutionelldeutungsmächtigen untersetzt – Transzendenzauslegung (Gott, Offenbarung, Schrift etc.) und der historisch je unterschiedlichen und konkret zu bestimmenden Reichweite ihres Zugriffs auf die gesellschaftliche Symbolwelt unterscheidet.»[47]

Hatte man diese Transzendierungsprozesse in der Vergangenheit monokausal auf Funktion und Wesen einer (einzigen) Religion bezogen, so erlaubt der interreligiöse wie interkulturelle Zugang eine Weitung dieser Vollzüge in ihrem Mit- und Untereinander. Verschiedene Kommunikationsmedien (z.B. Freundschaft, Musik, etc.) in den je unterschiedlichen Religionen können geeignet sein, die Matrix für eine Theorie der doppelten Identität abzugeben. Diese Kommunikationsmedien können einen unmittelbaren Zugang der Person zur göttlichen Transzendenz markieren, die sich von allem anderen unterscheidet und abhebt, um als gesuchte Vermitt-

47 Vorländer, Transzendenz und die Konstitution von Ordnungen, 17.

lungsebene in der Immanenz zu fungieren. In Folge der thomasischen Theologie könnte beispielsweise das Moment der Freundschaft als ein solches Vermittlungsmedium dienen.[48] Die Literaturwissenschaftlerin Mariana Münkler nimmt diesen thomasischen Gedanken für ihre Überlegungen zu literarischen Konstruktionsformen des Heiligen und nähert sich dadurch den theologischen Gedanken der weiter oben erwähnten Heilsdifferenz. «Das Kommunikationsmedium Freundschaft ist damit ebenso geeignet, den unmittelbaren Zugang des Heiligen zur göttlichen Transzendenz zu markieren, die ihn von allen anderen Menschen abhebt, wie als Vermittlungsebene in der Immanenz zu fungieren, die allen anderen Gläubigen durch die Mittlerfunktion des Heiligen den Zugang zur Transzendenz ermöglicht.»[49]

Die Erkenntnis, die sich in ekklesiologischen Aussagen formuliert, unterliegt – wie alle theologische Erkenntnis – dem Wissen um ihre gebrochene und fragmentarische Qualität. Die Wahrheit ist auch hier als «symphonisch» (Hans Urs von Balthasar) zu denken.[50] Die eine geglaubte Wahrheit, die die Kirche verkündet, ist stets geschichtlich bestimmt und gewachsen. Der theologische wie ekklesiologische Diskurs greift stets auf geschichtlich bedingte und begrenzte Aussagen zurück. Die Theologie bedenkt die Wahrheit «sub specie Die», stellt sich jedoch damit nicht auf den Standpunkt Gottes. Wahrheit ist nur geschichtlich zu erreichen, d.h., das Ganze ist immer nur im Fragment. Mit anderen Worten: Die Geschichtlichkeit der Wahrheit ist auch in Glaubensdingen zu respektieren. Es handelt sich dabei um eine «verité à faire» und trifft damit wieder auf grundsätzliche Bedeutung der Person und der Identität der religiös Agierenden.

Die real existierende Vergesellschaftung des Religiösen sollte im Rahmen einer Ekklesiologie, die die doppelte Identität der Glaubenden zu bedenken hat, von einer «provisorischen Ekklesiologie» (Christian Duqouc)

48 Siehe dazu: Ilien, Wesen und Funktion der Liebe bei Thomas von Aquin.

49 Münkler, Amicus Dei, 394.

50 Erinnert sei in diesem Zusammenhang an die eschatologische Aussage kirchlicher Vollzüge in der Schrift «Didaché» 10, 5–6: «Gedenke, Herr, dass du deine Kirche befreist von allem Bösen und sie vollendest in deiner Liebe. Und führe sie zusammen von den vier Winden, die Geheiligte, in dein Reich, das du ihr bereitet hast. […] Es komme die Gnade und es vergehe diese Welt!» (Zitiert nach: Didaché, Zwölf-Apostel-Lehre, 125)

ausgehen.[51] Das Institutionelle der Kirche muss von einer «condition provisoire» getragen sein.[52] Dieser Typus ekklesiologischer Reflexion untersagt die Gleichsetzung von Kirche und Reich Gottes und bedenkt die dynamischen, konfliktreichen Beziehungen zwischen dem Empirischen der Kirche(n) und seinem Kriterium, dem eschatologischen Begriff der unsichtbaren Kirche. Diese unsichtbare Kirche drückt sich in neutestamentlichen Bildern wie Leib Christi, Volk Gottes, Tempel des Hl. Geistes etc. aus.

Eine Theorie der doppelten Identität beginnt ihre Reflexion nicht auf der Ebene einer deduktiven Erkenntnis, sondern setzt beim realen Vollzug der gläubigen Existenz an.[53] Die Frage nach einer doppelten Identität im Rahmen einer systematisch-theologischen Erkenntnislehre übersteigt die Diastase, zwischen exklusiver und inklusiver Theologie oder bestimmten Methoden der interreligiösen Theologie wählen zu müssen. Diese Theorie schreibt sich theologisch in jene Schultradition ein, die von einem Primat der Orthopraxie vor der Orthodoxie postuliert.

Diese Annahme hat für ein theologisches Theoriekonzept Konsequenzen. Diese soll an mehreren Beispielen verdeutlicht werden:

Als erstes Beispiel soll auf den Dialog zwischen Christentum und Buddhismus hingewiesen werden. Geht man von einer deduktiven Theoriebildung aus, so kann, im Rahmen einer pluralistischen Religionstheologie einerseits von theologiegeschichtlicher wie systematischer (christlicher) Theologie und andererseits von historisch-neutral gehaltenen «buddhistischen» Studien ausgegangen werden. Wählt man jedoch den Ansatz einer induktiv geführten Theorie der doppelten Identität, so ist von der jeweiligen Glaubenspraxis als Basis der systematischen Reflexion auszugehen. Für den Buddhismus, gleich welcher Richtung und Schule, schlägt deswegen

51 Christian Duquoc versteht unter einer «provisorischen Ekklesiologie» die Absage an eine idealistische resp. ungeschichtliche Betrachtung der Kirche. Dagegen muss in einer «provisorischen Ekklesiologie» dem empirischen, geschichtlichen Werden der Kirche eine theologische Relevanz zugesprochen werden. Dieser Typ ekklesiologischer Reflexion verfährt induktiv, geht von dem geschichtlich und institutionell Erkennbaren aus und beschäftigt sich in einem zweiten Schritt mit den kritischen und regulativen Bildern der Kirche, wie sie NT und Theologiegeschichte kennen. Siehe dazu Duquoc, Kirchen unterwegs. Es ist interessant wie bezeichnend, dass der französische Dogmatiker in seinem ekklesiologischen Entwurf die Dimension der Ökumene bedachte, die Frage der Beziehung der Kirche jedoch unbeachtet lässt.

52 Ebd., 39.

53 Diese grundsätzliche Reflexion spielt sowohl bei Paul F. Knitter (Without Budddha I Could not Be a Christian, 65–70) als auch bei Edward Schillebebeeckx (Menschen, 38–71) eine bedeutende Rolle.

John D'Arcy May vor, von einer «Buddhologie» zu sprechen. Diese versteht sich nicht als eine Disziplin, die westliche Inhalte und Methoden nachahmt. Sie begreift sich dagegen als «der bewusste Versuch, vernünftige Argumente zu Fragen, die Buddhisten wichtig sind, aus dem Inneren der Tradition vorzulegen, um die Tradition zu korrigieren, kritisieren, klären oder erweitern. (John D. Dunne)»[54] Seitens christlicher Theologie ist anstelle der dogmatischen Deduktion von der gelebten Glaubenspraxis auszugehen.

Als zweites Beispiel wird auf den Dialog zwischen Islam und Christentum verwiesen. Infolge der neueren Terrorismusdebatte und der Rede von Papst Benedikt XVI. in Regensburg (12. September 2006) haben führende Theologen des Islams zu einer Verständigung aufgerufen, die in dem Dokument «A common word between Us and You» (13. Oktober 2007) festgehalten ist.[55] Dieses Dokument geht vom jeweiligen Blickwinkel des Glaubensvollzugs auf das Gottesverständnis und die Orthopraxie des jeweiligen Glaubens ein.

Schließlich soll als ein Beispiel der hinduistisch-christlichen Gebetspraxis hingewiesen werden. Panikkar und Dupuis haben in ihrer Beschäftigung und im Dialog mit den Hindureligionen eine Anzahl hinduistischer Texte und Gebete gesammelt, die für den Dialog zwischen Hindureligionen und Christentum in der Theologie und Liturgie gebraucht werden können.[56] Für beide Theologen öffnet das Bekenntnis zu Jesus Christus die Sichtweise auf einen «anderen Gott» («Dieu différent», Christian Duquoc): «L'adhésion à la foi chrétienne est sans aucun doute un libre chois, mais celui régit toute théologie chrétienne authentique. A partir d'un tel choix, il faudrait montrer que la foi en Jésus-Christ n'est pas fermée, mais ouverte, qu'elle n'est ni étroite ni mesquine mais de dimension cosmique, et que la théologie des religions de l'humanité fondée sur cette foi établit à l'échelle cosmique, une merveilleuse convergence dans le mystère du Christ de tout ce que Dieu a réalisé dans l'Esprit divin ou qu'il continue d'accomplir dans l'histoire de l'humanité.»[57]

Der belgische Jesuit macht in seinen Arbeiten zu einer Theologie der Religionen darauf aufmerksam, dass es bei den entsprechenden Theoriekonzepten nicht um eine wie immer verstandene «universale Theologie»

54 D'Arcy May, Buddhologie und Christologie, 10.

55 Siehe dazu: Muslimische Einladung zum Dialog; Zur aktuellen islamisch-christlichen Rezeption dieses Dokuments siehe www.acommendword.com, (Zugriff 5.2016).

56 Siehe dazu z.B.: Dupuis, Who Do you Say I Am.

57 Dupuis, Homme de Dieu, 242f.

geht, die beansprucht, Unterschiede und Widersprüche zu überwinden. Es müssen vielmehr in den verschiedenen Traditionen Theologien entwickelt werden, die den religiösen Pluralismus ernst nehmen, ihre gegenseitigen Unterschiede annehmen und entschlossen für den Dialog und die Kooperation stehen.[58] Dies bedingt u.a. eine Erarbeitung einer Theorie der doppelten Identität, die für die jeweiligen Religionsgemeinschaften sowohl theologische Reflexion als auch gemeinschaftliches Leben ermöglichen. Das Theoriekonzept einer doppelten Identität steht in der dogmatischen Reflexion erst am Anfang und hat eine große apologetische Tradition abzuarbeiten. Zugleich ist es ein Desiderat der systematischen Reflexion, die hier entwickelten Gedanken mit einer empirischen Bearbeitung der besprochenen Phänomene in Verbindung zu bringen.

Die postulierte Herausbildung einer doppelten Identität im Kontext dogmatischer Theologie wird nicht idealtypisch verlaufen, sondern im Sinne einer «provisorischen Ekklesiologie» von schmerzlichen Konflikten begleitet, von glücklichen wie unglücklichen Entscheidungen, von Fehlern, Fehlurteilen, Heldenhaftigkeit und Aufrichtigkeit geprägt sein. Charles Taylor verweist in diesem Zusammenhang darauf, dass das Handeln der Menschen auf eine Pluralität der Sprache bezogen bleibt. Er meint damit neben der Sprache (als «parole») ebenso die Sprachen der Künste, der Gestik, der Liebe etc. Diese Ausdrucksweisen, so Taylor, «erlernen wir im Austausch mit anderen. Wir erwerben die Sprache, die wir zur Selbstdefinition benötigen nicht ‹wir selbst›. Wir werden in ihren Gebrauch im Umgang mit anderen Menschen, die wichtig für uns sind, eingeführt.»[59]

V.

Was kann als Fazit dieser ersten systematischen Skizze einer «Bindestrich-Theologie» gezogen werden? Das Konzept einer multiplen Religiosität situiert sich im Rahmen eines Konzepts einer «modernen Katholizität» (Charles Taylor), deren Kennzeichen u.a. darin besteht, dass deren Praxis des plura-

58 Vgl. dazu: Dupuis, Unterwegs zu einer christlichen Theologie des religiösen Pluralismus, 525.

59 Taylor, Multikulturalismus und die Politik der Anerkennung, 21f.

len und interreligiösen Umfelds bedarf.[60] Für das Konstrukt einer multiplen religiösen Identität im Kontext einer theologischen Theoriebildung sind folgende Momente zu bedenken:

1. Der Tatbestand einer Mehrfachzugehörigkeit im Religiösen ist für die abrahamitischen Religionen relativ neu und stellt, bedingt durch den Prozess der Globalisierung, eine Herausforderung dar.
2. Das Phänomen kann eine große Bandbreite und Facettenreichtum implizieren und sich individuell und/oder kollektiv manifestieren.
3. Pico Iyver spricht von einer «Bindestrich-Existenz» als einer möglichen Inspiration und Kraft, die sich aus dieser Konstellation für Individuum und Gesellschaft ergeben kann. Dabei ist für ihn wichtig, dass das Individuum nicht einer der genannten Religionen angehört.[61]
4. Multiple Religiosität kann als Last oder Chance begriffen werden.
5. Die Annahme einer multiplen Religionszugehörigkeit impliziert auch kritische Anfragen an diese Praxis:

Es besteht ein Konflikt zwischen einem subjektiven und einem objektiven Konzept der Zugehörigkeit zu einer Religion.[62]

Zuweilen kann die individuelle Praxis multipler Religionszugehörigkeit mit einer Unkenntnis/Indifferenz gegenüber den objektiven Vorstellungen von Zugehörigkeit der jeweiligen Tradition einhergehen.

Catherine Cornille verweist zu Recht darauf, dass das Problem einer multiplen Religiosität eher ein linguistisches als ein religiöses Problem darstellt. «Bei vielen Menschen handelt es sich eher darum, dass sie einer Religion angehören und zugleich von bestimmten Lehren oder Praktiken einer anderen Religion oder vom interreligiösen Dialog inspiriert sind. Vielleicht sollte man den Begriff der multiplen Religionszugehörigkeit daher für wenige Fälle reservieren, in denen einzelne Menschen wirklich zwischen zwei

60 Das «Ricci-Konzept», so nennt Taylor den Prozess, Christliches in nichtchristlich geprägte Gesellschaften zu transportieren, umschreibt der kanadische Philosoph wie folgt: «Redemption happens through Incarnation, the weaving of God's life into human lives, but these human lives are different, plural, irreducible to each other. Redemption-Incarnation brings reconcilation, a kind of oneness. This is the oneness of diverse beings who come to see that they cannot attain wholeness alone, that their complementary is essential, rather than of beings who come to accept that they are ultimately identical. Or perhaps we might put it: complementarity and identity will both be part of our ultimate oneness.» Taylor, A Catholic Modernity?, 14.

61 Vgl. dazu Iyver, The Empire Writes Back, 9–19.

62 Zu dieser Thematik siehe den Beitrag von Antonius Liedhegener in diesem Band.

Traditionen hin- und hergerissen sind, während sich für alle anderen Fälle der Rat nahelegt, einer anderen Tradition mit größerer Zurückhaltung und mehr Respekt zu begegnen, bevor jemand beansprucht ihr ‹anzugehören›.»[63]

Literatur

Barua, Ankur, The Divine Body in History. A Comparative Study of the Symbolism of Time and Embodiment in St. Augustine and Ramanuja, Oxford, 2009.

Bauman, Zygmunt, Flaneure, Spieler und Touristen. Essays zu postmodernen Lebensformen, Hamburg, 1997.

Bauman, Zygmunt, Leben in der Flüchtigen Moderne. Frankfurt a. M., 2007.

Blatter, Joachim, Dual Citizenship and Theories of Democracy, in: Citizenship Studies 15, 6–7 october 2011, 769–798.

Bochinger, Christoph, Multiple religiöse Identität zwischen Traditionsbezug und Individualisierung, in: Bernhardt, Reinhild/Schmidt-Leukel, Perry, Hg., Multiple religiöse Identität, Zürich, 2008, 137–161.

Brunner, Karl-Michael, Zweisprachigkeit und Identität, in: Psychologie und Gesellschaftskritik 44, 1987, 57–75.

Cornille, Catherine, Mehrere Meister?, in: Bernhardt, Reinhild/Schmidt-Leukel, Perry, Hg., Multiple religiöse Identität, Zürich, 2008, 15–32.

D'Arcy May, John, Buddhologie und Christologie, Innsbruck 2014.

D'Arcy May, John, God in Pubic, The Religions in Pluralist Societies, in: Bijdragen: International Journal in Philosophy and Theology 64, 2003, 249–264.

Descombes, Vincent, Die Rätsel der Identität, Frankfurt a. M., 2013.

Didaché, Zwölf-Apostel-Lehre, FCh, Bd. 1., Freiburg i. Br., 1991.

Diner, Dan, Gegenläufige Gedächtnisse, Göttingen, 2007.

Droessler, Gerhard/Lutz, Ralf/Sautermeister, Jochen, Hg., Konkrete Identität, Bern, 2009.

Duquoc, Christian, Kirchen unterwegs, Freiburg i. Ue., 1985.

Dupuis, Jacques, Who Do you Say I Am, Maryknoll, 1994.

Dupuis, Jacques, Homme de Dieu, Dieu des hommes, Paris, 1995.

Dupuis, Jacques, Unterwegs zu einer christlichen Theologie des religiösen Pluralismus, Innsbruck/Wien, 2010.

Eickelpasch, Rolf/Rademacher, Claudia, Hg., Identität, Bielefeld, 2004.

63 Cornille, Mehrere Meister?, 15–32, 32.

Eidgenössische Volkszählung 2000: Religionslandschaft in der Schweiz, hg. von Bovary, Claude/Broquet, Raphael, Office fédéral de la Statistique, Neuchâtel, 2004.
Erikson, Eric H., Identity (Psychosocial), in: Sills, David L, Hg., International Encyclopedia of the Social Sciences, Bd. VII, New York, 1958, 61–65.
Erikson, Eric H., Der junge Luther, Frankfurt a. M., 1975
Erikson, Eric H., Identität und Lebenszyklus, Frankfurt a. M., 2013.
Flusser, David, Das Christentum, eine jüdische Religion, Köln, 1990.
Foucault, Michel, Christianisme et aveu (1980), in: ders., L'origine de l'herméneutique de soi, Paris, 2013, 65–106.
Gauck, Joachim, Rede zum Symposium «Wer ist wir?», 9. Juli 2015, Berlin: www.bundespraesident.de/shareDocs/Reden/DE/Joachim-Gauck/Reden/2015/07/150709-symposium.html (Zugriff 2.8.2016).
Hackbarth-Johnson, Christian, Henri le Saux / Swami Abhishiktananda, 35–58.
Hüchtker, Dietlind/Kleinmann, Yvonne/Thomsen, Martina, Über das tolerieren religiöser Differenz. Programm, Bündnisse und Praktiken, in: Dies., Hg., Reden und Schweigen über religiöse Differenz, Göttingen, 2013, 9–31.
Hünermann, Peter, Dogmatische Prinzipienlehre, Münster, 2003.
Ilien, Albert, Wesen und Funktion der Liebe bei Thomas von Aquin, Freiburg i. Br., 1975.
Iyver, Pico, The Empire Writes Back. Am Beginn einer neuene Weltliteratur? in: Neue Rundschaft, 1, 1996, 9–19.
Kantorowicz, Ernst, Les deux Corps du Roi, in: ders., Œuvres, Paris, 2009, 643–999.
Kessler, Tobias, Hg., Migration als Ort der Theologie, Regensburg, 2014.
Knitter, Paul F., Without Budddha I Could not Be a Christian, Oxford 2009.
Koschorke, Albrecht et al., Hg., Der fiktive Staat. Konstruktionen des politischen Körpers in der Geschichte Europas. Frankfurt a. M., 2007.
Krappmann, Lothar, Soziologische Dimensionen der Identität, Stuttgart, 1978.
Lacan, Jacques, Ecrits, Paris, 1966.
Le Saux, Henri, Innere Erfahrung und Offenbarung, Innsbruck, 2005.
Locke, John, Versuch über den menschlichen Verstand, Bd. 1, Hamburg, 2006.
Lyotard, Jean François/Gruber, Eberhard, Ein Bindestrich – Zwischen «Jüdischem» und «Christlichem», Düsseldorf/Bonn, 1995.

Maalouf, Amin, Mörderische Identitäten, Frankfurt a. M., 2000.
Markschies, Christoph, Gottes Körper. Jüdische, christliche und pagane Gottesvorstellungen in der Antike, 2016.
Müller, Wolfgang W., Frühling, Sommer, Herbst und Winter. Zur Rezeptionsgeschichte des Ökumenedekrets, in: SKZ 182, 2014, 696–698.
Münkler, Marina, Amicus Dei, in: Vorländer, Hans, Hg., Transzendenz und die Konstitution von Ordnungen, Berlin/Boston, 2013, 374–394.
Muslimische Einladung zum Dialog. Dokumentation zum Brief der 138 Gelehrten, hg. von F. Esser. Berlin, 2009.
Nisus, Alain, L'eglise comme communion et institution, Paris, 2012.
Nitsche, Bernhard/Panikkar Raimon, in: Bernhardt, Reinhold/Schmidt-Leukel, Perry, Hg., Multiple religiöse Identität, 59–77.
Ott, Ludwig, Grundriss der Dogmatik (1952), mit Literaturnachträgen, Nachdruck, Bonn, ^{11}2005.
Panikkar, Raimon, Christus, der Unbekannte im Hinduismus. Luzern/Stuttgart, 1965.
Panikkar, Raimon, The intrareligious Dialogue. Bd. 2, New York, 1999.
Paravicini Bagliani, Agostino, Der Leib des Papstes. München, 1997.
Ratzinger, Joseph, Glaube, Wahrheit, Toleranz. Das Christentum und die Weltreligionen, Freiburg i. Br., 2003.
Religionsgemeinschaften, Staat und Gesellschaft. NFP 58.
Renz, Andreas, Die katholische Kirche und der interreligiöse Dialog, Stuttgart, 2014.
Ricœur, Paul, Soi-même comme un autre, Paris, 1990.
Schillebebeeckx, Edward, Menschen. Freiburg i. Br., 1990.
Schmauder, Andreas/Missfelder, Jan-Friedrich, Hg., Kaftan, Kreuz und Kopftuch. Religiöse Koexistenz im urbanen Raum (15.–20. Jahrhundert), Ostfildern, 2010.
Schmidt-Leukel, Perry, Gott ohne Grenzen. Eine christliche und pluralistische Theologie der Religionen, Gütersloh, 2005.
Schoen, Ulrich, Bi-Identität. Zweisprachigkeit, Bi-Religiosität, doppelte Staatsbürgerschaft, Zürich/Düsseldorf, 1996.
Taylor, Charles, Multikulturalismus und die Politik der Anerkennung, Frankfurt a. M., 1993.
Taylor, Charles, Quellen des Selbst. Frankfurt a. M., 1996.
Taylor, Charles, A Catholic Modernity? New York/Oxford, 1999.
Thomas von Aquin, Über Seiendes und Wesenheit, Lat./Dt., hg. von Seidel, Horst, Hamburg, 1988.

Van Bragt, Jan, Multiple Religious Belonging of the Japanese People, in: Cornille, Catherine, Many Mansions, Maryknoll, New York, 2002,

Vorländer, Hans, Hg., Transzendenz und die Konstitution von Ordnungen, Berlin/Boston, 2013.

Wahling, Frank, Christian Theology and World Religion. A Global Approach, London, 1986.

Welte, Bernhard, Heilsverständnis, in: ders., Gesammelte Schriften. IV/1: Hermeneutik des Christlichen, Freiburg i. Br., 2006, 19–193.

Autoren

PROF. DR. EDMUND ARENS ist Professor für Fundamentaltheologie an der Universität Luzern.

PROF. DR. MARTIN BAUMANN ist Professor für Religionswissenschaft an der Universität Luzern.

PROF. DR. ANTONIUS LIEDHEGENER ist Professor für Politik und Religion im Masterstudiengang Religion – Wirtschaft – Politik des Zentrums für Religion, Wirtschaft und Politik (ZRWP).

PROF. DR. WOLFGANG W. MÜLLER ist Professor für Dogmatik an der Universität Luzern.

PROF. DR. ALEXANDER-KENNETH NAGEL ist Professor für Religionswissenschaft mit dem Schwerpunkt sozialwissenschaftliche Religionsforschung an der Georg-August-Universität Göttingen (Deutschland)

PROF. DR. GERT PICKEL ist Professor für Religions- und Kirchensoziologie an der Universität Leipzig (Deutschland).

PROF. DR. MARKUS RIES ist Professor für Kirchengeschichte an der Universität Luzern.

ANASTAS ODERMATT, MA ist Forschungsmitarbeiter im SNF-Projekt «Swiss Metadatabase of Religious Affiliation in Europe (SMRE)» an der Universität Luzern.